云边协同的城市轨道交通弱电系统融合研究

广州地铁设计研究院股份有限公司　王建文　著

西南交通大学出版社
·成都·

图书在版编目（CIP）数据

云边协同的城市轨道交通弱电系统融合研究 / 王建文著. -- 成都：西南交通大学出版社，2023.10
ISBN 978-7-5643-9532-2

Ⅰ. ①云… Ⅱ. ①王… Ⅲ. ①城市铁路 – 轨道交通 – 电气设备 – 研究 Ⅳ. ①U239.5

中国国家版本馆 CIP 数据核字（2023）第 203060 号

Yunbian Xietong de Chengshi Guidao Jiaotong Ruodian Xitong Ronghe Yanjiu
云边协同的城市轨道交通弱电系统融合研究

王建文 / 著

责任编辑 / 李晓辉
封面设计 / 吴　兵

西南交通大学出版社出版发行
（四川省成都市金牛区二环路北一段 111 号西南交通大学创新大厦 21 楼　　610031）
营销部电话：028-87600564　　028-87600533
网址：http://www.xnjdcbs.com
印刷：四川煤田地质制图印务有限责任公司

成品尺寸　185 mm×240 mm
印张　15　　字数　237 千
版次　2023 年 10 月第 1 版　　印次　2023 年 10 月第 1 次

书号　ISBN 978-7-5643-9532-2
定价　68.00 元

课件咨询电话：028-81435775
图书如有印装质量问题　本社负责退换
版权所有　盗版必究　举报电话：028-87600562

前　言

近年来，智能云平台和大数据平台在我国城市轨道交通行业得到了越来越广泛的应用。利用云计算技术，城市轨道交通云平台能够很好解决传统弱电生产系统中资源利用低、维修分散等问题。

当然，也还存在新的问题。在数据技术成熟度方面，目前各地城轨云工程多数停留在 IaaS 层（Infrastructure as a Service），即基础设施服务的层面，少数地铁公司进入企业级的数据存储和标准化工作阶段，想要实现数字化转型和数据驱动型企业的目标则需要向更高水平的数据技术和应用能力升级。在云平台整体部署方面，目前城轨云大多采用数据中心集中云平台+异地灾备中心+站段降级云节点的部署方案，有待进一步考量分布式云端与边缘计算、雾计算、海云计算等其他云计算模型的效果。

企业级的信息化平台选择什么样的计算模型，自然要符合行业自身特点，包括平台上承载的系统业务的特点，以及企业运营管理模式和组织架构特点等。作者非常赞同耿立超在其著作《大数据平台架构与原型实现：数据中台建设实战》中里的一句话："系统是组织架构在 IT/OT 上的投影"。平台和系统设计需求根源是运营组织架构，比如本书提到的微服务和中台方法论在城轨云中的应用，其工作的挑战性不在于技术本身，而是考验设计和运营人员对业务理解的透彻程度。

本书主要讨论和分析了两件事。

第一件事是分析与城轨行业最为匹配的云平台计算模型。简单来讲就是平台架构的选择。在作者参与撰写并于 2022 年出版的《基于工业互联网的智慧城市轨道交通平台研究》一书中，曾提出过"新一代城市轨道交通生产系统融合平台"的总体架构设计，本书的第一件事是上面这个成果的深化和延续。这里提出的

"云边协同"架构是相对于目前集中式云平台而言的一种优化设计，基于工业互联网的边缘层、基础层、平台层和应用层的四层总体架构，边缘层靠近执行单元和被控对象，负责生产数据采集、瞬时计算和初步处理；中心层通过云计算、大数据平台等支撑顶层应用，将优化后的业务规则、模型或参数下发至边缘层，实现云边协同。

第二件事是针对城轨弱电生产系统开展软件层面的优化研究。旨在解决业务软件烟囱式的建设所产生的重复开发、缺乏灵活性、生态体系缺失等负面问题。本书从业务的角度将传统弱电系统和各类智慧城轨系统进行解构，提出不同深度、不同方式的重组和融合，使其更贴近运营需求，并与平台能力相辅相成，各自发挥最大优势。

本书第一章交代研究的背景和目标；第二章提出了一种契合城市轨道交通行业特点的新型云计算模型，搭建"云-边-端"的三层业务体系以契合城轨运营管理模式；在第三章讨论城轨云边协同的应用场景，分析弱电系统和智慧化系统在云与边的部署方案；在第四章讨论云边侧的弱电系统融合方案；第五章讨论端侧（现场级）自动化系统的融合方案；第六章结合国内城轨建设发展情况提出分阶段实施方案；第七章讨论配套设施设备包括建筑、通风空调、低压配电专业的优化与节能措施；第八章探讨如何建立一个有效的运营组织架构推动智慧城轨持续运行；第九章分析推荐方案的经济效益和风险分析。

在本书的立项和编写过程中，得到西安市轨道交通集团有限公司、北京和利时系统工程有限公司的支持和帮助；特别是西安市轨道交通集团有限公司的耿杰副总工，他是本书研究方向的启迪者和指引者，在此向各位表达诚挚感谢。

任何一种新技术的引入都会带来新的问题。本书作者的水平有限，无法就每一个问题都深入展开，书中也一定会有瑕疵。仅希望抛砖引玉，帮助城市轨道交通领域的从业者拓宽思路。

王建文
2023年6月于西安

目 录

1 概 述 ·· 001
　1.1 研究背景 ·· 001
　1.2 研究目的 ·· 004
　1.3 研究内容及范围 ··· 005

2 智慧城轨线网云平台发展与规划 ··································· 007
　2.1 传统弱电生产系统面临的问题 ······························ 007
　2.2 城轨线网云平台建设情况调研 ······························ 012
　2.3 城轨行业业务与云形态的关系 ······························ 020
　2.4 智慧城轨下的线网融合云平台架构规划 ··············· 031
　2.5 智慧城轨云平台架构下的边与端 ·························· 036
　2.6 本章小结 ·· 040

3 城轨业务系统的云边部署方案研究 ······························· 042
　3.1 城轨业务云边部署的主导思想 ······························ 042
　3.2 云边协同的能力与内涵 ·· 043
　3.3 城轨业务系统典型云边协同场景研究 ··················· 044
　3.4 弱电生产系统云边部署方案研究 ·························· 057
　3.5 智慧城轨业务体系云边部署方案研究 ··················· 079
　3.6 本章小结 ·· 090

4 云侧与边侧弱电系统融合方案研究 ……… 094
4.1 城轨弱电系统建设现状 ……… 094
4.2 硬件融合方案 ……… 098
4.3 界面融合方案 ……… 101
4.4 数据融合方案 ……… 103
4.5 平台融合方案 ……… 109
4.6 本章小结 ……… 127

5 弱电系统在端侧的融合方案研究 ……… 129
5.1 边缘控制器的功能特征 ……… 129
5.2 边缘智能控制器的应用案例 ……… 131
5.3 城轨行业边缘智能控制器的应用场景 ……… 136
5.4 车站端侧自动化系统业务融合方案 ……… 137
5.5 新型工业控制系统技术发展 ……… 138
5.6 本章小结 ……… 138

6 基于云边协同的智慧城轨平台实施方案 ……… 140
6.1 边缘云设备选型研究 ……… 140
6.2 云边协同架构对中心云建设的要求 ……… 156
6.3 云边协同架构网络安全方案 ……… 161
6.4 云边协同的弱电系统融合实施方案 ……… 165
6.5 弱电系统融合及边缘云的建设模式研究 ……… 173
6.6 本章小结 ……… 174

7 弱电融合下的车站节能方案研究 ································ 176
7.1 车站建筑布局优化 ·· 176
7.2 环境及通风空调系统优化 ································ 187
7.3 不间断电源系统优化 ···································· 191
7.4 本章小结 ·· 193

8 运营组织架构优化研究 ······································ 194
8.1 运营公司既有组织架构及运维模式 ······················ 195
8.2 智慧城轨发展及弱电系统融合对运营管理模式的影响 ·· 199
8.3 运营维护维修模式的优化方案 ·························· 202
8.4 车站客运管理模式优化方案 ···························· 207
8.5 本章小结 ·· 211

9 投资估算、效益及风险分析 ································ 213
9.1 投资及经济效益分析 ···································· 213
9.2 社会效益分析 ·· 220
9.3 风险分析 ·· 221

10 主要结论及建议 ·· 223
10.1 结论 ·· 223
10.2 建议 ·· 227

参考文献 ·· 229

1 概 述

1.1 研究背景

1.1.1 城轨行业智慧化发展背景

当前，我国地铁线网规模不断扩大，城轨客运量高速增长。同时，城市轨道交通行业也向着更加信息化、智慧化方向高质量发展。在"智慧城市""互联网+""数字化转型"等国家战略的指引下，建设"智慧轨道交通"成为城市轨道交通行业未来的发展方向。

2020年3月，中国城市轨道交通协会遵循"推进城轨信息化，发展智能系统，建设智慧城轨"的建设主线，组织编制了《中国城市轨道交通智慧城轨发展纲要》，从行业层面对智慧城轨建设的发展战略、建设目标、重点任务、实施路径、体制机制和保障措施等进行了统筹规划、顶层设计。纲要指出，建设智慧地铁是国家政策的行动实践、交通强国的战略落地、高质发展的主要抓手、创新发展的重要平台。《中国城市轨道交通智慧城轨发展纲要》旨在今后一个时期（2020—2035年）引领我国城轨行业智慧城轨建设，助推交通强国建设。

在现代化强国和交通强国建设中，城轨交通要加快实现由高速发展向高质量发展的转变。当前新一轮科技革命和产业变革正在深刻影响经济社会全局，数字化、网络化、智能化日益成为重要的发展趋势，也是各国技术竞争和产业竞争的主战场，关乎能否占据未来发展的制高点和主动权。因而，发展智能、智慧技术和产品已经成为加快实现由高速发展转向高质量发展的切入点和主要抓手，智慧城轨正在向可靠、精准、融合、个性、绿色的趋势高速发展。

1.1.2 物联网时代下计算模型的发展

经过近十多年的高速发展,中国已建成了世界上最为庞大的城市轨道交通网络,同时城轨行业面临着安全保障要求高、乘客服务需求高、企业运营成本高的现状以及海量客流组织难、系统繁杂维保难("三高两难")的挑战。在云平台、大数据、人工智能等新兴技术的加持下,地铁建设者们与时俱进,勤于创新。一方面,为了解决传统弱电自动化生产系统(如综合监控系统 ISCS、信号系统 ATS、自动售检票系统 AFC、通信系统等,以下简称"生产系统")相对独立的烟囱式建设导致的信息孤岛、资源利用率低的弊病,多地采用了建设综合业务云平台统一提供资源池,通过资源的弹性分配和负载均衡等手段提高资源利用率。另一方面,全自动运行、多元化支付、智能维保等先进技术和运营模式得以引入,打造智慧车站、智慧地铁,实现智能、高效的运营调度管理,以及对乘客的人性化、精准化服务。通过持续的创新与实践,近年来我国城市轨道交通的发展取得了显著的成绩,同时也浮现出新的问题:(1)各地城轨云平台多采用集中式数据中心的建设模式,将各生产系统所有应用集中部署在中心云平台上,从车站边缘设备传输大量结构化、非结构化数据到云中心致使网络传输负载急剧增加,产生较长的网络延迟,造成生产系统的安全风险;(2)伴随越来越多的智慧化业务需求的提出,感知层的底层数据激增,集中式云计算能力为匹配海量边缘数据需不断扩容,导致数据中心规模愈发庞大,运维难度和成本加剧。

在当今万物互联的新时代,学术界和产业界在工业互联网、边缘计算等领域开展了大量的研究和实践,并提出多种新型计算模型,如雾计算、微云、数据中台等。在轨道交通领域,一种典型的基于边缘计算的运营场景:车-车通信技术已有应用案例。云计算与边缘计算彼此优化补充,可更好地满足城轨生产系统的要求及运营管理场景需求。

边缘计算的发展是基于云计算的普及和微服务架构的广泛应用两个大背景展开的,随着云计算的成熟与普及,越来越多的企业开始将 IT 系统放在云端。另外,基于 IT 系统应用解耦及需求的快速迭代需要,微服务架构在企业获得越来广泛的使用,企业在云中心以微服务模式运行着数十个到数千个不等规模的微服务。随着边缘侧计算能力越来越强,且具备更低网络成本及网络延迟的特点,同时解决了企业IT成本及用户体验两个问题，企业逐渐将IT系统中的微服务按照对IO（I/O输入输出）、网络、计算能力、交互实时性等需求不同进行层级划分，一些可以放到边缘侧的微服务越来越多地下沉到边缘，通过云端和边缘的协同解决成本和用户体验问题。

2020年边缘计算产业联盟（ECC）发布《边缘计算与云计算协同白皮书2.0》，深化边缘计算与云计算之间的关系，并提出云边协同价值场景、价值内涵、关键技术等维度的研究。随着云边协同逐步从产业共识走向落地应用，引入边缘计算技术，借鉴其他行业的最新发展方向，去探求一种更加符合和适配城市轨道交通行业业务特征的计算模型是必要的。

1.1.3　国家对企业可持续发展的要求

1. 国家对企业数字化转型的要求

近年来，国家层面高度重视信息化工作，顶层信息化战略、规划纲要等政策相继发布，指导各行业信息化发展。如中华人民共和国交通运输部先后出台《交通强国建设纲要》《"十四五"交通领域科技创新规划》等文件，提出科技创新重点方向和主要任务，通过科技创新驱动高质量发展。

如何进行行业创新，实现企业高质量发展，《"十四五"国家信息化规划》部署的重大任务中给出了途径，即构建产业数字化转型发展体系。根据团体标准《数字化转型参考架构》（T/AIITRE 10001—2021）给出的数字化转型包含五个发展阶段，新型能力的等级由低到高可分为规范级、场景级、领域级、平台级和生态级。关于数字化转型的相关理论与解读非常多，借鉴时任阿里巴巴研究院副院长安筱鹏针对数字化转型的本质给出的定义："在数据+算法定义的世界中，以数据的自动化流动来化解复杂系统的不确定性。"这里几个关键词包括"数据、自动、流动、化解"，关键词对应了数据应用技术、手段和目标。

在传统城轨云平台的建设模式下，"自动化系统"和"信息化系统"处在不同的网域，需要进一步联通和协同。在国家多次强调要促进传统企业数字化转型的宏观背景下，两化融合管理体系是当前数字化转型的最重要的方法论之一，因此，城市轨道交通行业的传统生产系统、管理系统也要及时地优化架构，将信息化和工业化的高层次深度结合，以信息化带动工业化，以工业化促进信息化，在信息化技术的支撑下走新型工业化道路，追求可持续发展模式。

2. 国家对双碳节能的要求

我国在2020年9月宣布中国的"碳达峰、碳中和"目标后，出台了一系列双碳政策。2021年10月，国务院印发《2030年前碳达峰行动方案》（以下简称《行动方案》），旨在扎实推进碳达峰行动。《行动方案》明确了"十四五"与"十五五"期间推进碳达峰行动的主要目标，明确重点实施能源绿色低碳转型行动、节能降碳增效行动、工业领域碳达峰行动、城乡建设碳达峰行动、交通运输绿色低碳行动、循环经济助力降碳行动、绿色低碳科技创新行动、碳汇能力巩固提升行动、绿色低碳全民行动、各地区梯次有序碳达峰行动等"碳达峰十大行动"。实现"碳达峰、碳中和"是中共中央为应对全球气候变化坚定不移走绿色低碳发展道路，以高水平保护倒逼高质量发展的重大决策部署。我国以生态文明思想为指导，贯彻新发展理念，以经济社会发展全面绿色转型为引领，以能源绿色低碳发展为关键，坚持走"生态优先、绿色低碳"的发展道路。

城轨中包括牵引供电、车站动力照明等能源消耗的对象是服务于城轨运营的车辆、系统、设备、人员，如果能通过优化设计使得这些对象融合共享，体量减小，高效运作，这也就从根本上降低其对能源的消耗，提升城轨综合能源利用效率，满足高质量发展的战略需要。

1.2 研究目的

随着新技术的不断涌现和成熟，城轨行业众多传统弱电生产系统（如电力SCADA系统、综合监控系统、自动售检票系统、信号系统等）也随之产生优化和革新的可能。比如，近年来包括呼和浩特、武汉、广州、西安在内的多个城市的轨道交通企业，纷纷建立线网级云平台，将各自独立建设的"烟囱式"系统进行数据共享，消除数据孤岛，增强系统间协同联动效率且提高资源利用率，实现了"云计算+城轨"的改革。但是目前各地线网级云平台仅解决了统一基础资源的问题（IaaS层），本书拟探讨更进一步的行业优化方案。

具体来说，城轨弱电生产系统以往是采用传统工程学的方法进行系统设计和软件开发，也就是瀑布式开发模式。此模式有流程严谨、方便项目运作、便于评估和验收等优点，但也带来了不少问题。软件工程与实体工程不同，比如实体工程中建造的大桥、高楼在竣工后，人们通常不会对大桥或高楼的主体有大量使用需求的变更。但软件却不同，对于面向最终用户的应用，用户需求是不断变化的，尤其是在智慧化应用不断创新的高速发展的城轨行业。这就需要一种新型的城轨生产平台架构和计算模型，其硬件、软件架构满足在完美的适配城轨行业生产系统对于实时性、可用性、安全性等最根本的工业级要求，同时又能支持敏捷开发模式下的应用软件工程，实现持续开发→持续集成→持续交付→持续部署，如微服务、容器等技术是敏捷开发模式下的典型技术。

综上所述，在上一轮智慧城轨的发展过程中，云平台的建设实现了"云计算+城轨"的进程，本书拟进一步探索"边缘计算+城轨、人工智能+城轨"所带来的更进一步的优化和效益。

1.3 研究内容及范围

本研究的内容和范围可归纳如下。

（1）调研城轨云平台建设现状，以及分布式云、边缘计算、雾计算、海云计算等云计算模型的技术特点和发展趋势；分析城市轨道交通运营管理模式、业务特征及数据处理模式，以选择适配城轨业务需求的计算模型，构建出一个更加高效的云边协同的新型城轨云平台的总体架构。

（2）"云边协同"是新型城轨云平台的关键特征，也是城轨云降本增效的手段。本书分析云边协同的能力与内涵，研究城轨行业各业务典型的云边协同场景，并将传统弱电生产系统、创新智慧化应用按照功能目标、面向对象、重要程度、性能要求等方面分门别类，提出其在边缘云、中心云的部署方式。

（3）在应用层层面，针对传统弱电系统、新产生的各类智慧化系统，本研究拟打破传统的专业划分界面，将弱电系统进行解构、重组和不同深度、不同方式的融合，使其更能满足运营需求，并与城轨云平台两者相辅相成，各自发挥最大的优势。

（4）研究云边协同的新型城轨云架构以及弱电融合后的配套工程优化，包括

"硬件"和"软件"两个方面。硬件是指车站土建设计方案的优化，如车站设备区布局的功能区优化以减少车站规模。软件方面是云边协同加持下的智能化应用对配套专业的提升，如用物联网技术的车站智能照明控制系统等。

（5）技术和工具的更新，需要搭配适应的组织管理架构，才能发挥其最大的价值。本书在新型城轨云架构和弱电系统融合方案下，研究运营组织架构的配套方案，包括运营人员岗位融合，车站区域化管理，运维体系建设等方面，实现运营的可持续发展。

因此，本书内容和目的为两大方面：平台和业务。平台方面，以云计算、分布式、边缘计算等计算模型为工具，构建适应城轨业务实际需求的新型城轨平台架构。业务方面，根据生产业务特点分门别类地部署在平台合适的节点上，并对各类弱电系统进行解构和重组，融合，以达到最好的效能。

平台和业务这两者的优化设计是相辅相成，密不可分的，本书的目的即是找到一种能够充分发挥双方作用和能力的解决方案。

2 智慧城轨线网云平台发展与规划

2.1 传统弱电生产系统面临的问题

传统的弱电生系统设备部署分散,同质资源利用率低:各专业的中心、车站硬件种类多、部署分散,同质资源分散,无法实现高效集中管理。本次研究从获取到的实际运营数据中发现,几乎所有线路和弱电系统服务器的平均负载率都非常低,表2-1所示为2020年开通运营的某地铁线路稳定运行1年后,各传统弱电生产系统的资源利用数据表,可以看出尤其是车站的ISCS及ATS专业的CPU使用率平均为1%~5%,内存使用率平均为5%~10%。这造成较大的资源浪费。

表2-1 某城市地铁线路弱电系统资源使用情况调研表

序号	系统及设备名称	服务器CPU配置	CPU平均使用率	存储容量/Bytes	存储占用率	内存容量/Bytes	内存平均使用率	高峰网络带宽占有率
一、综合监控系统ISCS								
1	控制中心实时服务器	Intel 6142 CPU,数量4个,64核,主频2.60 GHz	6%	1.2 T	19%	256 G	5%	8%
2	控制中心历史服务器	Intel 6142 CPU,数量4个,64核,主频2.60 GHz	3%	1.2 T	11%	256 G	35%	8%
3	控制中心交换机		25%			128 M	86%	12%

续表

序号	系统及设备名称	服务器 CPU 配置	CPU 平均使用率	存储容量/Bytes	存储占用率	内存容量/Bytes	内存平均使用率	高峰网络带宽占有率
4	车站服务器	Intel 6142 CPU，数量 2 个，32 核，主频 2.60 GHz	0.03	600 G	53%	256 G	9%	10%
5	车站交换机		23%			128 M	79%	11%
二、信号系统 ATS								
1	主机服务器	Intel 6134 CPU 1 颗、8 核、3.2 GHz	2.20%	300 G	36%	16 G	98.20%	—
2	通信服务器	Intel 6134 CPU 1 颗、8 核、3.2 GHz	0.70%	300 G	35%	16 G	31.40%	—
3	接口服务器	Intel 6134 CPU 1 颗、8 核、3.2 GHz	2.60%	300 G	40%	16 G	88.20%	—
4	COCC 接口服务器	Intel 6134 CPU 1 颗、8 核、3.2 GHz	1%	300 G	35.60%	16 G	51.70%	—
5	数据库服务器	Intel 6134 CPU 1 颗、8 核、3.2 GHz	1.30%	300 G	15%	16 G	98.60%	—
6	中心非安全网交换机	—	—	—	—	—	—	50%
7	车站非安全网交换机	—	—	—	—	—	—	80%
三、通信系统—CCTV、PIS、PA、专用电话、无线调度、UPS 网管								
1	专用无线二次开发调度台服务器	Xeon E7-4830 v3 4 颗、12 核、2.1 GHz	1%	600 G	43%	128 G	52%	—
2	专用无线数传控制台服务器	Xeon E7-4830 v3 4 颗、12 核、2.1 GHz	1%	600 G	6%	128 G	66%	—
3	CCTV 视频管理服务器	Xeon Gold 5115 2 颗、10 核、2.4 GHz	28%	600 G	17%	16 G	42%	—
4	集中告警子系统服务器	Xeon E7-4830 v3 4 颗、12 核、2.1 GHz	1%	600 G	43%	128 G	52%	—
5	UPS 子系统监控数据处理服务器	E3-1246 v6 1 颗、6 核、3.7 GHz	5%	0.6 T	20%	16 G	35%	—

续表

序号	系统及设备名称	服务器CPU配置	CPU平均使用率	存储容量/Bytes	存储占用率	内存容量/Bytes	内存平均使用率	高峰网络带宽占有率
6	PIS子系统中心服务器	Xeon-G 5115 Kit 4颗、10核、2.4 GHz	40%	7 T	15%	64 G	50%	—
7	PIS子系统车站/车辆段/停车场服务器	Xeon-G 5115 Kit 2颗、10核、2.4 GHz	10%	300 G	10%	32 G	10%	—
8	PIS子系统网管服务器	Xeon-G 5115 Kit 2颗、10核、2.4 GHz	20%	300 G	10%	32 G	10%	—
9	PIS子系统接口服务器	Xeon-G 5115 Kit 4颗、10核、2.4 GHz	50%	300 G	40%	64 G	60%	—
10	专用无线子系统交换机	—	—	—	—	—	—	15%
11	PA子系统交换机	—	—	—	—	—	—	5%
12	CCTV子系统网络交换机	—	—	—	—	—	—	60%
13	CCTV子系统光交换机	—	—	—	—	—	—	10%
14	CCTV子系统网络交换机	—	—	—	—	—	—	40%
15	CCTV子系统汇聚交换机	—	—	—	—	—	—	15%
16	OA线路汇聚交换机	—	—	—	—	—	—	40%
17	OA车站以太网交换机	—	—	—	—	—	—	20%
18	PIS中心交换机	—	—	—	—	—	—	40%
19	PIS线路汇聚交换机	—	—	—	—	—	—	40%

续表

序号	系统及设备名称	服务器 CPU 配置	CPU 平均使用率	存储容量 /Bytes	存储占用率	内存容量 /Bytes	内存平均使用率	高峰网络带宽占有率
20	PIS 接入交换机	—	—	—	—	—	—	30%
21	PIS 车站交换机	—	—	—	—	—	—	20%
四、自动售检票系统 AFC									
1	车站服务器	Intel 5118 CPU 1 颗 2.30 GHz	0.10%	3.2 T	101 G/4%	31 G	11 G/35%	—
五、门禁系统 ACS									
1	中央服务器	Intel 6134 CPU 4 颗 8 核 3.20 GHz	1%	600 G	5%~10%	128 G	10%~20%	8%~10%
2	中央交换机	—	—	—	—	—	—	5%~8%

弱电系统是确保城市轨道交通运输安全、正点、高效运行的基础设施和生产系统。通过通信、信号、综合监控的三张生产网络实现对信号、车辆、供电、通风与空调、给排水、通信、防灾报警、环境与设备监控、电梯与自动扶梯、自动售检票等系统的综合调度和管理，支撑运营生产作业，因此弱电系统是作为一个整体服务于城市轨道交通线网运营的要求。各弱电系统的设计方案均考虑了运营生产的内部关联，满足以下整体性设计原则。

（1）各系统及其设备应满足安全性、可靠性、适用性、经济型、先进性的基本要求。

（2）各弱电生产系统之间应满足系统平衡的原则，统筹考虑各系统及其设备的技术水平，保证各系统平衡一致，避免技术水平高低不一、以低拖高。

（3）各弱电生产系统之间应满足功能匹配的原则，合理选择各系统及其设备的功能配置，保证相互匹配，避免部分系统功能闲置，造成浪费。

（4）各弱电生产系统之间应满足接口一致的原则。

传统弱电生产系统整体架构基于城轨运营管控模式，采用三级管理和三级控制模式，如图 2-1 所示。三级管理分别针对线网级、线路级和车站级进行运营生产作业管理，三级控制分别针对线路级、车站级和就地级进行运营生产设备的控制。

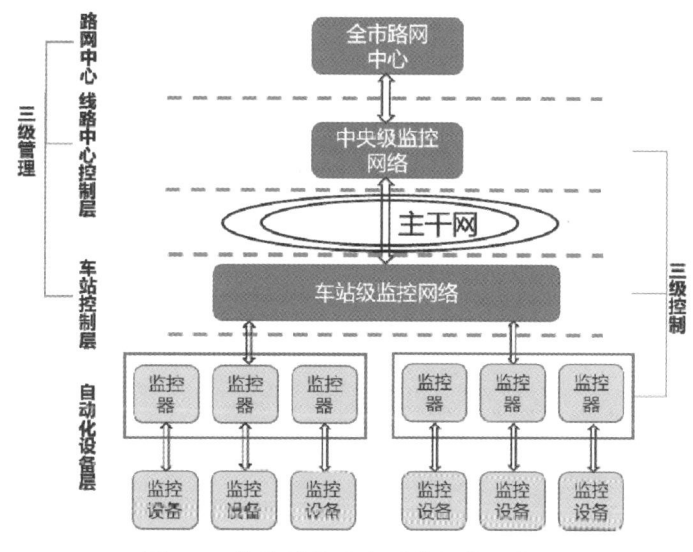

图 2-1 传统城轨弱电系统架构示意图

既有传统弱电系统架构存在优化空间，尤其在以下几个方面存在瓶颈。

（1）现有各系统架构单独建设，IT基础设施资源管控和运维呈现烟囱现象，体系架构陈旧，信息孤岛严重。传统弱电生产系统按线网/线路/车站分级建设，架构层次复杂，建设和运维成本高。各系统平台自成体系，功能开发依靠系统集成商按前期需求进行定制开发，后期开发对既有厂商依赖性强，较难适应运营不同时期的需求变化。

（2）基础设施分散，网络资源浪费。传统系统架构下，每个车站均设置独立的各业务系统车站级服务器、终端，对车站的机房空间、电力、环控、消防等资源占用大；服务器及终端的分散设置方式存在运用风险、运维不便等问题，同时地下车站的机房环境较差，受地铁运行振动影响存在设备故障率较高等弊端。

（3）随着城轨交通信息化建设逐步深入，传统"竖井式"的系统架构，既无法快速有效扩展来满足大量业务应用的需求，也无法调和"信息共享"和"网络安全"的矛盾，并存在重复投资和资源浪费。即使部分系统采用云计算架构，也无法整合多系统资源，难以充分发挥云技术的共享利用价值。

（4）安全管控薄弱，运维体系失衡。城轨存在多制式传感器、通信终端、网络、主机、中间件、数据库等多个维护环节，故障或安全事件出现时往往只能捕捉时点日志，通过自下而上的方式遍历问题，无法快速定位和追溯历史。另外应用系统垂直管理、各自监控、各自为政，多套运维人员配备也普遍存在，缺乏集中监控、集中维护、统一管理和自动化运维体系，运维成本居高不下。同时随着大数据、AI、边缘计算的大规模集群化部署，人均维护数量达到几百上千台设备，传统运维方式无法支撑新技术的发展。

（5）各系统支持数据开放，但数据开放要求不明确，缺乏数据接入标准，管理系统获取数据后无法利用数据，数据分析平台无法挖掘数据价值。

（6）统一的云平台、数据平台的规划和建设缺乏。

城轨弱电生产系统入云的步伐相比其他信息化行业仍稍显缓慢。其一，弱电生产系统大部分为工业自动化控制系统，涉及专业繁杂、系统建设难度大，且与管理类信息系统在系统结构包括底层基础设施、资源管理、业务逻辑以及应用表现等方面均存在一定差异。因此，相比管理类信息系统，弱电系统入云的技术门槛相对更高。其二，安全生产是城市轨道交通行业的核心关键词，弱电生产系统与城轨企业安全生产运营密切相关，属于传统意义上的OT行业区别于IT行业。特别是信号系统这类直接影响列车行驶安全的机电系统，在系统可靠性、可用性、可维修性以及安全性等方面比管理类信息系统更高。因此，出于安全风险的考虑，各弱电系统专业在系统设计时，对云计算等技术的接受速度相比管理类信息化系统稍慢。

2.2 城轨线网云平台建设情况调研

2020年3月，中国城市轨道交通协会正式发布《中国城市轨道交通智慧城轨发展纲要》，通过分析国内外城轨交通的现状及信息技术发展的趋势，提出了实现城轨信息化的"13531"发展蓝图，是行业内认可的城轨云研究应用时代开启的重要标志。其实早在2019年开通的温州S1线中就对虚拟化等云计算技术进行了研究和应用，目的是解决传统弱电系统（如综合监控系统ISCS、信号系统ATS、自动售检票系统AFC、通信系统等）相对独立的烟囱式建设导致的信息孤岛、资源利用率低的弊病，通过资源的弹性分配和负载均衡等手段提高资源利用率。以下是对几个不同时期设计和建设的城轨云工程的介绍，从中可以看出行业对云平台应用的发展趋势。

2.2.1 初期：单专业/单线路的云平台应用

1. 单专业云平台（温州 S1 线综合监控云平台、广州清分系统云平台等）

温州 S1 线综合监控系统硬件平台采用基于虚拟化为核心的云平台技术构建，其架构与传统综合监控系统不同，车站、车辆段、停车场的实时服务器迁移至中央，并通过虚拟化技术来进行搭建。本线由位于中央的服务器群组虚拟出中央级和车站级服务器，综合监控系统通过全线的主干网络将各车站监控网的监控信息直接汇集到控制中心的服务器群组从而实现本线内多系统的综合监控管理。

在此架构中，中央级综合监控系统（CISCS）部署主备服务器群组，采用冗余设计，保障高可靠性，同时在车站部署降级服务器，在主中心离线时，启动车站级降级节点设备以保障车站业务的运行。

类似地，杭州航海线综合监控系统也采用单线单专业的云计算技术的应用。此外，如广州地铁、成都地铁的清分系统云平台，也属于单专业云平台的范围。

2. 线路级多专业云平台（深圳地铁 6 号线、10 号线等）

以线路为单位建设生产系统云平台，如深圳地铁 6 号线、10 号线分别按线路搭建线路级生产云平台，每朵云承载本条线 1 条线路规模的综合监控系统、乘客信息系统、安防系统（含视频监视、门禁等子系统）、车场智能化系统等子系统。深圳 6、10 号线的线路级生产云平台是围绕上述生产系统开发定制的私有云，以满足上述生产系统的需求为核心目标。

深圳 6 号线、10 号线在控制中心建设多业务系统融合云平台，设置 ISCS、安防、CCTV、PIS 业务系统的主服务中心，车辆段设置 OA 桌面云、车场智能化的主服务中心；部署 OCC 各业务系统的灾备业务中心。车站设置综合监控车站备用实时服务器，统一部署云平台安全管理系统，在运营培训基地设置仿真测试与培训系统。所有网络、安全、服务器等基础设施需要被云平台统一纳管和调用。

2.2.2 中期：线网级集中式云平台应用

1. 线网生产管理集中式云平台（呼和浩特、深圳、西安）

呼和浩特地铁在地铁 1、2 号线工程建设中完成了城轨云平台部署，包括生产中心云平台、灾备中心云平台、站段云平台三部分。

呼和浩特地铁是国内首个全线路业务系统云化的成功案例，被中国城市轨道交通协会选定为示范工程，呼和浩特地铁公司按中国城市轨道交通协会推荐的"13531 架构"，一次设计，统一规划，统一招标，建设一朵云、三张网，生产域、管理域、对外域之间采用网间隔离。本工程在新技术的创新、云平台实施落地为整个城轨交通行业迈向智慧城轨提供了实践经验。

呼和浩特城轨云平台，通过资源统一管理、云平台软件开放、物理资源高扩展性等特性，使得云平台为安全生产网各系统（包括列车自动监控系统、综合监控系统、自动售检票系统、门禁系统、乘客信息系统、通信集中告警系统、数据挖掘系统等）、内部管理网各系统（包括资产管理一体化平台、运营一体化平台、协同办公一体化平台等）、外部服务网各系统（包括公务电话、邮件系统、外部网站、互联网购票子系统手机 APP 平台等）提供云基础资源服务，在满足 1、2 号线运营、维护的同时，预留 3、4、5 号线接入能力。它是国内首例多专业、多线路的城轨云平台，如图 2-2 所示。

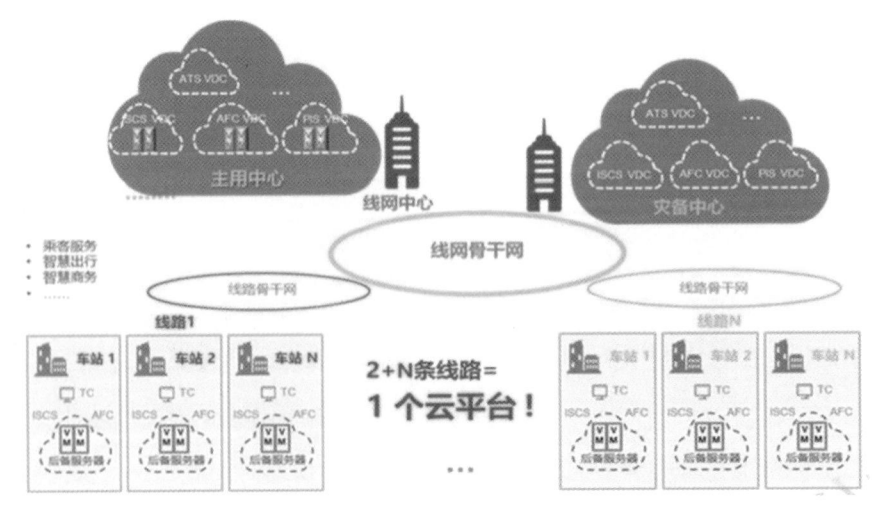

图 2-2 呼和浩特城轨云平台的"一朵云"方案示意图

类似地,深圳地铁在最新的建设规划期,计划同期建设生产云和管理云两朵云,统一管理。它们之间设置数据交互区。

西安地铁随三期建设规划同步建设的线网级城轨云平台一期工程,遵循中国城市轨道交通协会的一云三网整体架构。据《西安市地铁线网云平台工程顶层规划》中所述,"对西安轨道交通的信息化架构和信息安全进行网络化建设,实现线网运营生产、企业管理、乘客服务三个不同领域的功能需求。线网云平台按照28条线(含预留)接入能力分期分阶段设计。"

西安地铁线网云平台结合西安轨道交通近、远期建设情况进行统筹设计,采用统一规划分步实施的建设模式,云平台一期工程满足4条线弱电系统、清分中心、互联网支付平台等部分线网级生产系统承载的硬件资源,以及大数据平台。

线路入云采用中央级+站段降级云节点的方式。线网云平台安全生产网中心级主数据中心选址在长鸣路控制中心,集中灾备中心选址在机场线生产指挥中心。在云灾备中心、网络、电源等多重叠加故障后,车站设置降级云节点设备保障车站维持降级下的运营,如图 2-3 所示。

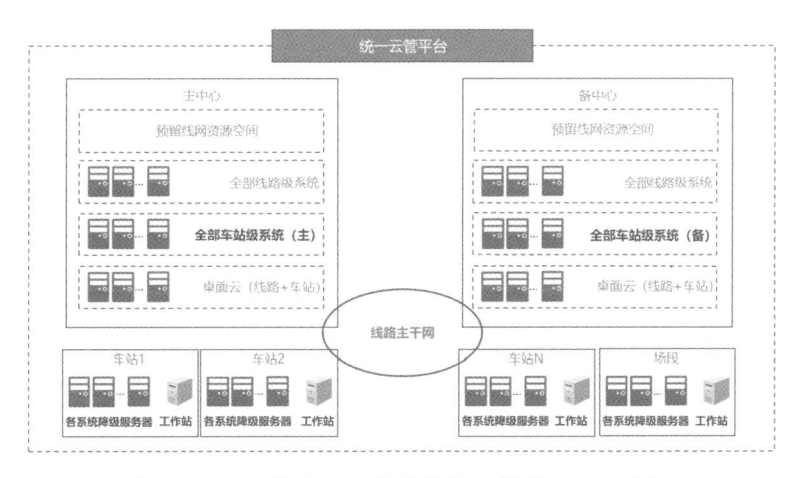

图 2-3 中央集中云 + 站段降级云部署方案示意图

本方案在日常情况下,线路生产系统的中心级、车站级等所有的应用均在主中心运行,在车站和场段的降级云节点中部署后备站级应用,与中央云平台部署的车站级应用软件互为冗余热备,在中央云平台所在数据中心发生异常事件,或本站脱离骨干网络等故障工况下,由站级降级云节点接管本站点的所有生产业务，能实现车站的独立自主运营。

西安地铁线网云平台的内部管理网承载企业一部分信息化业务及硬件，新建企业综合管理平台，建立统一、规范、安全和全覆盖的信息化平台和标准的技术体系，实现统一的信息化业务管理、管理系统的数据统一和互通，同时既有的业务系统也将逐步改造升级入云，并与企业服务总线打通。

2. 线网级生产系统云平台（广州地铁"十三五"生产云）

广州地铁在"十三五"新线规划期间正在建设综合生产云平台，承载本城市全部线路的生产系统、线网级生产系统，包括综合监控系统、信号系统、通信系统、AFC、线网指挥中心平台等。

广州地铁线网综合生产云平台初期为十八号线、二十二号线、十三号线二期、十号线、十二号线、三号线东延段、七号线二期、五号线东延段、十四号线二期、十一号线共十条线路的弱电系统，以及线网指挥中心 COCC 服务，为十条线路的智能客服系统、安检系统、视频监控系统、乘客信息显示系统、智能监测管理平台、综合监控系统、安防系统、自动扶梯部件预警系统、信号运维保障系统、清分乘客画像数据库、线网指挥系统、大数据应用综合系统等提供计算、存储、网络等硬件基础资源。广州地铁综合生产云平台采用虚拟化技术、分布式存储技术、云资源管理技术、信息安全技术等，搭建适应地铁综合生产业务基础云平台，实现计算、存储、网络资源按需分配、统一管理和集中监测，提高资源利用率，便于业务快速部署和扩展，如图 2-4 所示。

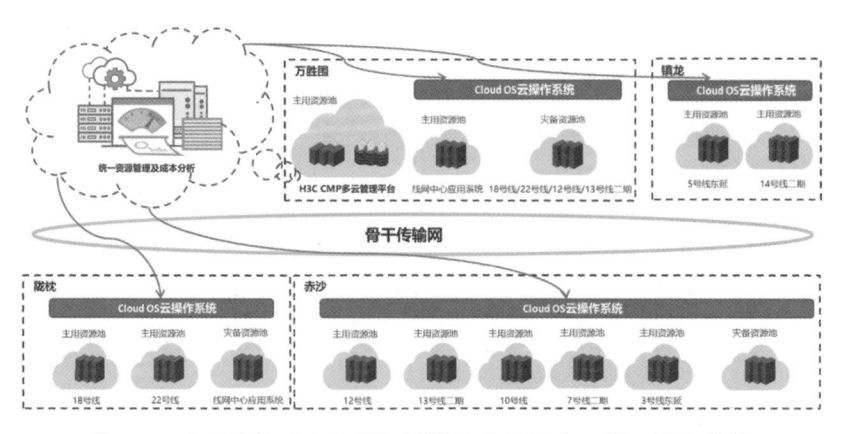

图 2-4　广州地铁"十三五"新线生产云平台一期工程架构图

广州"十三五"综合生产云平台，可与其他云平台统一管理。它和已建成的管理云按照同一标准接入云管理平台，实现最大限度的统一管控。除计算资源外，云管平台还提供统一的服务门户、权限管理、流程管理、运营分析、运维管理等。

2.2.3　近期：云平台＋大数据平台的应用（穗腾OS）

《中国城市轨道交通智慧城轨发展纲要》（以下简称《纲要》）的有关城轨云与大数据平台的建设目标指出，到2035年，大数据技术在城轨交通全行业深化应用，全面建成数据共享平台，成为智慧城市的重要数据来源。《纲要》的建设重点中提出，城轨云与大数据平台一是实现对城轨业务应用的统一部署承载，资源动态分配，统一开发运营部署运行环境，为城市轨道交通各类信息系统应用提供服务，助力城轨智能化、智慧化发展；二是建设大数据共享平台。在城轨云上构建数据共享平台，加大数据平台技术架构的自主化研究，突破数据共享的壁垒，重点解决共享数据的采集、传输、加工、存储、安全、分析、管理和服务等难题，为大数据应用奠定坚实基础；……五是扩大智能创新应用建设。助推大数据、人工智能在城轨交通的智能优质服务、智能运营指挥和智能运维管理等领域的深化应用。

由此可以看出，在城轨云平台逐步建立后，下一步的建设重点即是"大数据平台"。首先，云计算和大数据是有区别的不同的两类技术，地铁建设者关于大数据和云计算的关系常有混淆，我们需要对两个平台的概念进行明确，以理解大数据平台和云平台关系。

云计算是基于互联网的相关服务的提供、使用和交付模式，通常是虚拟化的计算、网络、存储等资源，且易扩展。云是网络、互联网的一种比喻说法。过去在系统图中往往用云的图案来代表电信网，现在城轨云可理解为底层基础设施。

大数据技术是指从各种各样类型的数据中，快速获得有价值信息的能力，适用于大数据的技术，包括大规模并行处理（MPP）数据库，数据挖掘，分布式文件系统，分布式数据库，可扩展的存储系统。

简单来说，云计算就是大规模基础计算资源；大数据是指基于计算资源针对海量数据进行高效处理的平台。

大数据平台是为顶层各类业务服务的一揽子数据工具，不同数据特点的业务需要选取所对应的大数据工具。大数据技术生态圈就好比是一个厨房工具箱，针对不同的菜肴，需要配置不同的厨房用具，如古语说，"杀鸡焉用牛刀"。

以目前城轨云的建设情况来看，各地城轨云仅使用到了 IaaS 层，鲜有大数据平台在实际的城轨业务上的典型应用案例。这也是近期各地开展研究和建设的重点。在此方面走在行业靠前的是广州地铁公司研制开发的穗腾 OS2.0（见图 2-5），其定位是基于工业互联网、物联网的新一代轨道交通操作系统，采用了数据中台的理念，构建新一代轨道交通数字基座，利用开放式组件化的设计，支撑智能客服、智慧站务、智慧运维、智慧安防等应用的开放输出，综合增强轨道交通场景业务的应用能力。

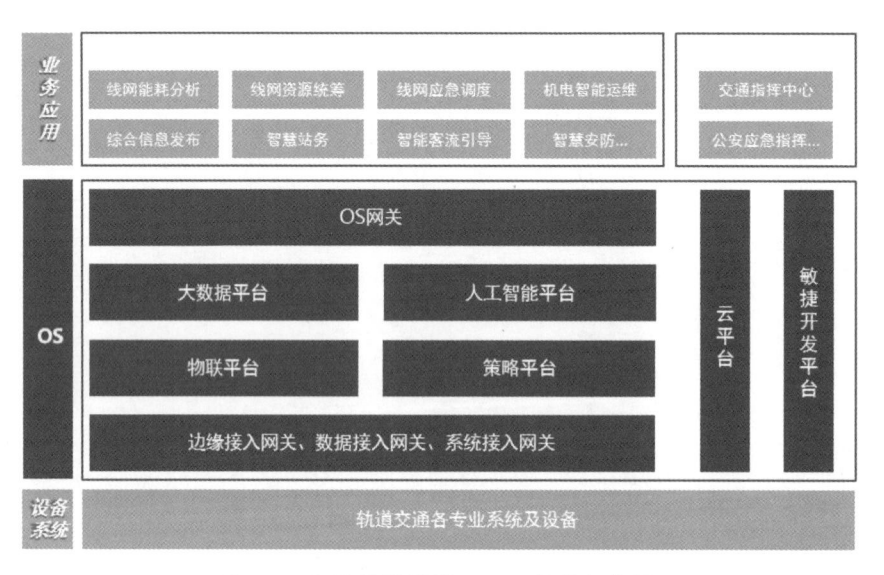

图 2-5　广州地铁穗腾 OS2.0 整体架构图

穗腾 OS1.0 完成了智能客流引导、智能站务、智能安防、综合信息发布、可视化大屏展示等智慧城轨业务的设计和开发，并在广州塔智慧车站示范站得到了成功验证。穗腾 OS2.0 在 1.0 的基础上进行迭代演进，从车站级的业务支撑迈向线路、线网级支撑，在轨道交通设备和系统的高效物联接入、灵活的流程编排、一体化数据处理能力、一站式算法训练托管能力以及开放的组件服务能力等方面全方位升级：一方面，可以高效连接各轨道交通设备和系统，实现统一的智慧化调度管理；另一方面，可以支撑各类智慧化应用的快速敏捷的开发与迭代，为轨道交通产业"建设、管理、运营、服务"全生命周期的数字化升级提供一体化的底座支撑。

2.2.4 现阶段城轨云建设情况总结

通过各城市城轨云工程案例可以看出，初早期云平台主要为单系统多线路建设，如温州综合监控云，郑州、洛阳、成都的清分云，后来逐步转变为基于单线路多系统的融合云平台，如深圳地铁 6 号线、昆明地铁 4 号线，最后当前整体技术方向转变为多专业、多线路集合了生产域、企业管理域、外部服务于线网级的城轨云平台，如呼和浩特、武汉等地铁城市的运用。目前，重庆地铁、太原地铁的顶层规划设计均遵循《智慧城市轨道交通 信息技术架构及网络安全规范》（T/CAMET 11001.1～3—2019）要求的智慧城市轨道交通信息技术架构，将生产指挥中心、企业管理中心、乘客服务中心分别部署于生产指挥中心云平台、企业信息管理云平台以及乘客服务中心云平台上，实现线网云平台的全域资源统一调配和管理，承载城轨生产运营核心业务的高负载、高级别安全、高业务连续性的运行要求，为城市轨道交通企业信息化的持续建设以及新建线路的延续服务提供良好的支撑。

城轨云平台的建设和应用，解决了硬件设备资源共享、提高设备利用率的实际问题，通过引入云计算、大数据等信息技术，能够带来良好的社会经济效益、环境效益。加快城轨交通与互联网的融合发展，有利于优化运输组织方式，调整产业结构和转变经济增长方式，更好地满足乘客出行、消费、娱乐等多样化需求，但同时也浮现出新的矛盾点：

（1）目前各地城轨云平台多采用集中式数据中心的建设模式，将各弱电系统所有应用集中部署在中心云平台上，从车站边缘设备传输大量结构化、非结构化数据到云中心致使网络传输负载急剧增加，产生较长的网络延迟，造成生产系统的安全风险。

（2）伴随越来越多的智慧化业务需求的提出，感知层的底层数据激增，集中式云计算能力为匹配海量边缘数据需不断扩容，导致数据中心规模愈发庞大，运维难度和成本加剧。

综上所述，研究和设计一种适应城市轨道交通生产业务的新型平台架构和计算模型是必要的。

2.3 城轨行业业务与云形态的关系

不论是既有传统各生产系统、管理系统，或是基于新技术的各类创新智慧化业务，其目的均是为了满足运营的运作、组织和管理，城轨云平台也不例外，未来发展方向一定是更好地贴合运营管理模式以发挥其最大的效益。本节首先阐述集中云、边缘计算、分布式云等众多概念本质与不同的数据处理模型（或称计算模型），通过分析城轨运营分层级负责制的调度指挥业务需求，总结出城轨行业中的三种数据处理模式，继而判断出适配城轨行业业务的计算模型，并在下节提出新型的城轨云平台总体架构。

2.3.1 集中云、边缘云、分布式云的概念与本质

业界经常提到术语，如集中云、边缘云、分布式云、混合云、雾计算等，其本质是不同的数据处理模式，也可称为计算模型。不同的计算模型，用于匹配不同的数据处理需求和业务场景。

1. 集中云

我们将以云计算模型为核心的大数据处理阶段称为集中式大数据处理时代，该阶段特征主要表现为大数据的计算和存储均在云计算中心（数据中心）采用集中方式执行，因为云计算中心具有较强的计算和存储能力。这种资源集中的大数据处理方式可以为用户节省大量开销，创造出有效的规模经济效益。如前文提到的呼和浩特地铁城轨云平台，以及西安地铁在建的三期云平台，均采用集中云的模式建设。

2. 边缘计算

集中式大数据处理模式下的云计算，其现有的相关技术并不能完全高效地处理网络边缘设备所产生的海量数据。因此，学术界和产业界开始对新的计算模型进行深入研究，如微数据中心、雾计算、中国科学院的海云计算等。万物互联应用需求的发展催生了边缘数据处理模式，即边缘计算模型，在网络边缘设备上增加执行任务计算和数据分析的处理能力，将原有云计算模型的部分或全部计算任务迁移到网络边缘设备上。

3. 边缘云

在 2019 年中国电子技术标准化研究院、阿里云等单位共同编制并发布的《边缘云计算技术与标准化白皮书》中首次定义了边缘云的概念：基于云计算技术的核心和边缘计算的能力，构筑在边缘基础设施之上的云计算平台。形成边缘位置的计算、网络、存储、安全等能力全面的弹性云平台，与中心云和物联网终端形成"云边端三体协同"的端到端的技术架构，通过将网络转发、存储、计算，智能化数据分析等工作放在边缘处理，降低响应时延、减轻云端压力、降低带宽成本，并提供全网调度、算力分发等云服务。

4. 混合云、多云

混合云指至少包含公有云、私有云这两种不同的部署方式的云计算模型，多云是指使用多个云服务提供商的云服务。《中国混合云用户调查报告（2021年）》数据显示，企业用户平均用云数量达 4.3 个。混合多云模式优势在于用户可以自主选择不同云服务满足业务的资源扩展、负载迁移、安全合规等特定需求，避免厂商锁定。以城轨行业为例，采用公有云，可以充分利用集成技术和集成经验，为应用快速构建开发和部署环境，帮助企业加速创新应用上云，通过数字化底座技术，使 AI 应用更易于实施。若项目失败（如对外服务广告物业等商业业务），资源可以直接释放，规避一次性硬件投入的风险。

但混合多云环境资源异构，不同云之间技术架构、管理工具、服务类别等不一致，用户面临云服务使用和管理复杂度增加等负面问题。

5. 分布式云

随着用户对边缘计算、安全合规、区域订制、用云模式等方面的需求不断增加，业界提出分布式云概念。标准《分布式云全局管理框架》（YD/T 3985—2021）明确分布式云的标准定义：分布式云是一种将云服务按需部署到不同地理位置，提供统一管理能力的云计算模型。分布式云落地形态可以是中心云、区域云、边缘云。分布式云与当前云计算概念的区别在于其不再按公有云、私有云、混合云的分类方式，将地理位置作为考量因素，为用户提供不同位置云资源统一管理平面，如图 2-6 所示。

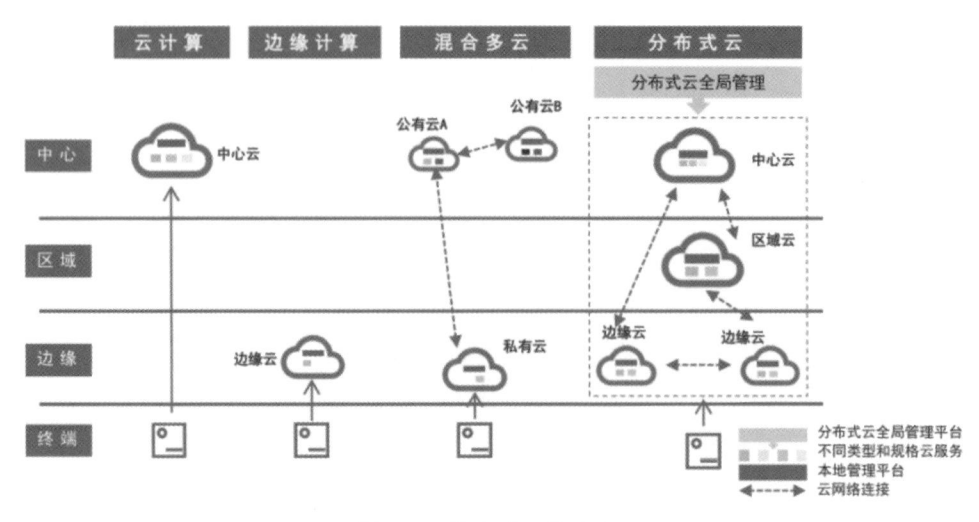

图 2-6 分布式云的定义

2.3.2 城轨运营组织管理模式

城市轨道交通的运营组织架构和管理模式为分层级负责制，大的层面划分为车站级、线路级、线网级，如图 2-7 所示。每个层级的职能和业务有侧重点，且层级内部还有进一步的细分。比如车站运营管理层级中，分为值班站长、行车值班员、客运值班员、票亭值班员、站台值班员等，各司其职。

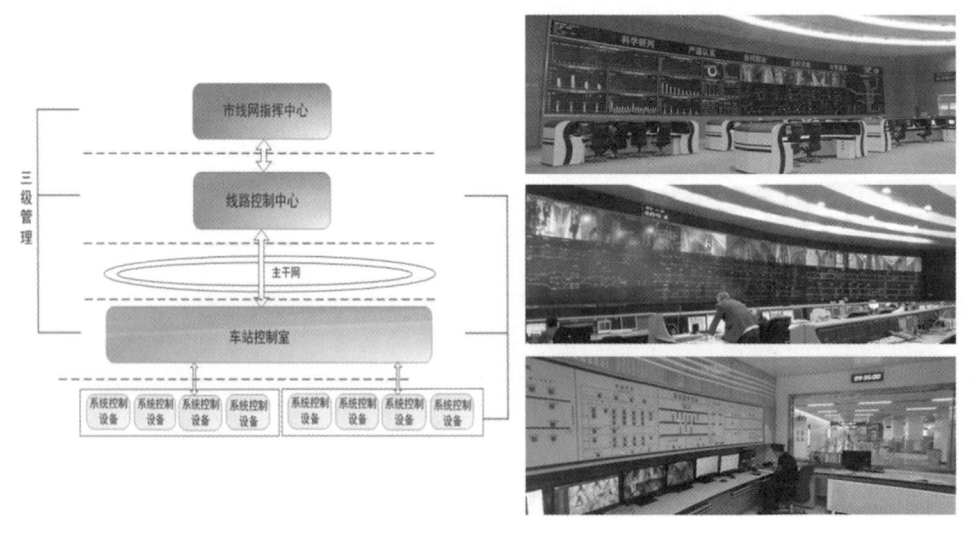

图 2-7 城轨行业分层级负责制的运营管理组织模式

1. 车站级运营管理模式及业务

车站级的运营管理，是在站长的领导下，组织站内员工开展车站各项工作，其业务可归纳为客运组织、乘客服务、设备运管、人员管理四个板块。具体包括不限于掌握列车运行情况，安排车站行车组织工作；加强票务管理，负责车站的车票、现金安全及票款的解行；接待乘客的来访来电，做好车站客运服务工作，妥善处理各类服务纠纷；配合中央级调度的工作票对现场施工人员进行授权和管理；紧急情况下组织全站员工处理事故，恢复车站正常运作；同时还承担本站新员工的岗位实作、技能培训工作；与车站周边其他行政部门协调关系，共同搞好车站综合治理管理等。

2. 线路级运营管理模式及业务

线路级的运营管理，主要负责所辖线路日常运营组织、突发事件应急处置、抢险抢修组织的调度指挥工作。主要业务包括对列车运行的指挥监控、对系统设备运行的监控以及设备维修管理等功能。

（1）对列车运行的指挥监控。

中央控制室设有行车调度工作台，每条线路设行车调度员若干名，配置有信号系统 ATS 监控终端、综合监控系统终端、乘客信息系统终端及运营信息管理终端、调度电话、公务电话和无线调度电话、CCTV 控制盒、广播控制盒等设备。

运营时间内对列车运行情况进行指挥监控，通过通信、信号系统指挥控制列车运行、进路联锁、列车出入车厂及车站乘客管理信息等。

信号系统设备正常时，行车设备控制权在中央行调，行调以计划运行图（时刻表）为依据组织指挥车站的行车工作，通过自动列车控制系统（ATC）实施监控列车运作。信号系统设备故障无法实现中央监控时，行车设备控制权下放到车站级控制指挥。

非运营时间内安排监控设备检修施工计划的实施；指挥工程列车的运行，确保系统设备的正常运行。

全自动运行线路原本车辆段、停车场信号楼行车值班员、DCC 场调的大部分工作内容也全部转移到控制中心 OCC 来进行，因此 OCC 也需具备对场段列车的监控、调度、管理等功能。

（2）对供电系统设备的运行监控。

中央控制室设有电力调度工作台，每条线路设电力调度员1名，配置综合监控系统终端、运营信息管理终端、调度电话、公务电话和无线调度电话。

负责监控的范围为各线主变电站、牵引变电所、降压变电所、直流牵引供电系统和降压供电系统。

供电系统正常运行时，电力调度员对全线供电系统设备运行情况进行监视、打印运行数据报表，并根据旅客列车运营需要调整供电系统运行方式，在每天早上开始运行前和每天晚上停止运营后进行送/停电操作等。

当供电系统发生故障时，电力调度员根据故障情况及时地调整供电系统的运行方式，保证旅客列车的运行，并尽快通知有关部门组织对故障的抢修。

（3）对环控系统设备运行监控。

中央控制室设有环控调度工作台，每条线路设环控调度员1名，兼做防灾调度员，配置综合监控系统终端、乘客信息系统终端及运营信息管理终端、调度电话、公务电话和无线行车调度电话、CCTV控制盒、广播控制盒等设备。

正常运行时，环控调度员负责对全线的防灾报警和环控设备运行状态进行监视、打印运行数据报表，主要包括全线隧道通风和排烟设备；而车站站厅、站台通风和排烟设备主要由车站综合监控系统实现监控功能。

当列车在区间隧道中阻塞、发生火灾或车站发生火灾及其他紧急情况时，环控系统将按照设定的灾害运行模式运行，环控调度员负责监督运行模式的正确性，并组织有关部门进行救灾工作。

环控调度员还兼任防灾报警的职能，在地铁范围内发生火灾时，负责对外联络功能，上报相关信息，并接受城市消防部门的相关指令。

（4）设备及车辆维修管理功能。

中央控制室设有维修调度工作台，每条线路单独设置或多条线路合设维修调度，配备综合监控系统终端、运营信息管理终端、公务电话、调度电话等设备。

维修调度员负责各系统设备故障信息的收集，组织抢修，制订设备计划性维修计划，组织指挥大型故障的抢修和抢险工作。

（5）乘客调度功能。

全自动运行线路中，针对于车辆、车站乘客的客运组织，乘客列车紧急求助等须由 OCC 完成，包括与乘客的通话等信息交互，以及突发事件下的车站客运协调指挥等。

（6）消防及安防应急指挥及信息发布。

值班主任负责 OCC 内所有线路的运营指挥、安全生产和日常管理工作。按照运营时刻表和运作命令的要求组织好本班的日常调度指挥工作；监督行车、环控、电力系统的运作，掌握线路列车的运行情况、客流情况和设备运行情况；在运营出现异常情况时，及时组织加开、停开列车或采用降级运行模式，维持最大限度的运营；收集事故、故障和突发事件信息，根据事件大小、程度以及受影响的范围，按规定及时发布信息。

值班主任助理一般负责非车辆专业设备设施的日常维修组织、协调及监督工作。负责非车辆、非供电、非机电专业设备设施的抢修的组织、协调及监督工作；发生突发事故及重大故障时，协助值班主任使用 PIS、电话等及时向列车、车站发布相关运营信息及重大事件信息，并向线网级 NCC 通报和反馈线路信息和事项；负责控制中心与其他部门的日常联络，协助值班主任保障行车系统的正常运作。开展客流信息收集及发布工作。

3. 线网级运营管理模式及业务

在网络化运营需求下最关键的两大业务为"日常监察"和"应急指挥"，决定了线网指挥中心主要有两种运行模式：正常运营模式和突发事件情况（应急）运营模式。

（1）正常运营模式业务。

线网级运营部门代表本市地铁公司对本城市地铁线网进行全天候的监督和管理，行使监督、调度、指挥和管理权。

① 线网运输策划方面。

负责线网运输供求关系的制定和调整。确定线网运输工作计划，协调各线路的运营方案，提高线网整体的运营效率。

负责线网运营计划的实时监控和调整。通过 AFC 系统的客流信息，对线网的客流进行分析；协调各线路的运营方案，正常运营情况下，针对可能引起突发客流变化的事件或可能影响到多条线路运能配置的运营故障进行运营协调。

② 乘客服务方面。

总结、分析各条线路的运营服务质量情况。对运营服务质量如安全性、服务的连续性、准点性、快捷性、舒适性提出更高等级的目标要求。为提高乘客的满意度提供决策支持。

③ 设备资源管理方面。

实现各运营线路各种资源的综合利用和资源共享，对线网内各线路资源的合理配置进行协调和管理。对于跨线使用的系统综合设备设施属于线网层面的设备进行监视和管理；对跨线使用的供电系统进行监视和管理；对跨线使用的集中供冷系统进行监视和管理；对于线网跨线的施工和维修进行协调和管理，对系统和设备进行全寿命周期的管理。

④ 信息发布和对外协调方面。

整合线网各条线路的信息资源，实现信息的资源共享，负责线网视频系统、乘客信息系统的监控和管理。对线网中影响两条及以上线路的运营服务，以及相关线路的OCC、列车和车站发布乘客服务信息。

负责城市重大活动信息的收集和发布，为城市轨道交通线网中各运营线路对外（政府和相关单位）的统一出口，是政府等外部相关单位的城市轨道交通线网内（各运营线路）的统一入口，也是城市轨道交通线网内外信息交流的窗口。

收集城市轨道交通线网线路附近的路面交通情况信息，与地面交通实现协调和配合。

（2）突发事件情况运营模式业务。

线网级运营部门代表地铁公司对城市轨道交通线网的应急事件进行监督和管理，行使监督、调度、指挥和管理权，并组织处理。

负责城市重大灾害和预警信息的收集和发布，整合应急信息资源，实现应急信息的资源共享，是对内对外应急救援指令的统一接口，即城市轨道交通线网各运营线路对外（政府）上报的预警信息、灾害信息、应急信息、救援信息的统一出口，政府等外部预警信息、灾害信息、应急信息、救援信息的统一出口，政府等外部预警信息、灾害信息、应急信息、救援信息，救灾指令等对城市轨道交通线网内下达（各运营线路）的统一入口。

组织整个线网的灾害预防和应急运营管理工作，对外与市政有关部门进行灾害预防信息的协调（供电局、气象局、地震局、消防局、卫生防疫部门、公安局、安全局、新闻等）。

当城市轨道交通线网内出现重大故障和安防事件时，负责组织抗灾和救灾工作，对内和对外进行全面的抗灾和救灾组织的协调（卫生及防疫部门、消防局、供电局、公安局、安全局、地面交通组织协调和新闻等）。负责线网运营组织指挥及线网应急运营服务信息及灾害信息的发布，组织客流疏导和控制；地面交通接驳组织协调；及时组织和协调地铁总公司内部各部门的相关工作。

负责对线网运营应急组织、指挥及实施过程的分析、总结，不断提高城市轨道交通应急处置能力。

2.3.3 城轨业务系统的三种数据处理模式

在前述分层级负责制的运营组织管理模式下，生产系统的架构也与之配套，以地铁综合监控系统为例，其就是一个分层分布式的大型 SCADA 平台，按照二级管理，三级控制的架构部署。各线综合监控系统均与上一层线网指挥中心 NCC 数据互联互通和协同联动，最终满足运营的三层负责制模式，如图 2-8 所示。

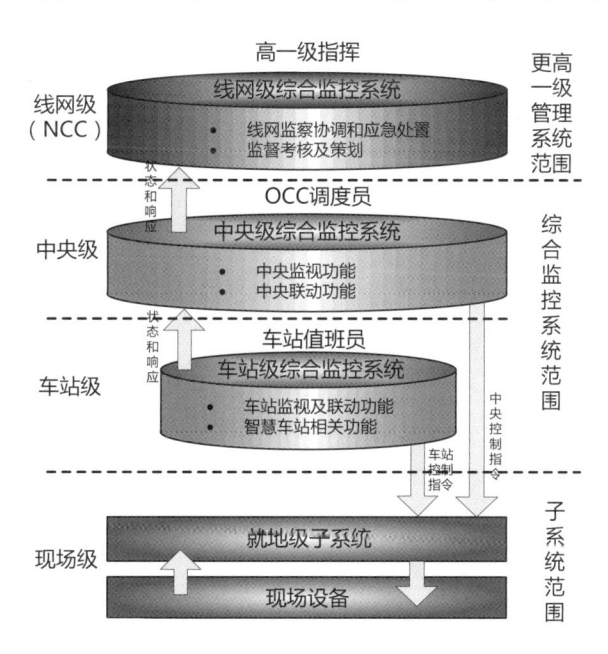

图 2-8 城轨综合监控系统平台结构示意图

同理，城轨行业所涉及的自动化生产业务以及近年来新增的各类智能化、智慧化的创新型业务，都符合三层管理、三层控制的运营管理体系，这些业务有的横跨体系的多层，如综合监控系统。有些业务主要功能仅在其中一层，如智慧车站的一键开关站功能等。我们将城轨所有系统的业务特征和运营数据处理模式进行总结，可以分为以下三类（见图2-9）。

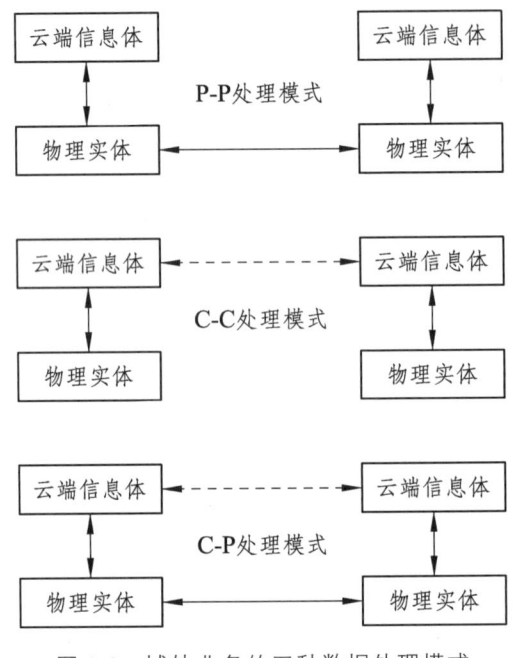

图2-9 城轨业务的三种数据处理模式

第一类为端/边物理实体的数据处理模式（P-P模式），即数据处理均发生在端/边物理层，端边物理层存在运算单元，将传感器数据作为输入，经过运算单元的数据处理，输出诸如环境监测，安全检测，故障诊断等结果，从而驱动系统采取相应联动或信息交互，并将结果数据存储在对应的数据库中。该类型适用于对实时性要求高，但计算能力要求不高的应用场景，比如智慧车站功能中的一键开关站、通风空调的节能控制、智能诊断的在线监测等功能。

第二种是纯上层的数据处理模式（C-C模式），即数据处理均发生在中心/云端信息层，云端运算单元将端/边物理层的传感器原数据或其衍生数据作为输入，同样经过运算单元的数据处理，输出事件结果，驱动系统动作或信息交换，最后存储在数据库中。该类型适用于能接收一定程度的延时，但算力要求较高的场景。该模式能在不改变物理层结构的前提下扩展物理层的性能。城轨行业中清分中心的结算业务，综合监控系统的能源管理功能与信息化资产管理业务等适合采用此模式。

第三种是端边物理实体和中央云端网络相结合的混合数据处理模式（C-P 混合模式），即一部分实时性要求高的数据处理发生在物理层，而计算能力要求较高的数据处理发生在中心/云端信息层。如智慧安检的集中判图功能需要集中算力，一般在后台完成，而车站现场需要对安检对象的异常现象迅速地触发报警。

2.3.4 城轨业务系统的属性分析

城轨业务系统总体来说，一共就只有三种处理模式，分别是 P-P 模式、C-C 模式、C-P 模式，因此，上层的中心/云端，以及在车站边缘层和底层就地端，均需要考虑部署功能应用以及配套的算力，以满足这三种数据处理模式的需求。基于此需求，本节进一步从城轨业务的应用属性和用户属性两个维度进行分析，结合数据处理模式维度，最终提出云-边-端的数据处理架构。

1. 按应用属性分类

应用属性方面，城市轨道交通业务可分为过程控制类应用、生产管理类应用与企业管理类应用。IEC 国际标准《企业系统集成　第 1 部分：模型和术语》（IEC 62264-1—2013）中，给出了企业控制系统的集成模型中的各个层级：

层级 0：真实的物理流程；
层级 1：感知和执行功能；
层级 2：监测和控制功能；
层级 3：管理工作流来达到生产预期功能（笔者注：可理解为场景联动）；
层级 4：管理生产组织所需要的业务和相关活动的功能。

将标准中的模型映射至城轨行业，就地的传感器和执行机构属于层级 0 至层级 1，实时性应达到毫秒级，过程监控类应用应属于层级 2，实时性应达到毫秒级与秒级；生产管理类应用与企业管理类应用应属于层级 3 至层级 4，实时性要求达到分钟、小时、日、周、月、年。带有实时性属性的业务应用分类表达如图 2-10 所示。

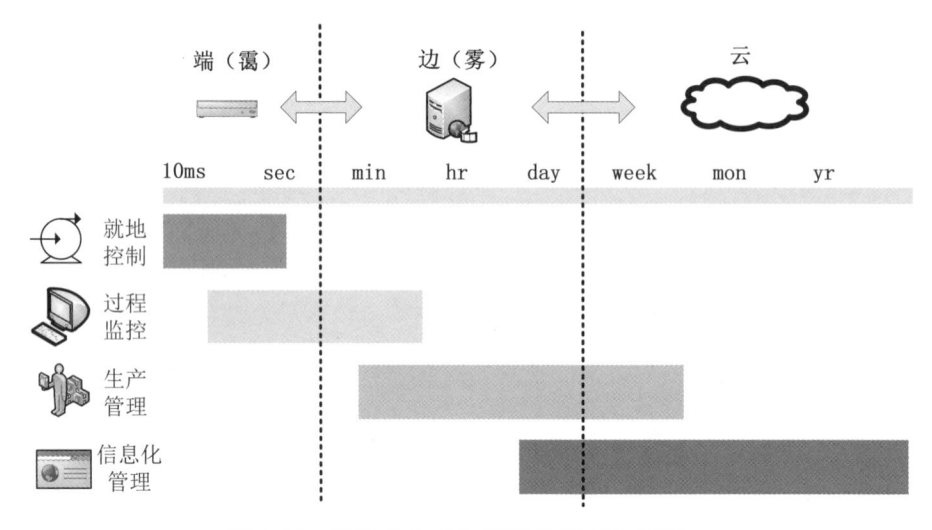

图 2-10　城轨各业务的实时性要求特征图

以城轨供电专业举例说明。

变电所综合自动化系统（PSCADA）要求电力就地装置的 SOE 时间戳为毫秒级。

PSCADA 的上位监控系统从操作员操作 HMI 到现场执行成功并接收到反馈信息的时间不超过 2 s。

供电专业在高低压开关柜、环控柜上的主要馈线回路上设置多功能电表，其中电度数据以分钟级上传至线路级的能源管理系统进行显示、报警、存储。

线网级的能源管理系统，具备各线路，各车站的能耗分析功能，如同比、环比等统计分析功能的维度可选择日、周、月、年等。线网级的能源管理系统能将能耗数据指标化，实现能源审计、能效对标、内部审核、组织能量平衡统计、管理评审、自我评价、节能技改、节能考核等信息化管理措施。

2. 按用户属性分类

用户属性方面，运营调度生产业务面向各类工业控制类系统，如信号系统、电力监控系统、车站机电设备系统、票务系统等，对于实时性、响应性、可靠性的要求高；企业管理中的各业务板块面向企业发展中不同的环节和需求，搭建各类信息化系统平台，如建设管理平台、维护管理平台、企业管理平台等。企业控制系统集成的模型如图 2-11 所示。

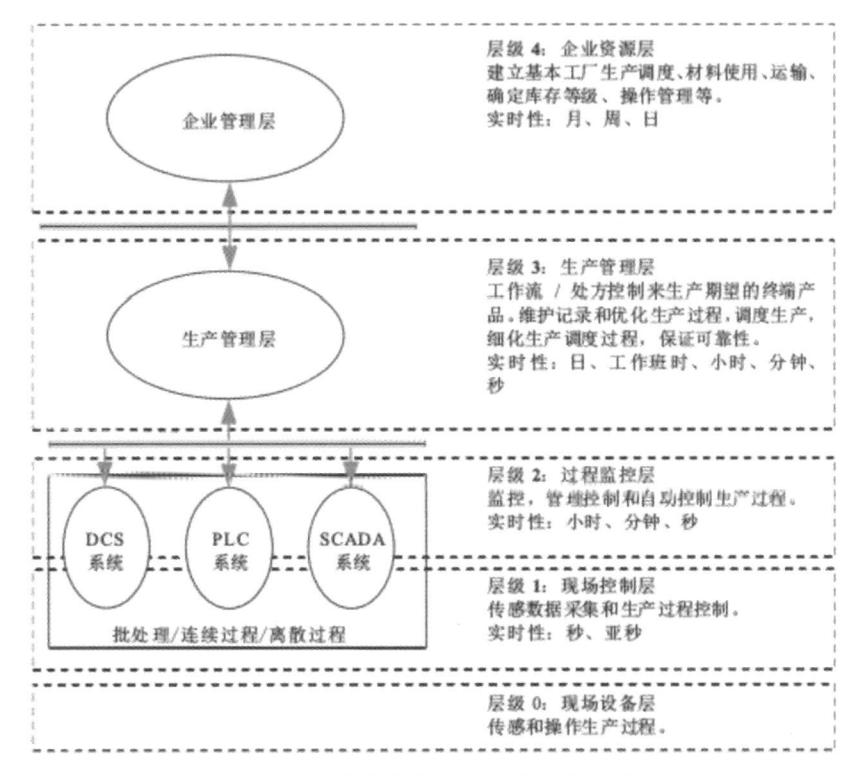

图 2-11 城轨各业务用户属性特征分类图

因此，在对城市轨道交通线网云平台的架构进行深化设计时，我们应充分考虑两化融合的发展趋势，同时考虑过程控制类系统、生产管理类系统与企业管理类系统的数据关系与逻辑关系，需要针对其业务和数据特征，合理构建云-边-端一体化的业务体系。

2.4 智慧城轨下的线网融合云平台架构规划

2.4.1 城轨云发展趋势

随着智慧城轨的蓬勃发展，近年来各城市均研究和推出了新型城轨融合云平台，如腾讯公司与广州地铁集团联合发布的穗腾 OS2.0，佳都科技推出的华佳 Mos 平台，北京地铁 19 号线融合平台，成都地铁城轨融合云平台规划等。这些实际应用案例，一定程度上代表着行业发展的趋势。

2020 年工业互联网产业联盟（AII）发布《工业互联网架构体系 2.0》中，提出了边缘层、PaaS 层和应用层三个关键功能组成部分。穗腾 OS 的官方定义，即为基于工业互联网与物联网的轨道交通操作系统，为轨道交通行业数字化升级提供扎实的底座。华佳 Mos 定义为城市轨道交通垂直行业工业互联网系统，其架构如图 2-12 所示。说明以上这些新型城轨融合云平台架构的共同特点均是借鉴了工业互联网体系，基于大数据、AI 等技术应用，构建协同、开放、支持可迭代开发和应用创新的智慧地铁生态。

图 2-12　华佳 Mos 平台架构示意图

从城轨业务的数据处理模式实际需求出发，同时结合城轨行业的发展，可进一步深化城轨云平台架构设计，本书作者参与撰写的《基于工业互联网的智慧城市轨道交通平台研究》，以及作者于 2022 年发表的论文《云边协同的新一代城市轨道交通弱电系统融合平台研究》，都提出实现云-边-端一体化业务体系的智慧城轨线网云平台框架，其网络架构由以下四层架构组成。

2.4.2 基础层

与目前集中式云平台类似，云边协同城轨融合平台在数据中心搭建资源池，提供城轨各类系统运行所需的计算、存储、网络等物理设备及虚拟化资源，其本质是云计算模型中基础设施 IaaS 层。

基础层资源还包括城轨线网级骨干传输网络，选用光传送 OTN、波分复用等通信技术来实现城轨线网中各节点的网络互通。

与集中云平台不同，本架构中的中心云平台主要承载线网级、线路中心级有关大数据分析、决策支持的相关业务，如线网客流预测分析、能源管理、调度仿真等时间非敏感型业务，在线、实时业务下沉于车站的边缘层中。

2.4.3 平台层

平台层（PaaS 层，也称中台层）是智慧城轨线网云平台本次重点讨论的核心，将传统烟囱式分立建设的各系统中共性的业务逻辑和流程进行提炼沉淀，打造城轨行业能力复用和分发平台，以支撑城轨顶层业务。共性能力可分为数据、技术、服务三个层面。

1. 数据平台

传统弱电生产系统存在数据接入复杂、多源异构、数据纷乱缺乏规范标准等问题。平台层中数据平台的核心价值在于借以数据治理和分析能力形成企业数据资产，其也是深化大数据应用、不断探索应用人工智能技术、不断提高智能化水平的前提条件。

数据平台基于大数据建立地铁数据资产管理与数据服务平台，主要由大规模并行处理（MPP）数据库、数据挖掘工具、分布式数据库、可扩展的存储系统等部分组成，采用的大数据技术包括大数据接入、大数据清洗、存储、离线/近线/实时数据分析、机器学习等。数据平台可实现底层生产数据的接入与集成、数据存储、数据治理、数据分析、数据服务、数据可视化、建模仿真等功能，为顶层业务应用提供数据全面分析研判的工具，可实现更全面的需求预测、更精准的态势分析、更精细的预报预警、更高效的规律发现、更科学的决策支撑。

对于按照"13531"架构建设的城轨云平台，其信息化管理业务所处的内部管理网、生产业务所处的安全生产网，除共用线网传输骨干网络、共用硬件云平台 IaaS 层资源外，可共用大数据平台作为数据服务底座，共享数据平台。

2. 技术平台

技术平台能为上层应用提供共性技术支撑，如面向地铁线网级应急指挥、资产管理、设备维保等业务需求，可统一提供地理信息系统（GIS）、城市信息模型（CIM）、BIM 等技术能力。

此外，算法和机理模型是技术平台的重要组成部分，如客流预测算法模型、人脸识别算法、智能视频分析、故障预测、健康度评估等人工智能分析技术。人脸识别、视频分析等算法，可采用行业内集成商现有的成熟算法；设备健康度评估算法，是实现智能运维由故障修向状态修转变的重要支撑，这类算法与行业设备特性紧密关联，没有通用的成熟产品，则可引入基于大数据分析的机器学习工具，通过持续的学习迭代以实现。

3. 业务平台

业务平台将核心通用的城轨共性业务需求提炼融合为可共享的服务，如用户权限服务、预案管理服务、客流实时统计服务、能源管理服务、综合信息服务等，为顶层应用如智能调度、智慧车站、智能车场、智能运维、应急指挥、乘客服务等智能化、智慧化、未来创新型高级应用提供统一的服务支撑。

2.4.4 边缘层

中心集中化的云计算和大数据平台带来资源复用率提升、成本节约、处理能力和数据融合能力极大增强的同时，也带来较高时延、较差响应性、传输负载带宽要求高、可用性受限于通信网络等问题，而这些问题对于生产系统的一些运营场景是不可接受的。因为边缘层在靠近数据源头的位置提供智能分析处理服务，减少了时延，提升了效率，提高了网络安全。与中心云互相协同，边缘层避免了边缘节点因为存储、算力、数据的规模限制导致不足以完成的大数据分析和模型训练在中心云进行，从而完成分析结果和模型参数下发和更新到边缘节点提供服务。

2.4.5 应用层

在 2020 年由中城协发布的《中国城市轨道交通智慧城轨发展纲要》提出了"1-8-1-1 布局"的智慧城轨蓝图，即建立一个城轨云与大数据平台，并在智慧乘客服务、智能运输组织、智能能源系统等八大体系中不断创新和发展信息化、智能化的顶层高品质应用。

智慧城轨线网云平台架构可满足智慧城轨的发展需求，促进未来创新型应用的开发和创新。城轨行业开发者可依托边缘层的生产数据采集，以及平台层的数据分析、AI 能力、共享业务等平台支撑能力，将设备、数据、流程、事件、用户等因素信息综合分析，快速搭建智慧地铁应用，如智慧客运组织、智能运维设备健康评价、智慧车站运管等。

以云-边协同为手段，借鉴工业互联网体系架构，基于云平台顶层规划下的智慧城轨线网云平台总体架构如图 2-13 所示。

图 2-13 新型智慧城轨线网云平台总体架构图

2.5　智慧城轨云平台架构下的边与端

智慧城轨线网云平台的四层架构中,传统城轨集中云平台是基础层,大数据平台隶属于平台层。本书将目光聚焦于边缘层,提出在车站级、就地级两处最靠近数据源位置层级的平台进行优化的思路。

2.5.1　边缘云与云边缘

近年云边协同逐步从产业共识走向落地应用,《边缘计算与云计算协同白皮书 2.0》总结提出了边缘计算的三种落地形态:云边缘、边缘云和边缘网关,如图 2-14 所示。

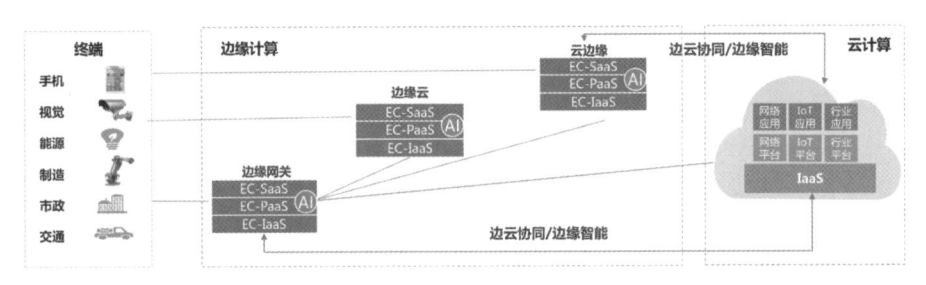

图 2-14　边缘计算的三种落地形态:云边缘、边缘云和边缘网关

（1）云边缘。

云边缘形态的边缘计算,是中心云服务在边缘侧的延伸,逻辑上仍是中心云服务的一部分,主要的能力提供及核心业务逻辑的处理依赖于中心云服务或需要与中心云服务紧密关联。

（2）边缘云。

边缘云形态的边缘计算,是在边缘侧构建中小规模云服务或类云服务能力,主要的能力提供及核心业务逻辑的处理依赖于边缘云;中心云服务主要提供管理调度能力。

（3）边缘网关。

边缘网关形态的边缘计算,以云化技术与能力重构原有嵌入式网关系统,并在边缘侧提供协议/接口转换、边缘计算等能力,部署在云侧的服务提供边缘节点的资源调度、应用管理与业务编排等能力。

《边缘计算与云计算协同白皮书 2.0》中对边缘云与云边缘的定义，两者主要区别是核心业务逻辑的处理能力（算力）是否部署在边缘侧，边缘云资源管理是否是中心云逻辑的一部分。从 2.3.1 节中分布式云的概念来看，这两者的界面会越来模糊。一是根据摩尔定律，边缘控制器的产品性能迅速提高，低功耗，高算力密度的超融合产品可以满足更多的现场业务需求；二是云平台管理软件近年向开源、兼容的方向发展，未来的主流产品可能将支持对异构虚拟化资源池的统一管理。

2.5.2　城轨业务体系下边与端的定位

我们将边缘计算发生的位置称为边缘节点，它可以是数据产生源头和集中云中心之间任一具有计算资源和网络资源的节点。各个行业和业务场景的对于边缘节点部署的位置与理解有所区别（见图 2-15），比如在无人驾驶汽车领域，智能汽车是人与云中心之间的边缘节点；在覆盖全世界的 IT 云服务厂商领域，城市数据中心已经可以作为边缘节点；在生产制造行业的智能工厂中，来自不同供应商的边缘设备如 PLC、数控设备 CNC 甚至传感器是其边缘设备，实现本地的数据预处理和控制逻辑执行。

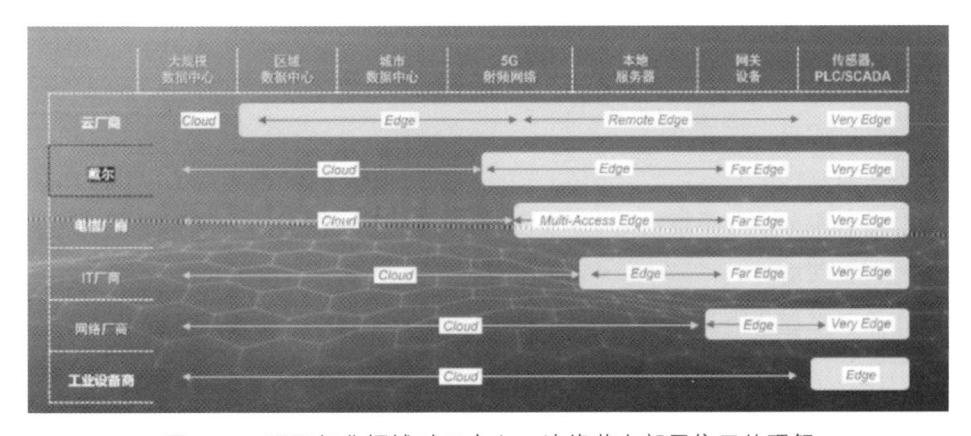

图 2-15　不同行业领域对云中心、边缘节点部署位置的理解

就城轨业务而言，边缘计算发生的位置可归纳为以下两类。

（1）端：端是最靠近数据源和被控对象的边缘控制器和网关，主要负责车站内部设备和装置的正常运转。如车站内设立的各种自动化系统：BAS 控制器、智能低压 MCC 控制器、群控系统控制器、火灾自动报警系统（FAS）、电气火灾监控系统、智能照明控制系统、防淹门控制系统、人防门监控系统等。一方面负责数据的连接、协议转换和传输；另一方面负责固定流程为主的逻辑顺序控制。

（2）边：地铁生产系统中众多计算机监控系统，包括综合监控（ISCS）、电力监控系统（PSCADA）、自动售检票系统（AFC）、信号系统（ATS）、视频监控系统（CCTV）、广播系统（PA）、乘客信息系统（PIS）、门禁系统（ACS）等是为满足城轨运营线网-线路-车站三级管理和调度指挥模式所设置的，因此这些系统的软件采用分层分布式架构，分别在中心部署中央级软硬件（中央服务器），在车站部署其车站级软硬件（本地服务器），中央级与线网级平台互联互通，最终实现本系统的三级管理（线网-线路-车站），两级控制（线路-车站）的总体架构。因此，这些系统在车站级部署的软硬件，被定义为"边"。

2.5.3 边缘云技术在城轨应用的必要性

通过调研、分析和梳理，本书总结出边缘云计算节点具备六大特点。

（1）低延时。

边缘云计算就近提供计算和网络覆盖，因此数据的产生、处理和使用都发生在离数据源很近的范围内，接收并响应终端请求的时延极低。

（2）自组织。

当骨干网络出现异常甚至中断时，边缘云节点可以实现本地自治和自恢复。

（3）可定义。

边缘云服务及业务逻辑不是一成不变的，而是可以由用户修改、更新和定制。

（4）可调度。

边缘节点的业务逻辑可以由中心云平台动态分发，具体在哪个边缘节点执行是可以调度的。

（5）高安全。

它能够提供与传统云计算一体化的安全防护能力。

（6）标准开放。

它提供标准化且开放的环境，具有和其他系统互联及互操作的能力。

边缘云技术的上述特点在实现车站自治、提高城轨生产系统可靠性、降低城轨云平台整体造价、实现云边协同、挖掘数据的潜能和促进 IT 和 OT 两化融合等方面有较大的社会和经济效益。

初步来看，地铁综合监控、AFC、信号、通信等弱电系统车站级应用中高有效性（HA）的业务，可融合部署于车站边缘云节点之中，进行数据预处理、存储、智能分析及业务应用，提升操作响应灵敏度、消除网络堵塞。比如智慧车站需求中的智能视频分析在车站边缘节点中完成，可提高视频分析的速度，同时降低对云中心、灾备中心的计算、存储和网络带宽需求。

提升系统可靠性方面，如在传输网络通信中断时，边缘节点可用于车站业务的自治，大大提高系统可靠性。

利用边缘云计算技术，通过合理构建云-边-端一体化的业务体系，实现 IT 与 OT 的"两化融合"，可促进智慧城轨发展，如图 2-16 所示。如智慧运维体系是典型的同时具备生产要素与管理要素的两化融合业务，一方面应在中心云上搭建维修管理信息化平台；另一方面开展边缘云、边缘控制器在实时监测和 AI 故障诊断方面的应用研究，配合中心云平台的大数据分析能力，实现预测性维护等智能运维策略。

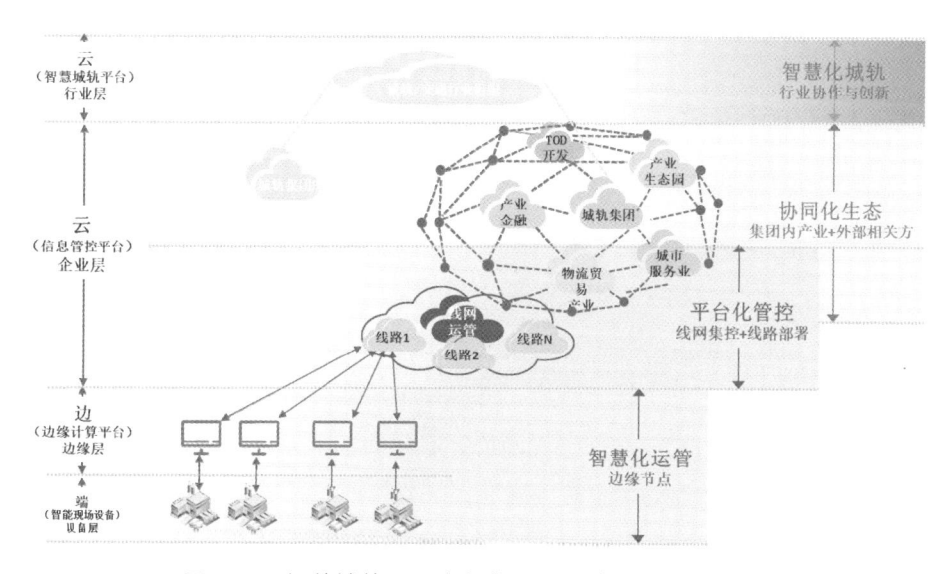

图 2-16 智慧城轨云平台架构下的云边协同概念图

边缘云计算的落地形态包括车站级的边缘计算平台（边缘云节点机）和边缘

智能控制器，可以为车站级、现场级的弱电系统提供各类计算服务，实现 IaaS 层面的资源共享。尤其是随着云计算的成熟与普及，系统应用解耦及业务需求的快速迭代需要，微服务技术、容器技术日渐成熟，为传统生产系统的数据、平台层面的融合和共享提供了技术支撑。

可以看出，边缘计算与云计算各有所长，云计算擅长全局性、非实时、长周期的大数据处理与分析，能够在长周期维护、业务决策支撑等领域发挥优势；边缘计算更适用局部性、实时、短周期数据的处理与分析，能更好地支撑本地业务的实时智能化决策与执行。因此，边缘计算与云计算之间不是替代关系，而是互补协同关系。边缘计算与云计算需要通过紧密协同才能更好地满足各种需求场景的匹配，从而放大边缘计算和云计算的应用价值。边缘计算既靠近执行单元，更是云端所需高价值数据的采集和初步处理单元，可以更好地支撑云端应用；反之，云计算通过大数据分析优化输出的业务规则或模型可以下发到边缘侧，边缘计算基于新的业务规则或模型运行。

综上，本书认为边缘云技术，以及边缘云带来的云-边协同场景，生产系统的深度融合，以及未来会对运营调度模式和组织架构产生积极影响，其应用研究是必要的。

2.6 本章小结

城轨行业为了解决传统弱电系统的弊端引入了云计算技术，多地已搭建线网级的集中式的城轨云平台，大多采用集中云平台＋云灾备中心＋站段降级云节点的整体架构，按中城协"13531"的整体框架，将企业信息化业务部署内部管理网上，将线路级弱电生产系统部署于安全生产网。随着边缘计算技术的出现，云计算将必然发展到下一个技术阶段，将云计算的能力拓展至距离终端最近的边缘侧，并通过云边端的统一管控实现云计算服务的下沉，供端到端的云服务，由此产生了边缘云计算的概念。

不论是集中云平台，还是边缘计算，本质上是不同的数据处理模式和计算模型，是服务与业务的支撑工具，需要满足城轨行业的运营管理模式和组织架构。城轨运营模式是分层级负责制，大的层面划分为车站级、线路级、线网级。本章提出构建云-边-端的计算模型以满足运营的三层业务体系架构。

本章明确了城轨业务边、端的定义，边的位置是具有三级管理两级控制的生产系统的站级子系统，端的是指最靠近数据源的自动化系统。边缘计算在边，端的落地形态分别是边缘云计算平台（以下统称边缘云节点），以及边缘智能网关和控制器（以下统称边缘智能控制器）

利用边缘计算的特点，可提高城轨云的整体效益，可实现车站自治，促进智慧化业务发展等积极作用，因此面向城轨行业的相关应用研究是必要的。需要强调的是，边缘计算不应是独立存在，需要与中心云相互配合。边缘云计算与中心云平台的关系，类似人类的"大脑"与遍布全身的"神经系统"的关系，相辅相成。

当然，任何一种新技术的引入都会带来新的问题。在引入边缘算力搭建新型智慧城轨平台之后，面临各传统弱电系统如何部署，智慧城轨创新型业务如何部署，如何利用云计算、微服务和容器等新技术和中台思想对系统进行优化重组以达到降本增效的目标，云边协同的应用场景和建设抓手是什么，以及新型智慧城轨平台架构下的运维、安全等全生命周期下的综合成本和效能等问题。本书后续章节将逐一讨论：第3章讨论城轨云边协同的应用场景，分析弱电系统和智慧化系统在云与边的部署方案；第4章讨论部署在云边侧的弱电系统融合方案；第5章讨论端侧（现场级）自动化系统的融合方案；第6章结合国内城轨建设发展情况提出分阶段实施方案；第7章讨论配套设施设备包括建筑、通风空调、低压配电专业的优化与节能措施；第8章探讨运营组织架构的优化方向；第9章分析推荐方案下的经济效益和风险分析。

3 城轨业务系统的云边部署方案研究

上章提出了新型城轨云架构,搭建了中心-边缘的计算模型,本章具体分析城轨各传统生产系统的业务特征,以及智慧城轨发展下的各智慧业务体系特征,提出这些城轨系统在中心云、边缘云的部署方案,并以多个典型的云边协同场景为抓手,发挥云边协同的能力。

3.1 城轨业务云边部署的主导思想

城轨业务云边部署方案的整体主导思想是,根据城轨业务的性能要求、功能要求、数据处理模式、运营组织和管理等要求,找出符合边缘云计算特征的业务,充分发挥中心-边缘计算模型的优势。主要有以下几点思路。

(1)利用边缘云计算低延时的特点,将对实时性要求高的业务部署在边缘节点,如信号系统、集成在综合监控系统的电力监控功能,其系统的实时性与精准性关乎到人身安全。

(2)利用边缘云计算自组织的特点,将可以在车站范围内实现业务闭环的系统应用,以及需要在骨干网络中断下车站自治的业务功能,部署在车站边缘云上。这类业务的关键数据源应完全来源于本站点,关键功能的数据流均在本站范围内完成,比如乘客信息系统的车站内 PIS 播控功能,智慧车站功能中的一键开关站、智能消防、智能水务等功能。

(3)利用边缘云计算可定义的特点,将各智慧城轨体系中的生产及管理系统在车站级的业务功能，部署在车站边缘云节点，如车站人员管理系统，智能运维体系下的设备在线监测和故障诊断功能。

（4）利用边缘云计算可调度的特点，将全自动运行模式下需要实现异地灾备的线路级应用部署在车站边缘云节点，在中心云故障或与中心云网络断连时，本线路可实现不间断行车调度的自治能力。

（5）利用边缘云计算标准开放的特点，将各系统负责前端数据采集和预处理的功能，部署在车站边缘云上，如综合监控的FEP通信软件，实现与集成互联子系统的前端协议转换和数据处理能力。

3.2 云边协同的能力与内涵

云边协同的能力与内涵，涉及IaaS、PaaS、SaaS各层面的全面协同。边缘云IaaS（EC-IaaS）与云端IaaS应可实现对计算、存储、网络、安全等的资源协同；EC-PaaS与云端PaaS应可实现数据协同、智能协同、应用管理协同、业务管理协同；EC-SaaS与云端SaaS应可实现服务协同。

资源协同：边缘云节点提供计算、存储、网络、虚拟化等基础设施资源、具有本地资源调度管理能力，同时可与云端协同，接受并执行云端资源调度管理策略，包括边缘云节点的设备管理、资源管理以及网络联接管理。

数据协同：边缘云节点主要负责现场/终端数据的采集，按照规则或数据模型对数据进行初步处理与分析，并将处理结果以及相关数据上传给云端；云端提供海量数据的存储、分析与价值挖掘。边缘与云的数据协同，支持数据在边缘与云之间可控有序流动，形成完整的数据流转路径，高效低成本对数据进行生命周期管理与价值挖掘。

智能协同：边缘云节点按照AI模型执行推理，实现分布式智能；云端开展AI的集中式模型训练，并将模型下发边缘节点。

应用管理协同：边缘节点提供应用部署与运行环境，并对本节点多个应用的生命周期进行管理调度；云端主要提供应用开发、测试环境，以及应用的生命周期管理能力。

业务管理协同：边缘云节点提供模块化、微服务化的应用/数字孪生/网络等应用实例；云端主要提供按照客户需求实现应用/数字孪生/网络等的业务编排能力。

服务协同：边缘云节点按照云端策略实现部分 EC-SaaS 服务，通过 EC-SaaS 与云端 SaaS 的协同实现面向客户的按需 SaaS 服务；云端主要提供 SaaS 服务在云端和边缘节点的服务分布策略，以及云端承担的 SaaS 服务能力。

结合具体的使用场景，云边协同的能力与内涵会有所不同，不同的场景会使用到不同的云边协同能力，可以是一种能力或同时涉及多种能力。即使是同一种协同能力，在与不同场景结合时其能力与内涵也会不尽相同。

3.3 城轨业务系统典型云边协同场景研究

3.3.1 资源协同：智慧城轨平台架构优化

线网集中式城轨云平台采用中央集中云+集中灾备云+站段降级云节点的方式，如图 3-1 所示。以本书 2.2.2 节中介绍的西安地铁线网云平台工程为例，线网云平台主数据中心选址在长鸣路控制中心，灾备中心选址在机场线生产指挥中心大楼。在集中灾备中心、网络、电源等多重叠加故障后，车站设置降级设备保障车站维持降级下的运营，降级设备推荐多专业共用方式。

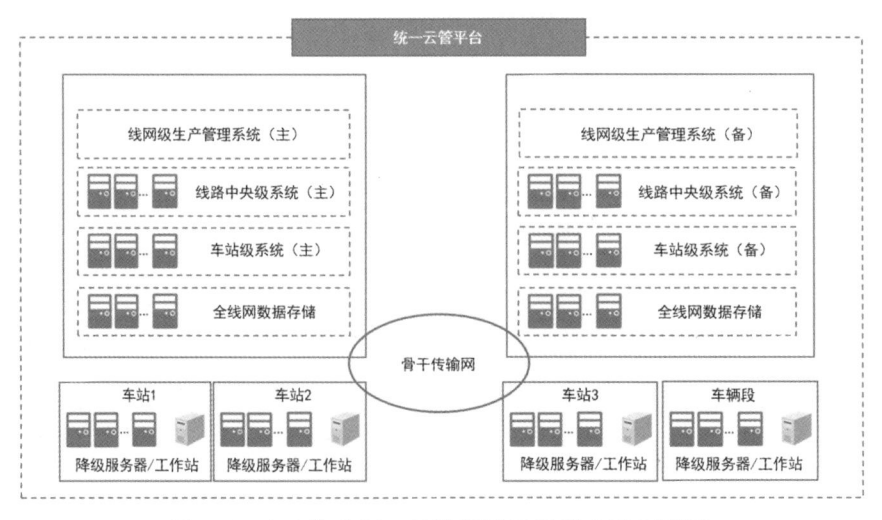

图 3-1 中央集中云+站段降级云部署方案示意图

本方案在日常情况下，各线路弱电系统的中心级、车站级的所有的应用均在主中心运行，在车站和场段的降级云节点中部署后备站级应用，与中央云平台部署的车站级应用软件互为冗余热备，在中央云平台所在数据中心发生异常事件，或本站脱离骨干网络等故障工况下，由站级降级云节点接管本站点的所有生产业务，实现车站系统降级运行。

此方案的优点：在主中心、灾备中心、骨干网多重故障叠加时，或车站与骨干网络连接断开时，车站能够实现独立自主运营，提高系统整体可用性和可靠性。

此方案可进一步优化之处在：首先，灾备中心承载与主数据中心 1∶1 完全冗余热备，对资源的占用较大，且使用率低。主、备数据中心均需集中承载所有专业和业务，在每条新线接入时，均需对其进行较大扩展，远期数据中心的土建规模和资源消耗会很大，对于城市未来的不断发展，目前数据中心的土建条件可能不足。其次，本方案下所有生产系统集中部署在中心云平台，在正常工况下，车站所有的数据处理、分析等结果均需通过传输网上传和下达，对于实时性要求高的时间敏感型业务功能有一定的负面影响，如电力监控系统 SOE 中的带时间戳数据记录，其时间精度为毫秒级。

因此，本研究提出可利用云边协同中的资源协同和应用管理协同的能力，对城轨云部署方案优化如下：

（1）将车站原降级云节点，调整为车站边缘云节点，用于部署各弱电生产系统车站级应用软件。关键的系统软件主备部署，自身具备冗余机制。

（2）将各弱电生产系统的中央级软件的主用，部署在中心云主数据中心，将中央级软件的备用，部署在车站或车辆段的边缘云节点。

（3）将各线网级生产管理系统，部署在中心云主数据中心，关键的线网级系统软件应具备冗余主备机制，备用软件部署在中心云灾备中心。

（4）中心云灾备中心仅做关键线网级业务的应用备份，以及线网数据备份。若考虑在边缘云节点进行分布式存储，则可考虑取消云灾备中心。

上述部署方案，一方面可避免网络传输延时对实时生产业务的负面影响，另一方面边缘计算云节点分担了云平台资源压力，有效降低了中心云平台的规模和资源消耗，尤其是大幅度降低了灾备中心的规模，如图 3-2 所示。

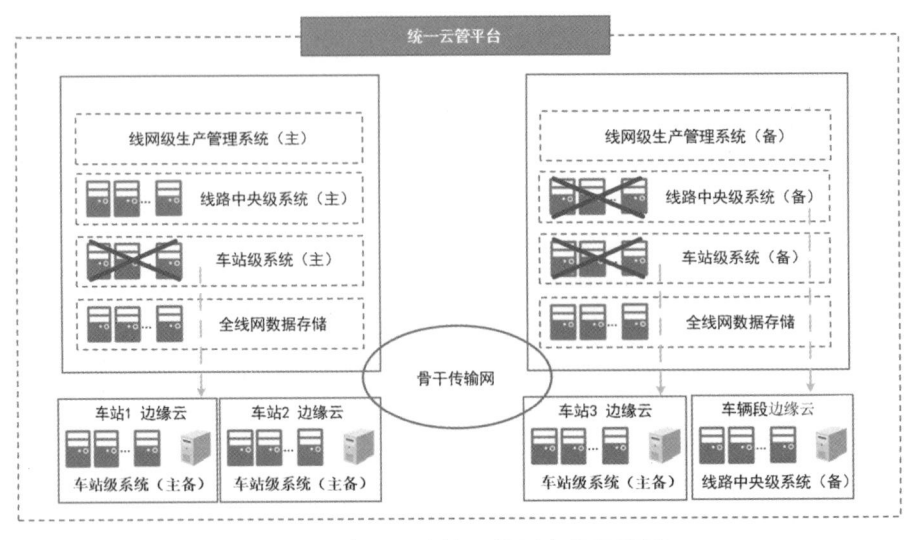

图 3-2 中心＋边缘云部署方案示意图

另外，车站设置边缘云节点也应具备冗余机制，才能保证车站业务的可靠性，如成都地铁四期线路采用每座车站部署双台冗余的边缘云节点机。本书进一步优化模型，降低造价，提出车站边缘云节点冗余机制的优化措施，保证车站业务的可靠性的前提下进一步降低造价，如图 3-3 所示。

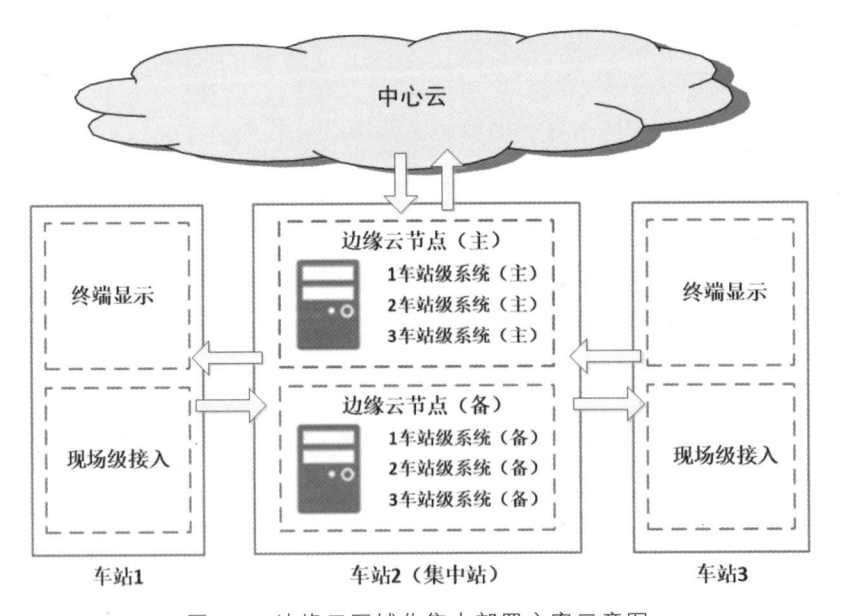

图 3-3 边缘云区域化集中部署方案示意图

其一是可以结合运营管理模式和架构及车站型式特征，选取部分集中站设置车站边缘云节点，按区域管辖多座车站。此方案会对系统的管理授权、系统数据流，运维管理模式等方面有一定程度的影响。

其二是在每座车站设置一套边缘云节点，仅部署弱电生产系统的站级软件主平台，以虚拟化的形式部署相邻车站弱电系统的备平台，如图 3-4 所示。方案二可以实现部署在边缘云上的弱电系统异地灾备，未来若全网云平台可以实现全域调度功能，则利用云迁移和全局资源的管理和分配，将弱电系统的备用软件平台灵活部署在除本站之外的任一边缘节点或中心云上。

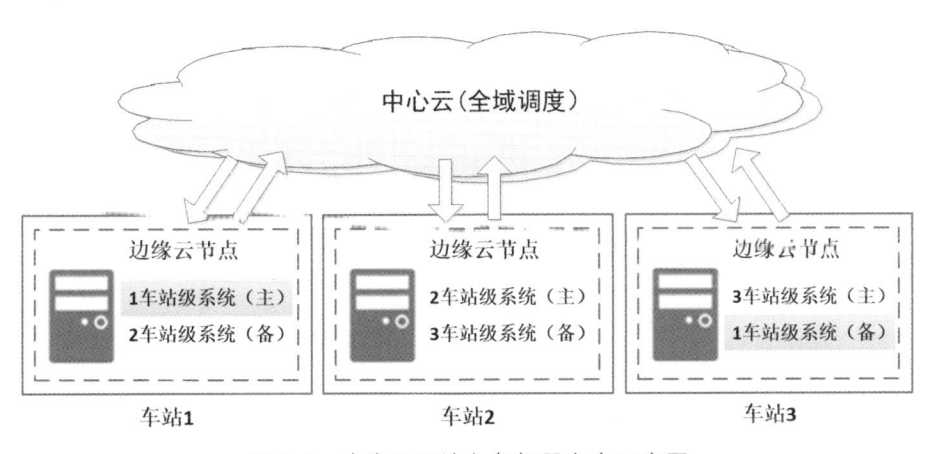

图 3-4　边缘云异地主备部署方案示意图

上述两种方案均可以进一步的降低系统整体造价，可结合线路和车站型式、运营管理模式以及云管理平台的技术发展情况，在具体的设计实施过程中灵活运用。

3.3.2　业务协同：车站安检与集中判图

城轨安检业务的车站现场安检与中心后台集中判图平台已经在城轨中大量应用，两者之间是协同管理关系，是符合云-边协同能力和内涵中数据协同和业务协同的典型场景，建议与本次研究推荐的新型智慧城轨云平台的四层架构融合部署。

西安地铁于 2019 年 5 月启动智慧安检试点项目，于 2020 年起在 1、2、3、4、

5、6、14号线进行推广应用，目前逐步形成线网级"智慧安检"应用部署，智慧安检系统共包含四大功能模块：智慧检人、智慧检物、安检监控、安检信息化。其具备人物同检、多级联网管控、安检安防融合化管理与应用的能力，构建一整套系统化安检安防业务体系，进一步对传统的安检业务模式进行信息化、智能化重构，提供图像智能识别、重点安检人员感知、违规物品传递判识、告警联动抓拍处置、安检监控等能力，综合实现安检人员、物品、设备、空间的研判分析及告警信息自动推送，以解决"人物同检"标准下的矛盾和现今安检事后管理的突出问题；同时建立轨道交通重点安检人员信息服务体系，深化信息融合，构建安检中心与各安检点之间交互式管控的垂直管理体系，不断提升安检系统的信息化、智能化服务水平。总体构架如图3-5所示。

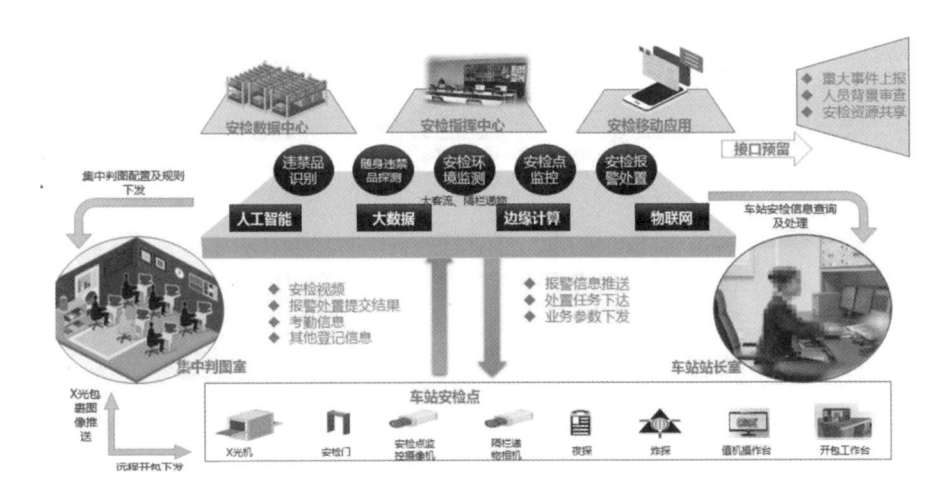

图3-5 线网级"智慧安检"应用部署示意图

根据统一指挥、分级负责、各司其职、配合协调的原则，"智慧安检"系统分为车站及安检点、集中站、区域中心、线网中心。

车站安检点是智慧安检业务的现场级业务，涉及岗位包括值班站长、车站安检员等。其主要包括智慧检物，通过在双源双视角X光机上配置禁带品智能识别设备或者智能识别软件完成安检机产生的判图任务。智慧检人主要是通过安检门来实现对人员随身大件金属物体的检测和预警，如枪支、管制刀具等。其属于云边端三层体系架构中的端层。如图3-6所示。

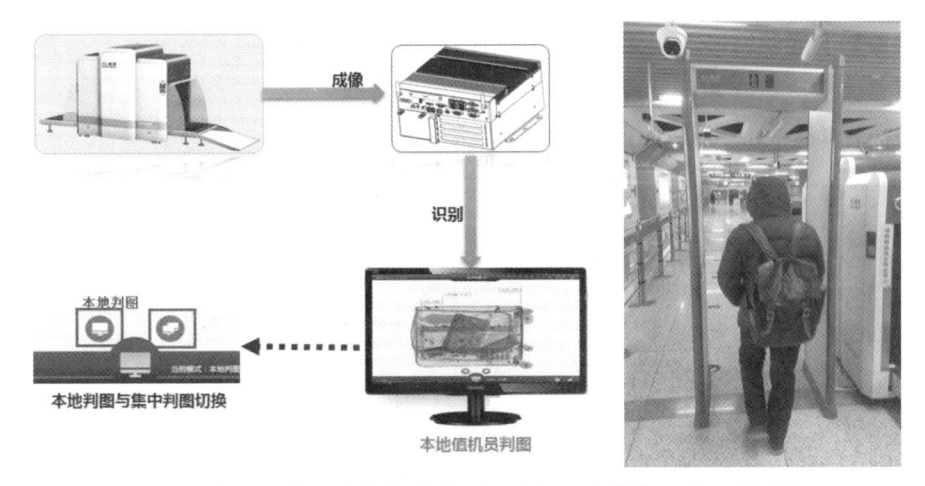

图 3-6 车站安检点安检机本地判图功能、安检门人物同检功能

为了提高安检资源综合利用及安检安全能力，集中站提供集中判图能力；并且车站设置监控终端，实现对车站的安检设备状态、安检数据信息、视频画面监视、乘客行为分析、事件联动处置、在线监督检查、安检人员上岗信息管理的车站级安检集成管理平台，如图 3-7 所示。其属于云边端三层体系架构中的边层。

图 3-7 车站级安检集成管理平台监控界面

线网安检中心是面向线网或区域的监控指挥、业务指导中心，对管辖区域或线路进行实时监督和调度指挥。线网安检中心针对各区域、线路制定、下发安检策略，监督安检策略的执行情况并持续改进。线网安检中心内设置线网级安检监控平台，如图 3-8 所示，基于视频分析、大数据、云计算等技术，构建复用性强、

扩展性高的安检管控与服务系统，实现对安检相关信息的综合管理、挖掘分析，以及安检综合业务应用。其是云边端三层体系架构中的云层。

图 3-8　线网安检中心操作室及线级安检集成管理平台

综上所述，城轨安检业务是典型的线网、线路、车站三级管理模式，适应"云-边-端"三层体系的部署，在端部署带有智能识别功能的安检门和安检机等现场智能设备，在边部署为车站和区域化的监控管理平台和集中判图平台，在云部署线网安检监控平台。

3.3.3　智能协同：视频分析算法协同服务

视频分析算法的云边协同应用场景属于智能协同和业务管理协同，如图 3-9 所示，在中心对视频分析规则部署、编排和管理。高精度识别模型和高速识别模型在云端训练结束后，云端部署高精度识别模型，下发边缘侧高速识别模型。

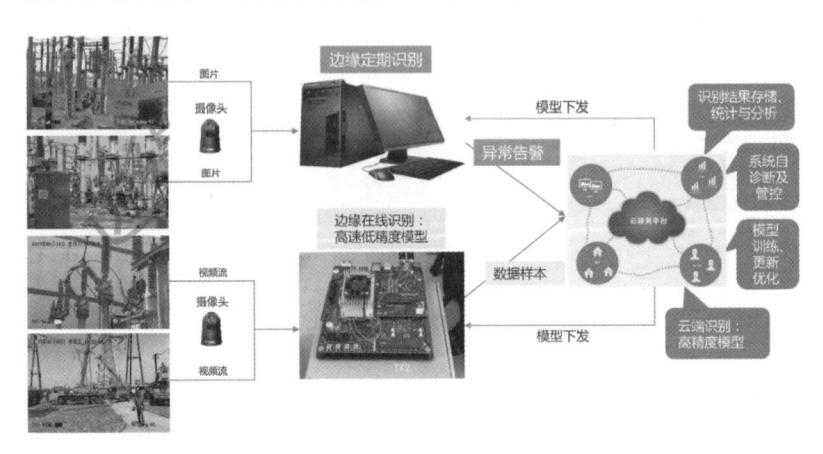

图 3-9　视频分析算法的云边协同应用场景示意图

由于分析应用的多任务多目标复合性，结合真实业务场景特点，图像视频监测使用适应场景的边云分配调度机制。

（1）边缘侧通过摄像头、无人机、机器人等设备，进行图片和视频的采集，利用边缘端部署的高速识别模型对设备缺陷、异常行为等进行实时处理识别。

（2）当边缘端模型发现疑似异常目标，但判别置信度未满足要求时，将图片上传云端，利用云端高精度模型进行核验，如果确认是异常，则发出告警；当边缘端未发现异常时，定期向云端上传图片、视频，在云端进行存储。

（3）当边缘端的高速识别模型发出本地告警，人工介入并判定属于误报警时，HMI 的人机交互功能收集误报信息反馈至云端。另一方面，云端定期对收集和存储的新图像和视频数据进行分析、处理、标注，对云端和边缘端的识别模型进行再次训练、优化，并完成模型下发和更新。

（4）云端定期对系统进行自诊断，对各个摄像头进行质检，如果发现摄像头出现黑屏、卡死、花屏等工作状态不正常时，发出告警。

基于边云协同的变电巡视图像视频监测应用，利用边缘端靠近数据源的优势，就地处理，实现快速响应；同时利用云端强大的计算能力和数据汇聚能力，为边缘端的实时分析做出特异性指导和适应性调整。边云相互合作，互为补充，在满足带宽限制和时延要求的条件下，能大幅度提高了分析的准确度和系统的可靠性，有力支撑设备、人员、环境的缺陷及异常监测，提高运营安全。

3.3.4　业务协同：线网智慧客服体系

《中国城市轨道交通协会智慧城轨纲要》提出八大智能化体系，智慧服务体系是智慧城轨建设的重点之一。广义的智慧乘客服务涵盖面广泛，场景需求多样，业务和系统功能多样，采用的技术手段多样。售检票、PIS、安检、广播、票亭、便民服务场所和设施等均属于乘客服务的范畴。西安地铁已开通线路和在建线路已全面实现了包括手机 NFC 过闸、二维码支付、人脸识别过闸在内的多元化支付，智慧车站的 TVM 实现语音购票功能。

线网智能客服中心宜采用两层的扁平化架构，按中心层和终端层设置。系统架构如图 3-10 所示。

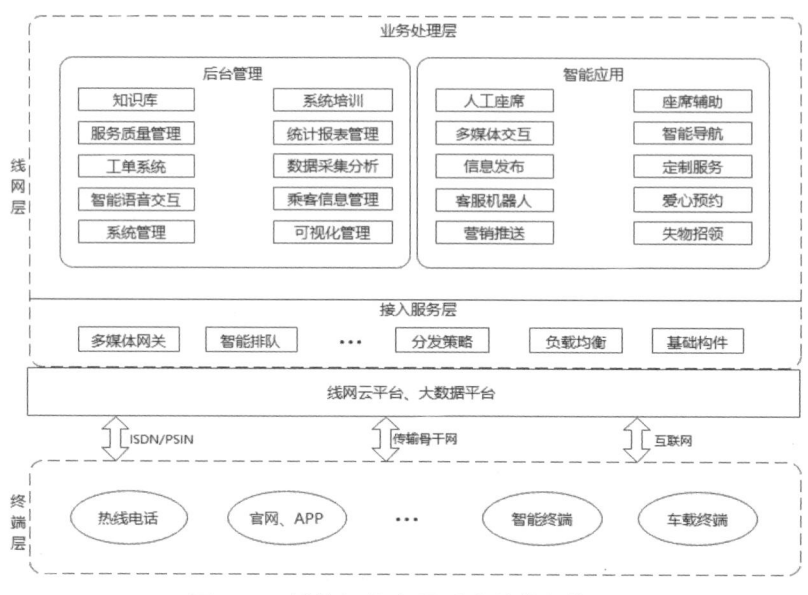

图 3-10 城轨智能客服系统总体架构图

现场终端层：按接入渠道分为乘客移动终端（含热线电话）、站内智能设备终端、列车终端三大类，实现乘客自助查询、信息咨询、申诉建议、音视频对讲、电子发票、补票充值、实名验证等具体业务办理。

线网中心层：为智能客服中心平台，实现与线网内所有客服终端设备的远程音视频交互、无感转人工、乘客信息的可视化、乘客问询数据收集挖掘功能及系统管理等功能。接入服务层实现地铁全部终端层设备在中心层统一的接入集成和排队路由；业务处理层实现信息的统一发布和共享，向全线网乘客标准服务。综上，线网客服中心平台与车站各类智能终端相互协同，完善线网智能客服体系。

3.3.5 业务协同：人脸识别过闸缩库功能

人脸识别过闸是地铁 AFC 系统多元化支付的手段之一，也是未来实现地铁车站无感通行、无感支付的最适合的技术手段。

乘客的人脸特征数据一般集中存放在人脸识别数据中心，依赖中心的比对服务完成乘客的身份确认，但在千万级用户的数据比对体量，叠加大客流的场景下，集中数据中心要完成的比对任务会大大增加，从而导致比对结果输出变慢，影响乘客过闸体验。因此可利用云边协同的计算模型，提出在车站实现人脸比对缩库方案，实现乘客快速过闸通行。

车站人脸缩库的方式有两种，一是通过安检预筛方式，二是常旅客方式。

1. 安检预筛缩库方式

通过安检点摄像头（推荐采用安检门上摄像头）进行乘客人脸抓拍，上送到数据中心的比对服务完成比对操作，中心将比对筛选结果推送到车站比对子系统，并存储在车站预筛库，如图 3-11 所示。

图 3-11　安检预筛人脸库方式流程图

当乘客进入闸机通道的时候，人脸 PAD 会采集人脸图像，先会向车站比对子系统发起人脸比对请求，当比对不通过的时候，才会进行中心人脸库 1:N 比对。车站比对子系统通过已建立的车站预筛库快速完成比对，缩短车站到中心的比对路径，实现乘客刷脸快速过闸。车站级系统会在每天凌晨对预筛库清零。

2. 常旅客方式

车站比对服务器内存放常旅客人脸，常旅客人脸库的建立有两种途径。一是乘客在人脸注册 APP（智慧行 APP）上，自行设置个人的通勤站点入口，中心的比对服务在完成用户人脸查找后，将信息推送至乘客设置的通勤站点的车站比对服务器中，将乘客信息存储到车站常旅客库。二是通过大数据分析输出乘客画像，判别出各车站经常出入的乘客，设置为常旅客标签。如表 3-1 所示为人脸识别数据中心与车站级功能表。

· 053 ·

表 3-1　人脸识别数据中心与车站级功能划分表

人脸识别数据中心功能	
模块	功能
用户中心	提供用户的人脸开通、更新、关闭功能，用户的欠费、黑名单设置功能，常客库同步功能等
比对中心	用于提供人脸比对服务，提供 pad 人脸比对接口、BOM 人脸比对接口、车站心跳维护、车站比对记录的行程上送、过闸图片的统一保存等服务
车站交互中心	主要用于对接安检平台的测温数据，安检平台上送的预筛数据，完成比对后，将高温数据，预筛数据下发给车站级 GPU，每日常客库的批量数据下发
票务后台管理中心	提供智慧票务系统的后台管理功能，全局参数配置，比对系统数据报表，车站级系统配置，查询用户的注册图片查询，过闸图片查询
任务调度中心	提供系统所需的各类定时任务调度，开脸时口罩模型失败的重新开启任务，过闸记录的批量入库任务，车站心跳数据的持久化任务
人脸识别车站级应用功能	
模块	功能
车站比对服务	人脸比对功能
车站交互服务	与中心级平台数据传输服务
车站数据服务	对预筛库、常旅客库管理服务

通过某地铁公司的实际测试结果，中心级比对因为网络链路较长、比对数据量大等原因，一次比对耗时 150 ms；车站级比对，因网络链路短、本地比对数据量小等原因，一次比对耗时只需 50 ms，是中心比对耗时的 1/3。

此外，未来还可以将人脸缩库与乘客信用机制，票检业务进一步融合，如图 3-12 所示。

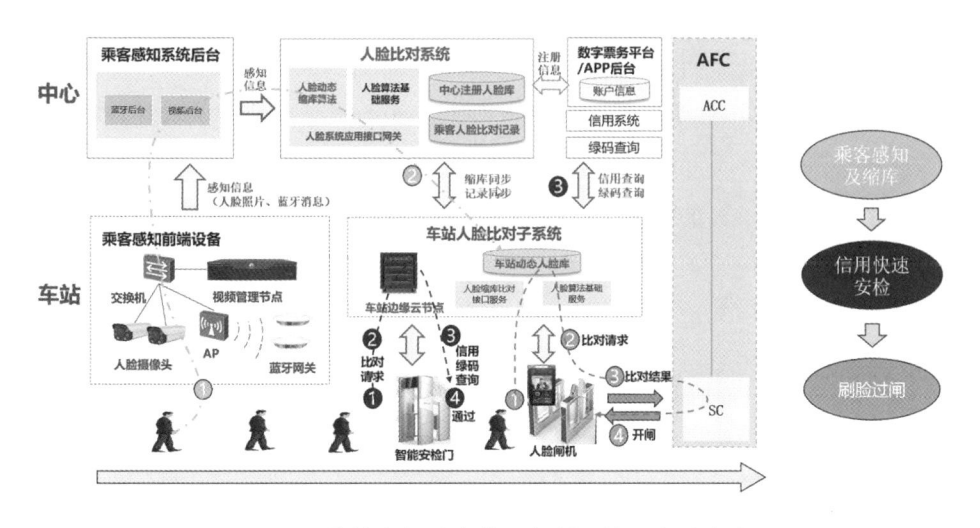

图 3-12 人脸缩库与乘客信用机制票检业务融合流程图

3.3.6 数据协同：故障预测与健康管理(PHM)

从近年来各行业的发展，包括城轨行业的智慧地铁发展纲要，都提到了智能维修体系，其关键发展方向即是状态修、预测性维护，近年来定义为 PHM 技术，其全称是故障预测与健康管理（Prognostics and Health Management）。

PHM 技术是一门新兴的、多学科交叉的综合性技术，是实现装备从预防性维护向预测性维护转变的关键技术。PHM 技术的价值体现在时间因素、空间因素、经济价值三个角度，可以有效减少紧急维修事件和故障驰援事件的发生，减少财务损失，降低系统费效比，提高系统可靠性。PHM 技术针对正在服役的大型设备，在维修更换数据和实时退化数据建模的基础上，进行可靠性的动态评估和故障的实时预测，以及基于评估和预测的信息制定科学有效的健康管理策略。

预测性维护背后一方面需要物理模型的支持，另一方面是大数据分析。分析方法需要传感器数据和工艺流程数据相结合，否则所得出的结论往往如"盲人摸象"。为了得到有效的机理模型，预测性维护需要随工艺流程数据，或者说设备运行数据准确、长期存储，再通过理论分步、预测回归等方法总结其数学模型，因此这一部分算法和功能需要在提供大数据分析能力的中心云层面完成。

· 055 ·

随着边缘算力的提升，以及工业人工智能的发展，边缘侧完成预测性维护的一部分功能，与中心云协同的方案变得更加高效和经济可行。

在边缘控制器，搭载工业人工智能算法，这类边缘控制器中往往搭载的是"弱人工智能"，并将人工智能与控制过程进行实时集成。"强"AI 是指 AI 系统具有接近人类甚至超越人类的智能；"弱"AI 则专注于解决基于数学和计算机科学方法的具体应用问题，弱 AI 更适合于解决工业领域的实际问题。

边缘控制器采集和记录目标对象的数据，基于预设的应用模型和 AI 算法，分析设备行为的历史趋势，预测被监测设备可能出现的异常状况，提示和指导用户在适当的时间对机电系统采取合理有效的诊断和维保措施。

中心云平台通过大数据平台承载模型训练算法，并具备对边缘控制器配置管理的功能，如图 3-13 所示。

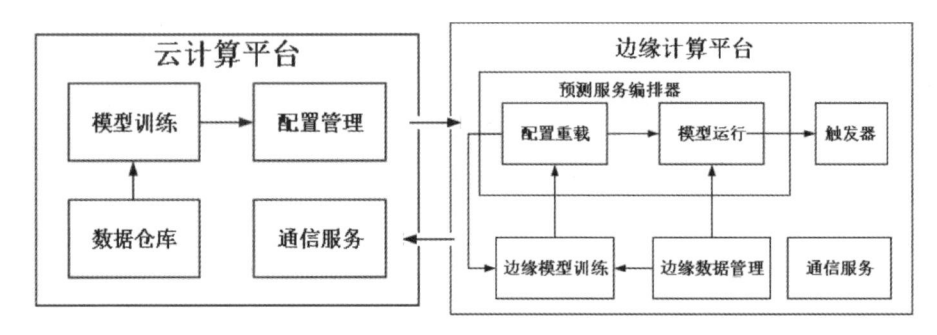

图 3-13　基于云边协同的生产设备预测性维护方法示意图

中心大数据平台存储着云计算平台连接的各个边缘计算平台所上传的所有感知数据；模型训练模块负责使用云计算平台数据仓库里存储的全局数据训练设备状态预测模型；配置管理模块负责在全局数据新增量达到一定数量之后，使用模型训练模块重新训练新的设备状态预测模型，并负责将训练好的模型配置下发给边缘计算平台。由此开发的 PHM 系统能够实现自我优化。

也有一些厂家出于创新商业模式的目的，开发出软硬件一体的专用于某类设备预测性维护功能的边缘控制器。比如西门子、AB 公司，近年都推出了针对大型风机、水泵等伺服类设备的边缘控制器，其原理是通过加装的多个振动传感器的数值分析以判断对象设备的健康程度。

3.3.7 数据协同：通风空调节能控制系统

国内部分线路如成都、广州等地为实现车站水系统的模式及调节、节能控制功能，配置有群控系统。另有部分城市如徐州独立设置通风空调节能控制系统，融合了传统的群控系统工艺，利用先进的算法模型与控制策略来实现空调系统的风、水联动，达到地铁车站安全、舒适、节能的目的。少数城市如厦门、西安，将节能控制程序纳入 BAS 系统 PLC 控制器实现。此外，大多地铁线路还设置了能源管理系统，采集相应系统的能源数据，对车站运行耗能进行总结分析，以指标化的形式显示能源数据和信息。

本书就以上存在的多个系统，提出群控系统、BAS、节能控制系统、能源管理系统多个弱电系统的云边端部署方案：取消独立存在的群控系统及节能控制系统，统一由 BAS 的 PLC 控制器实现空调风、水设备的联动保护、调节和节能控制策略。由运行在中心云平台的能源管理系统实现设备及能耗监控管理、统计分析、节能指标评价、参数调优功能。PLC 作为就地控制器，弱电融合节点作为上位管理，两者分工不同，互相辅助配合。

3.4 弱电生产系统云边部署方案研究

本节分析我国城市轨道交通既有地铁线路的弱电生产系统，梳理各弱电系统的主要业务功能组成，综合考虑各项功能的数据类型、重要程度、面向对象、性能要求、技术生态发展等因素，提出弱电系统各功能的部署位置建议，并提出初步的融合意向，具体的融合方案将在第四章进一步研究。

3.4.1 综合监控系统

1. 中央级监控及联动功能

（1）面向对象。

面向各中央调度员，包括行调、电调、环调、总调、客运调、车辆调，综合监控系统的中央级监控及联动功能用于满足上述运营人员的工作要求。

（2）功能说明。

① 各子系统的中央级监控功能。

实现对集成互联的变电所综合自动化系统（PSCADA）、环境与设备监控系统

（BAS）、火灾自动报警系统（FAS）、门禁系统（ACS）、站台门（PSD）、防淹门（FG）应急照明及疏散系统、电气火灾监控系统、消防电源监测系统、自动售检票系统（AFC）、信号系统（SIG）、视频监视系统（CCTV）、广播系统（PA）、乘客信息显示系统（PIS）、通信综合网络管理系统（TEL/ALM）、安防系统（AF）、安检系统（AJ）、时钟系统（CLK）、列车监控及管理系统（TCMS）、线网指挥中心（NCC）等在中央控制大厅的统一数据显示、控制、报警、调度和管理。

此外，全自动运行模式下具备后备控制中心需求，线路级后备控制中心选址在车辆段，与DCC调度室合用，综合监控系统另需部署功能完备的后备中央级系统。

② 中央级联动功能。

中央级联动功能主要为发生灾害/阻塞/故障时各相关子系统的联动功能。包括列车在区间隧道发生火灾、列车在隧道中阻塞、一段或全线接触网失电、全线列车停运、隧道或车站水灾、车站恐怖袭击等场景下ISCS对PA、PIS、CCTV、BAS等集成互联子系统的联动控制。

（3）相关软硬件。

中央级综合监控系统的硬件，包括中央级实时服务器、历史服务器、中央工作站、磁盘阵列、中央级前端处理机（FEP）组成，所需的软件包括综合监控中央级平台软件（含服务端、客户端、前端通信软件等）、NCC接口软件、操作系统、实时和历史数据库等。

后备中央级综合监控系统的硬件，包括后备中央级实时服务器、后备中央工作站、后备中央级前端处理机（FEP）组成，所需的软件包括综合监控后备中央级平台软件（含服务端、客户端、前端通信软件等）、操作系统、实时数据库等。

（4）重要程度及性能要求。

中央级综合监控系统不直接涉及行车及乘客人身安全，但由于综合监控系统集成了PSCADA、FAS、BAS、门禁等系统，直接关系本线能否正常运营，重要程度极高，需要冗余热备机制保障系统可靠性和可用性（地铁设计规范要求综合监控系统可用性不小于99.8%）。后备中央与中央级构成双活的冗余灾备模式。

（5）云化部署建议。

中央级综合监控系统是生产系统三级管理、三级控制中的中央级，集中管理全线生产数据和策略，宜部署在中心云平台上。后备中央级综合监控系统宜部署在车辆段的边缘云节点上。

2. 车站级监控及联动功能

（1）面向对象。

面向车站站长、站务、维修工班、车辆段消防控制室值班员，综合监控系统的车站级监控及联动功能用于满足上述运营人员的工作要求。

（2）功能说明。

① 各子系统的中央级监控功能。

实现对本车站集成互联的变电所综合自动化系统（PSCADA）、环境与设备监控系统（BAS）、火灾自动报警系统（FAS）、门禁系统（ACS）、防淹门（FG）、应急照明及疏散系统、电气火灾监控系统、消防电源监测系统、自动售检票系统（AFC）、视频监视系统（CCTV）、广播系统（PA）、乘客信息显示系统（PIS）、安防系统（AF）、安检系统（AJ）在车控室、场段消防控制室的数据显示、控制、报警、调度和管理。

② 车站级联动功能。

车站级联动功能主要为正常工况的各相关子系统的联动功能，包括列车到站自动广播联动、恶劣天气操作（暴雨）、车站节电运行模式等，以及发生灾害/故障时的联动功能，包括车站公共区域发生火灾、车站发生水灾、车站发生水灾、车站大客流运营等场景下 ISCS 对 PA、PIS、CCTV、BAS 等集成互联子系统的联动控制。

（3）相关软硬件。

车站级综合监控系统的硬件，包括车站级实时服务器、车站工作站、车站级前端处理机（FEP）组成，所需的软件包括综合监控车站级平台软件（含服务端、客户端、前端通信软件等）、操作系统、实时数据库等。

（4）重要程度及性能要求。

车站级综合监控系统不直接涉及行车及乘客人身安全，但由于车站综合监控系统集成了 PSCADA、FAS、BAS、门禁等系统，直接关系本线能否正常运营，重要程度极高，需要冗余热备机制保障系统可靠性和可用性（地铁设计规范要求综合监控系统可用性不小于 99.8%）。

(5)云化部署建议。

车站级综合监控系统是生产系统三级管理、三级控制中的车站级,监控管理本站的生产数据和运营操作,宜部署在车站边缘云节点上。

3. 辅助功能(网管、维修、实训、测试)

(1)面向对象。

主要面向运营的维修工班人员和管理人员。

(2)功能说明。

实训管理系统(TMS)可使运营人员处于模拟仿真的 ISCS 操作环境,对学员进行各种 ISCS 的培训操作。

软件测试平台(STP)实现综合监控系统的接口测试和软件安装测试以及今后软件修改等功能。

网络管理系统(NMS)负责对全线网络设备进行网络配置、管理和运行状态的监控和远程集中监控。

维护管理系统(MMS)主要针对综合监控系统本身设备以及所集成的变电所综合自动化系统、环境与设备监控系统、站台门系统、门禁系统、火灾自动报警系统、区间感温光纤系统设备配置、监视、设备维修、维护管理。

(3)相关软硬件。

综合监控的网管、维修、实训、测试系统的硬件包括网管服务器、维修服务器、实训服务器、测试服务器、工作站、磁盘阵列、前端处理机(FEP)、仿真模拟器等组成,所需的软件包括网管软件、维修管理软件、实训软件、测试系统软件、仿真模拟软件(含服务端、客户端、通信软件等)、操作系统、数据库等。

(4)重要程度及性能要求。

综合监控的网管、维修、实训、测试系统均不涉及行车及乘客人身安全,系统短时期的故障和离线也不影响地铁的正常运营。安全重要程度低,不需要冗余热备机制。

(5)云化部署建议。

综合监控的网管、维修、实训、测试系统宜部署在中心云平台上。

4. 能源管理功能

（1）面向对象。

能源管理功能面向运营管理层。

（2）功能说明。

综合监控系统通过与电能采集系统、PSCADA 以及 BAS 的数据接口采集、统计、处理 35 kV、1 500 V 和 0.4 kV 电控柜、通风空调电控柜内多功能电表，给排水管智能水表的数据，在中央及车站软件平台上实现能源管理功能，以指标化的形式显示能源数据和信息，分析出不正常的能源消耗，并能对耗能设备和系统提出技术改造建议。

（3）相关软硬件。

线路级的能源管理系统，集成于综合监控中央级平台，作为其中的功能模块，与中央级综合监控系统合用软硬件。线网级能源管理系统集成与 NCC 的监控应用平台，与 NCC 平台合用软硬件。

（4）重要程度及性能要求。

线路级的能源管理系统，以及线网级能源管理系统均不涉及行车及乘客人身安全，系统短时期的故障和离线也不影响地铁的正常运营。安全重要程度低，不需要冗余热备机制。

（5）云化部署建议。

线路级能源管理系统集成在中央级综合监控系统，与综合监控同时部署在中心云平台上。线网级能源管理系统集成在 NCC 平台上，与 NCC 同步部署在中心云平台上。

5. 变电所综合自动化系统

（1）面向对象。

变电所综合自动化系统（PSCADA）面向运营电力维修工班。

（2）功能说明。

PSCADA 采用集中管理、分散布置的模式，分层、分布式系统结构，具备对本车站变电所设备监控、报警等功能。PSCADA 由站级管理层、网络通信层、间隔设备层组成，包括控制信号盘、分散式或集中组屏式测控/保护单元等智能电子装置、所内通信网络和维护设备等部分。系统以供电设备为对象，通过网络将所内的 35 kV 交流保护测控单元、0.4 kV 智能测控单元、1 500 V 直流保护测控单元、交直流电源系统监控单元、制动能量回馈装置测控单元、可视化接地装置、杂散电流监测装置等间隔层设备连接起来。PSCADA 在车控室和中央控制室的监控功能集成于 ISCS，由 ISCS 统一实现上位监控和管理功能。

（3）相关软硬件。

PSCADA 在车控室和中央控制大厅的上位机功能集成于综合监控系统，与综合监控系统合用软硬件。PSCADA 在各车站变电所控制室内设置就地控制信号盘（总控单元、综合测控装置、电力交换机、电力监控工作站），变电所综合自动化软件。

（4）重要程度及性能要求。

PSCADA 直接涉及行车及乘客人身安全，直接关系本线能否正常运营，重要程度极高，系统可用性不小于 99.8%。控制准确率为 100%；信号准确率≥99.99%；站内事件分辨率≤5 ms，装置事件分辨率≤1 ms；站内控制命令传送时间≤1s。

（5）云化部署建议。

变电所控制采用三级控制方式，即车控室/控制中心远方控制（ISCS 实现）、所内控制信号盘/计算机集中控制（PSCADA 设置就地控制信号盘）、设备本体控制（柜体提供）。远方控制已集成于 ISCS，部署在中心云或边缘云上；PSCADA 设置的就地控制信号盘，面向特定用户（供电工班），安全性实时性要求极高，专业性极强，建议不入云，维持既有的系统架构和建设模式。

3.4.2 智慧车站综合运管平台

（1）面向对象。

面向车站站长、站务、维修工班、乘客、施工人员。

（2）功能说明。

智慧车站综合运管平台（以下简称运管平台或 ISCS-SOM）实现智慧车站所有新增业务统一的上位展现、监控和管理。ISCS-SOM 实现的功能如下。

① 综合看板功能。

ISCS-SOM 需具备数据可视化功能的综合看板界面，借助于图形化手段，清晰有效地传达与沟通信息，以便直观反映车站客运管理、设备运管的整体情况；与车站内客运组织、运维管理、乘客服务等其他业务系统的有机融合。

② 场景联动功能。

智慧车站综合运管平台（ISCS-SOM）应具备以实现全自动车站为目标的场景联动功能，包括不限于车站早间自检、车站早间启运、车站晚间停运、高峰大客流、乘客服务等场景功能。

③ 环境监测功能。

ISCS-SOM 实现公共区空气质量监测、机房环境监测、卫生间环境监测、出入口环境监测。

④ 能源管理功能。

ISCS-SOM 的能源管理功能包括电能管理、智能水务、空调节能三个方面。

智能水务通过采集和统计分析给排水远传水表的数据，实现对车站用水的实时控制和漏损告警、与客流结合指标化分析等精细化管理。

电能管理、空调节能功能的数据处理与分析功能由 ISCS 负责实现，智慧车站综合看板负责实现上述功能的图形化和数据可视化展示。

⑤ 车站管家（设备在线监测）。

监视车站受控对象的运行状态和故障报警信息，具备所见即所得图形化显示的跨专业设备状态综合监督展示功能，提供机电设备基础预防性维修功能。建立与未来可能建设的"智能运维平台"的接口，接收智能运维平台的分析及诊断结果数据，指导本车站多职能工班维护人员现场操作。

⑥ 无线单兵系统。

实现远程采集和指挥车站工作人员在现场的操作过程。车站工作人员在执行现场通过无线单兵设备对现场图像进行实时采集、利用车站内无线 WI-FI 网络（由本站通信系统负责搭建）传输到车控室综合运管平台 SOM 进行统一显示和管理。具体应用包括音视频传输与管理、智能运维支持、无线定位、PCA 功能支持、在线巡检管理、场景联动、统一配置与管理。

⑦ 智能消防功能。

ISCS-SOM 将本站与消防相关的设备设施信息统一界面展示，包括不限于防排烟设备及管路、自动灭火系统、防火卷帘、防火门、消火栓泵、消防水池液位、电扶梯、AFC、门禁系统等消防设备的实时状态。车站 FAS 确认火灾时，界面将本防烟分区所有消防联动设备、系统的所需执行的目标值和状态自动比对，向站务人员展示目前消防联动的整体态势。

⑧ 智慧安防功能。

车站安防集成平台采用功能独立的方式集成于 ISCS-SOM，实现各安防子系统数据统一监管、协同和联动，实现智能化、自动化、整体化的应急操作和处置。具体功能包括综合监测、应急处置联动、智能电子巡更、单兵系统联动、出入口安全管理。

⑨ 人员管理功能。

ISCS-SOM 人员管理模块应具备站内工作人员管理、智能化排班、电子化任务表单等功能；在车控室内设置人脸与身份证件统一性识别装置，与 OA 系统打通，对施工及委外人员进行数字化管理，形成业务闭环。

⑩ 客流实时采集及分析系统。

实现公共区客流分析功能。ISCS-SOM 平台通过采集 AFC 进出站客流信息、CCTV 智能视频分析的客流密度、流向等算法、车辆载重/视频分析等信息结合处理，达到客流数据的立体化获取、在 ISCS-SOM 软件层转化为客流数据并实现多种统计分析应用，为智慧车站各类场景的联动功能的实现提供有效的数据支撑。

（3）相关软硬件。

ISCS-SOM 的硬件包括车站级实时服务器、嵌入式触摸屏、单兵手持终端、智能传感器等，所需的软件包括 ISCS-SOM 平台软件（含服务端、客户端、前端通信软件等）、操作系统、实时数据库等。ISCS-SOM 软硬件平台可以独立于 ISCS 平台，也可以在 ISCS 平台基础上的加强。

（4）重要程度及性能要求。

智慧车站综合运管平台（ISCS-SOM）不直接涉及行车及乘客人身安全，也不是线路正常运营需求所必需的系统。但经过近年来各地智慧车站的试点应用和不断成熟，ISCS-SOM 在提高车站运营效率，提高运营安全，提升乘客服务质量方面产生了较大的作用和效益，产生了很强的用户黏性。综合判断本系统重要程度一般不需要冗余热备机制，宜考虑利用云平台的虚拟机热迁移功能，缩短系统的 MTTR（平均修复时间）。

（5）云化部署建议。

综上所述，从业务闭环范围的角度，可将 ISCS-SOM 的功能总体分为两类。

第一类是所有数据源和被控对象均在本站，业务在车站范围内形成闭环。这类功能包括综合看板、场景联动、环境监测、智慧消防功能。这类功能宜部署在车站边缘云节点上，实现车站自治。

第二类是业务的一部分功能需要与中央级、线网级等上一级系统进行配合和协同，形成闭环。如单兵系统的需要线路中央级的统一配置管理功能；客流实时采集及分析功能需要在中央级接收 NCC 的数据；车站人员管理功能需要在中心与 OA 系统打通等。这一类业务应具有独立的线路中央级平台，部署在中心云平台上。车站级平台，部署在车站边缘云节点上，实现云边协同。

另外，能源管理、智能安防、车站管家（设备在线监测）功能，作为运营管理、智能运维、线网安防平台等业务体系在车站级的管控环节，部署在车站边缘云节点上，具备与上一级系统接口，实现云边协同，完善业务体系。

3.4.3 通信系统

1. 专用视频监控系统（CCTV）

（1）面向对象。

面向车站站务人员、面向中央各调度员。

（2）功能说明。

视频监视系统是城市轨道交通维护和保证运输安全的重要手段。主要功能包括车站和中央级对视频画面的查看、录像和调用、远程遥控、循环编辑和自动轮询、视频分析、模式联动、系统网管功能。

（3）相关软硬件。

专用视频监视系统由中央级和车站级两级组网。中央级设备组成：视频服务器、视频图像存储设备、核心数据交换机、解码器、系统网络管理终端、后备视频控制终端设备等。车站本地监视系统主要由高清摄像机（内含高清编码器、传输单元）、视频服务器（含解码器）、多画面处理器、网络交换机、存储设备、监视终端设备等组成。

（4）重要程度及性能要求。

视频监控系统不直接涉及行车及乘客人身安全，但对线路运营起到关键辅助作用。CCTV 在提高车站运营效率、提高运营安全、提升乘客服务质量方面有重要作用和效益，用户具有较强黏性。综合判断本系统重要程度一般不考虑冗余热备机制，需考虑利用云平台的虚拟机热迁移功能，缩短系统的 MTTR（平均修复时间）。

（5）云化部署建议。

① 车站级 CCTV 的图像监控与调取、设备状态监控功能，部署在边缘云，并考虑融合于 ISCS 平台。

② 中央级 CCTV 的图像监控与调取功能，设备状态监控功能，部署在中心云。

③ 中央级 CCTV 的网管功能，部署在中心云，实现数据的集中处理、分析。

④ 车站级对时效性有高要求的智能视频分析高速识别算法，部署在边缘云。中心云大数据平台部署自学习的高精度视频分析算法，持续优化和更新算法并下发至车站边缘。详见云边协同场景。

⑤ CCTV 的 90 天存储业务在中心云集中存储。

2. 乘客信息系统（PIS）

（1）面向对象。

外部对象面向乘客，内部对象面向线网编播中心，中央信息调度，车站站务人员。

（2）功能说明。

线路级 PIS 中央级功能包括编辑发送即时消息，编辑发送应急信息、中心模板编辑、宣传及广告发布、实现 PIS 线路信息的统一发布，PIS 设备的故障信息的集中处理。实现车辆信息播放

车站显示设备主要从中心接收发布的内容信息，并对中心进行统一播放控制和管理，车站新增的每块屏可独立显示不同内容。站厅及出入口新增各类显示屏可显示注意事项、车站信息；紧急信息、客流密度、气象信息、行车信息及车站视频等。

线网编播中心 PCC 由线网统一设置，统一接入外部信息源，负责线网信息的编辑及发布管理。

（3）相关软硬件。

PIS 线路中央子系统由中心核心交换机、中心服务器、视频流服务器、磁盘阵列、视音频切换矩阵、有线电视解调器、直播数字电视编码器、接口服务器、操作员工作站、系统管理工作站、车辆视频监视服务器、车辆视频存储设备、车辆视频解码器、车辆视频监视终端及相关软件等组成。

PIS 车站子系统由车站交换机、车站服务器、信息播放控制器、车站操作员工作站、显示屏等组成。

线网编播中心 PCC 由核心交换机、线网中心服务器、线网视频流服务器、磁盘阵列、线网接口服务器及各类编播工作站组成。

（4）重要程度及性能要求。

视频监控系统不直接涉及行车及乘客人身安全，主要用于提升乘客服务质量和辅助车站客运组织。综合判断本系统重要程度一般，不考虑冗余热备机制。可考虑利用云平台的虚拟机热迁移功能，缩短系统的 MTTR（平均修复时间）。

（5）云化部署建议。

① 车站级 PIS 播控与设备状态监控管理功能，部署在边缘云，并考虑融合于 ISCS 平台。

② 中央级 PIS 播控与设备状态监控管理功能，部署在中心云。

③ 线网级 PCC 线网监管、编播与设备状态监控管理功能，部署在中心云。

3. 广播系统（PA）

（1）面向对象。

外部对象面向乘客，内部对象面向线网编播中心，中央级各类调度，车站站务人员。

（2）功能说明。

广播系统由正线广播系统（含区间广播）、车辆段广播和列车广播系统组成。

正线广播系统主要包括车站广播和区间广播，车站广播主要用于地铁运营时对乘客进行公告信息广播，向车站办公区工作人员发布作业通知，发生灾害时兼做应急广播，从而保证地铁运营的服务管理质量，为运营管理及维护人员提供更灵活、快捷的管理手段。全自动运行线路的区间广播主要用于区间紧急事故处理。

车辆段广播系统为一套独立的广播系统，包括车辆段库内广播、应急与防灾公共广播，通过划分不同分区，实现不同广播功能。车辆段广播系统通过传输通道接入正线中心级广播系统。

列车广播系统主要用于向乘客播报各种公告信息，包括列车运营信息、乘客服务信息等，同时兼做发生灾害事故时的应急广播，可接受控制中心调度员通过无线通信系统对运行列车进行广播，列车广播系统是车辆附属设备，包括在车辆设备中。

为方便系统操作管理，正线广播系统与综合监控系统互联，正线广播系统中央级和车站级功能均由综合监控操作台实现，同时广播系统设故障后备运行模式。

（3）相关软硬件。

中央级广播主要包括控制设备、备用广播操作台、网络管理设备、话筒、配线及接口等。中心调度员广播操作工作站由综合监控系统集成设置。

车站级广播系统主要包括功放设备、备用广播控制盒、控制设备、无线移动广播设备、扬声器、噪感器、功率放大器、话筒、配线及接口等。车站值班员广播操作工作站由综合监控系统集成设置。

（4）重要程度及性能要求。

广播系统不直接涉及行车及乘客人身安全，主要用于提升乘客服务质量和辅助车站客运组织。综合判断本系统重要程度一般，不考虑冗余热备机制。可考虑利用云平台的虚拟机热迁移功能，缩短系统的MTTR（平均修复时间）。

（5）云化部署建议。

① 车站级广播系统的车站自动广播功能、平行广播功能、广播优先级的处理功能与综合监控、信号等其他业务系统的联动等功能业务，部署在边缘云，并考虑融合于ISCS平台。

② 中心级广播系统的广播控制、广播音源统一管理和编排功能与设备状态网管功能，部署在中心云。

4. 集中告警系统（TEL/ALM）

（1）面向对象。

面向控制中心通信专业维护管理人员。

（2）功能说明。

控制中心通信专业的维护管理人员通过集中告警系统，能够迅速、准确地了解各通信子系统设备运行状况，发现故障能采取相应措施。集中告警设备根据各子系统设备所发出的告警信息，对各子系统工作状态、特点进行分析、归纳与综合，实现在一个平台上集中管理多个系统的故障信息，快速确定故障范围。其故障管理、安全管理、维护管理功能，具体如下。

① 显示各车站、车辆段的地理位置；

② 显示各车站、车辆段通信设备的机柜排列；

③ 显示全线各车站、车辆段设备逻辑关系图；

④ 显示各车站、车辆段各子系统设备的工作状态；

⑤ 显示各车站、车辆段各子系统设备的故障位置及故障信息，故障信息可根据故障级别以不同的颜色显示出来，故障位置应能判断到板级；

⑥ 设备发生故障时，维护管理终端能通过外置的声光报警装置及时发出可闻、可视告警信号；

⑦ 能储存和打印故障设备信息；

⑧ 具有启动备用设备，故障排除后能自动恢复网络配置的功能。

⑨ 根据维护工作流程，进行定制维护设计；

⑩ 具有自监控、自诊断的能力，24 h 不间断运行。

（3）相关软硬件。

集中告警系统设置在控制中心通信网管室，系统由中央网络管理服务器、管理工作站、打印机、外置声光报警等设备组成，通过以太网与各子系统的网管服务器/监控终端连接。

（4）重要程度及性能要求。

集中告警系统不直接涉及行车及乘客人身安全，主要用于提高运维效率和保障通信系统正常运行。综合判断本系统重要程度一般，不考虑冗余热备机制。可考虑利用云平台的虚拟机热迁移功能，缩短系统的 MTTR（平均修复时间）。

（5）云化部署建议。

集中告警系统部署在中心云，并考虑与 ISCS 融合。

5. 传输、无线、电话、会议等其他系统

传输系统、公务电话、专用电话、时钟、UPS 电源、办公自动化、视频会议等系统的核心设备为非 IT 类的通信行业专用设备，不能由云平台承载。

上述通信子系统均设置有网管系统，采用 IT 通用服务器，各子系统网管信息需在中心实现统一管理，均可在中心云部署，实现数据的集中处理、分析、存储，并提供给智能运维平台。

3.4.4　信号系统

（1）面向对象。

面向各中央调度员、总调、行调、电调、环调、乘客调、车辆调，车辆段值班员；面向集中站车站行值人员，车站值班站长、站务员；信号工班维护人员以及多职能站务人员等。

（2）功能说明。

信号列车自动控制（ATC）是城市轨道交通系统中的关键基础设备，它担负着指挥列车运行、保证线路行车安全、提高线路运输能力的重要任务。

信号列车自动控制（ATC）系统是城市轨道交通自动化系统中的重要组成部分，通过列车自动防护（ATP）子系统、列车自动运行（ATO）子系统及联锁（CI）子系统与列车自动监控（ATS）子系统间的信息交互构成闭环系统；通过 ATP/ATO 子系统轨旁及车载设备、CI 子系统设备，以及控制中心和车站的 ATS 子系统设备完成列车运行的自动控制；发挥着保证行车安全、提高运行效率、促进管理现代化，提高运输能力和服务质量的作用。除了核心 ATC 系统之外，完整的信号系统还包括数据通信系统（DCS）、车辆段信号系统、试车线信号系统、信号集中监测子系统、培训系统、电源系统等。

我国正在建设和规划建设的城市轨道交通线路已多数采用全自动运行模式。除了在区域控制中心设置中央级系统及调度指挥业务外，为了更好地满足全自动运行的应急调度指挥需求，全自动线路还在各自线路的车辆段内设置业务级的后备控制中心。

（3）相关软硬件。

信号系统设备按地域划分为控制中心设备、车站及轨旁设备、车载设备、车辆段/停车场设备、试车线设备、培训中心设备和维修中心设备。信号系统由正线列车自动控制（ATC）系统和车辆段/停车场信号系统组成。

正线信号系统包括 ATS、ATP、ATO、CI 设备，车辆段/停车场信号系统包括车辆段/停车场 ATS、CI 设备、试车线设备、维修中心和培训中心设备等。各线均配置完整的 DCS 和维护监测子系统。所有运营列车均配备信号车载 ATP/ATO 设备、车地通信设备。所有正线、折返线、渡线、停车线、出入段/场线、及试车线均装设车地连续通信轨旁设备、实现无线网络覆盖、满足车地双向连续通信的要求。信号系统网络连通中心、正线车站、车辆段/停车场、维修中心，联锁、ATP/ATO、ATS、车地通信子系统的网络应采用安全、可靠、冗余的传输通道。ATP 和联锁子系统等涉及行车安全的数据通道完全独立配置，未与其他专业或系统共用。

其中列车自动监控系统（ATS）在中央级设置实时服务器、历史服务器、通信前置机、磁盘阵列存储、交换机、调度终端、UPS 等。

集中区域车站设置了 ATS 分机、ATS 终端及其网络设备，用于采集所辖区域设备的各种信息、传递控制命令及存储由中心下载的时刻表，并实现车站进路自动控制的功能。同时，全自动运行运营应建立高度集中统一的维修体系，设置多职能队伍，及时处理现场的各种运行、维修和服务事务，并在多职能队伍房间配置 ATS 显示终端。

（4）重要程度及性能要求。

信号系统直接涉及行车及乘客人身安全，是所有城轨弱电系统中重要程度最高等级的系统，其终端设备 ATP、CBI、计轴、轨道电路须通过最高等级的 SIL 安全认证（SIL4），多采用"2 乘 2 取 2""3 取 2"这类可靠性高于 1 用 1 备的机制。其 ATS 需通过 SIL2 认证，ATS 设备的平均故障间隔时间规范要求不低于 $MTBF \geqslant 5 \times 10^4 \, h$，采用冗余热备机制。

（5）云化部署建议。

信号系统的 ATP、ATO 均为特定行业专属设备，需独立建设。ATS 在中心多采用通用服务器，部分城市将 ATS 的服务器和工作站以裸金属的方式入云。这种入云方式不能获取云平台的优势和收益,反而丧失了独立烟囱式建设模式的好处:系统稳定可靠,业务目标指向性极强,组织架构职责高度清晰。因此,本次研究推荐在目前的行业生态下,信号系统(包括 ATS)仍采用传统独立的建设模式。同理,下文弱电系统融合方案分析中提到 ISCS 和 ATS 的融合方案,在对比深度集成和数据融合的方案后,推荐近期两系统采用数据互联互通的方式业务协同。

3.4.5 自动售检票系统

(1)面向对象。

面向各中央调度员,总调、行调、电调、环调、乘客调、车辆调,车辆段值班员;面向集中站车站行值人员,车站值班站长、站务员,信号工班维护人员以及多职能站务人员,面向乘客服务。

(2)功能说明。

传统地铁 AFC 系统采用五层架构,主要由第一层轨道交通清算管理中心(ACC)、第二层线路中心计算机系统(LC)/多线共用线路中心系统(MLC)、第三层车站计算机系统(SC)、第四层车站终端设备(SLE)、第五层车票(非接触式 IC 卡)等五层架构组成,如图 3-14 所示。

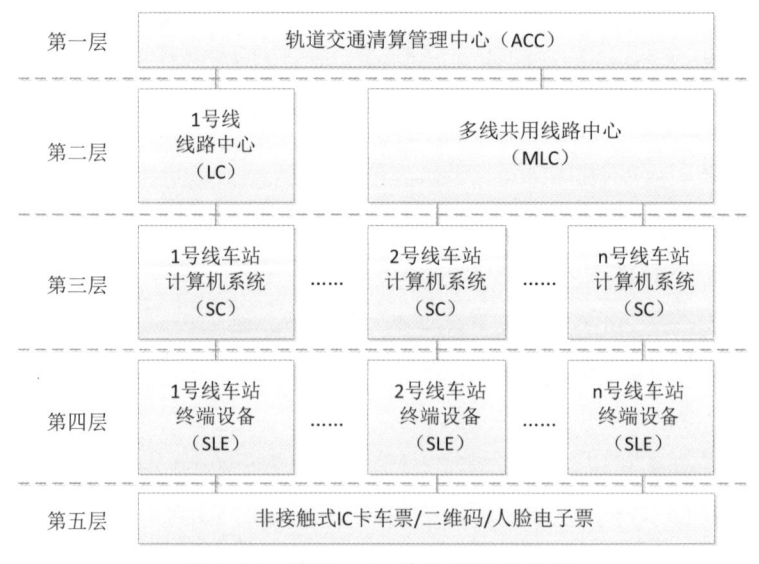

图 3-14 线网 AFC 传统五层架构图

为简化系统，多地 AFC 线网系统架构已从传统的五层架构调整为四层架构，最顶层的清分清算及线路管理中心系统 ACLC 实现包括收益清算、对账、审计及有关数据处理，为各线路制定统一参数和业务规则，统一制定、发行和管理，对各线路运营起监控作用，并提供协调功能和票务服务等全部清分、多线路管理、互联网票务功能，其系统架构如图 3-15 所示。

第一层	清分清算及线路管理中心系统ACLC
第二层	线路1车站计算机系统（SC） ／ 线路2车站计算机系统（SC） ／ …… ／ 线路n车站计算机系统（SC）
第三层	线路1车站终端设备（SLE） ／ 线路2车站终端设备（SLE） ／ …… ／ 线路n车站终端设备（SLE）
第四层	非接触式IC卡车票/二维码/人脸电子票

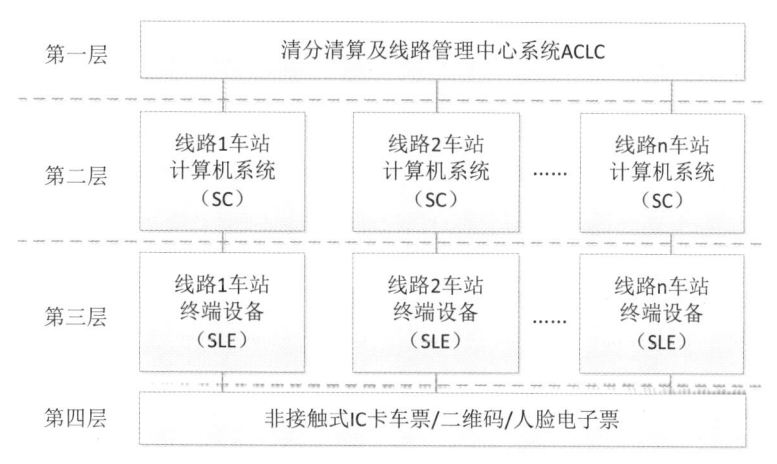

图 3-15 线网 AFC 四层架构图

清分清算及线路管理中心系统 ACLC 搭建在线网云平台上，由线网云平台为其提供计算、存储、网络等硬件基础资源，软件按接入全线网线路考虑，同时需为后期线路扩容预留扩展能力和资源需求，实现硬件资源统一管理，硬件资源的合理动态分配，满足运营不同时期的系统灵活应用及开发需求。

车站计算机系统 SC 为车站 AFC 系统的核心部分，可对本车站内部的所有设备进行实时监控，实现对车站 AFC 系统运营、票务、收益等集中管理功能。SC 可收集、处理车站内各类数据，并上传到 ACLC；接收 ACLC 下传的各类系统参数，并通过 SC 下载到车站各终端设备；可接收 ACLC 下达系统各类指令，并下传到各车站设备，同时可根据需要自行向车站设备下达控制指令，并将该操作记录上传到 ACLC。

（3）相关软硬件。

清分清算及线路管理中心系统由 ACLC 服务器、模拟测试服务器，测试工作站和网络交换机、磁盘阵列、UPS 等硬件设备组成。

车站计算机系统 SC 由车站服务器、智能客服服务器、监控管理工作站、票务工作站、维修工作站、激光打印机、紧急按钮控制模块和网络设备等构成。

车站级 AFC 系统由车站服务器、车站监控工作站、票务工作站、维修工作站、网络交换机、UPS 等硬件设备组成。

终端设备包括各类自动检票机、自动售票机、半自动售票机、便携式检/验票机、带有智能咨询终端和自助票务处理终端的智能票亭、移动票务终端、各类运营周转设备等。

另外，各条线路还需向线网 AFC 测试中心提供本线的售票机、检票机等终端及相关软件，完成线网接入测试。

（4）重要程度及性能要求。

自动售检票系统直接涉及地铁运营是否能够正常运作，其 ACLC 及 SC 在短时间内离线的情况下，面向乘客的自动检票机、读卡器等终端应能在离线运行模式下工作，并保存数据；在通信恢复后，应能自动上传未传送的数据。

（5）云化部署建议。

车站计算机系统 SC 所需的车站服务器、车站监控工作站、票务工作站、维修工作站等，主要实现本站范围内的监控与配置管理功能，宜部署在车站边缘云，实现车站自治。

清分清算及线路管理中心 ACLC 的相关服务器、终端、线网 AFC 模拟测试服务器、测试工作站等资源宜部署在中心云平台。

3.4.6 站台门系统

（1）面向对象。

面向中央调度人员，面向车站站长、站务、维修工班，面向乘客服务。

（2）功能说明。

站台门的设置是为防止乘客掉下站台，减小噪声及活塞风对站台候车乘客的影响，改善乘客候车环境的舒适度，部分站台门还能辅助通风空调系统实现节能控制策略。

站台门监控系统具备监视、控制和管理功能。站台门的控制功能包括系统级控制、站台级控制和手动操作三级控制方式，同时还有IBP盘紧急开门功能及单道门单元的维修控制功能。

其中系统级控制是在正常运行模式下由信号系统对站台门进行开门/关门控制的控制方式。站台级控制是在系统级控制因故障失效时，由列车驾驶员或站务人员在PSL上进行操作控制的。单个门故障情况下，站台人员或乘客可进行手动操作，通过机械手段进行对单个门单元的解锁，可独立于各种控制方式。在火灾状态下，根据不同模式车控室IBP盘可以发送打开站台门的命令，相应的滑动门单元打开以协助通风空调在紧急情况下排烟。也可在故障疏散时，IBP盘打开滑动门。

站台门系统监视功能由控制盘（PSC）实现，就地工作站具备可视化人机界面，对就地控制盘、电源、控制局域网、电机以及每个DCU的状态进行实时监视通过设置的控制局域网，并能对门控单元上进行集中或单独进行软件下载、参数修改、故障及状态的查询，如图3-16所示。

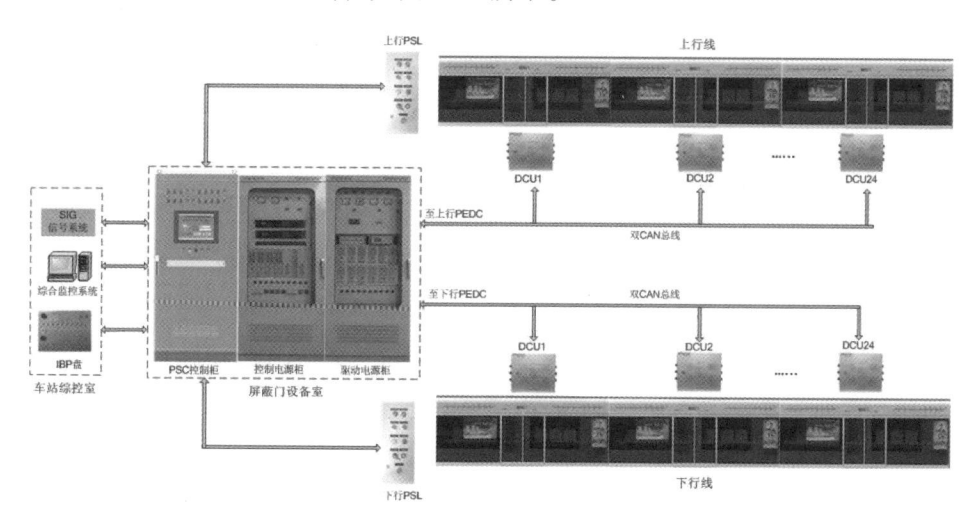

图3-16 地铁站台门控制系统构成示意图

站台门系统设置具有与信号系统间的接口模块，准确执行信号联动命令。与综合监控系统相连数据接口，将设备状态信息上传至综合监控系统实现车控室、线路中心的线网级的统一监控管理。

（3）相关软硬件。

站台门系统的现场级设备主要由门机、门体、电源、控制四个部分组成。门机主要包括门机梁、驱动电机和减速器、传动装置、门锁、行程开关等；门体主要包括梁柱结构、滑动门、固定门、应急门、端门、门槛、绝缘件、顶箱盖板及固定侧盒等构成；电源是指从低压配电与照明专业自动切换箱至站台门电机及其他用电设备的中间所有元器件，主要包括隔离变压器、UPS、断路器、继电器、电缆等。

站台门监控系统主要包括内设监控主机以及逻辑控制单元的接口盘（PSC）、门控单元（DCU）、就地控制盘（PSL）以及与信号系统级综合监控系统间的接口通信板卡、系统软件等。

（4）重要程度及性能要求。

站台门系统直接涉及行车及乘客人身安全，是所有城轨弱电系统中重要程度最高等级的系统，尤其在全自动运行线路中，需要通过 SIL 安全认证（SIL2）。站台门系统相对独立和封闭，多采用 CAN 现场总线来实现 PSC 与被控 DCU 的通信，产品成熟度和集成度高。系统性能要求与电源性能、机械性能保持一致。

（5）云化部署建议。

类似于信号系统，站台门为特定行业专属设备，宜独立建设。虽然车站站台门设备室中接口盘（PSC）内的监控主机采用通用工控机，但其功能主要面向就地操作人员和维修工班的可视化辅助，为保障其系统稳定可靠，业务目标指向性强，组织架构职责高度清晰。因此，建议站台门系统的就地级仍按传统模式独立建设。

站台门系统在车站级、中央级监视管理功能已集成在 ISCS，因此随 ISCS 部署在边缘云以及中心云平台。

有关站台门智能运维业务的部署方案分析详见"3.5.2 智能运维业务体系"。本书建议各专业的故障诊断算法部署在边缘云或边缘控制器。站台门智能运维车站级在线监测功能集成在综合运管平台 ISCS-SOM，部署在边缘云节点。包含所有专业的设备维修管理系统部署在中心云平台管理网，结合车站单兵设备终端实现维修业务闭环。

3.4.7 门禁系统

（1）面向对象。

面向各车站站务人员、自动化维修工班，面向线路和线网的门禁授权管理人员。

（2）功能说明。

门禁系统（ACS）是实现员工进出管理的自动化系统。ACS可实现自动识别员工身份；自动根据系统设定开启门锁；自动记录交易；自动采集数据，自动统计、产生报表；通过系统设定实现人员权限、区域管理和时间控制；并可实现员工考勤管理等功能。门禁系统与 ISCS 等弱电系统同样采用分层分布式的软件架构和运营管理模式，分为线网级—线路级—车站级—就地级。如图 3-17 所示。

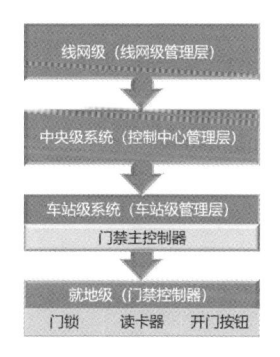

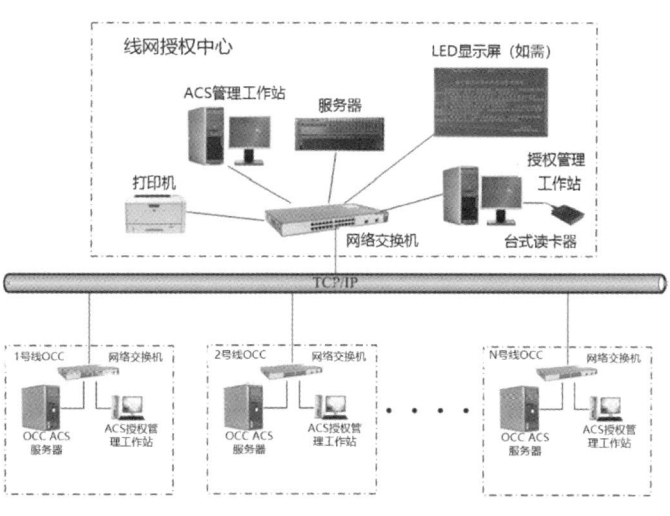

图 3-17 地铁门禁系统架构图

门禁线网级系统实现对全线网所有车站（区域）级的门禁设备的监控、授权管理功能，应能满足系统运作、授权、设备监控与控制、网络管理、数据库管理、维修管理及系统数据的集中采集、统计、保存、查询等功能。

门禁中央级系统能实现对本线所有车站（区域）级系统内的上述功能。

门禁车站级系统能实现对各车站、车辆段和主变电站范围的就地级设备的实时监控和管理，应满足系统运作、网络管理、维修管理及系统数据的采集、统计、保存、查询、授权等功能。车站级系统同时具备全自动区域临时授权及分组授权人员管理功能，能够通过授权、消权控制进入全自动区域人员，直观显示全自动区人员状态。门禁车站级在综合监控系统集成，其车控室的上位监控功能由综合监控实现。

（3）相关软硬件。

门禁中央级系统主要由门禁中央级服务器、中央管理工作站、中央授权工作站、台式读卡器、激光打印机、网络设备、移动工作站等组成。

门禁车站级系统由车站工作站（由综合监控系统实现）、门禁主控制器、汇聚交换机（如需）、UPS（车站、车辆段由综合监控提供；主变电站 UPS 由门禁系统自行提供）等组成。

门禁就地级设备主要由就地控制器、读卡器、电子锁、紧急开门按钮、出门按钮、一体化可视门禁、场段大门闸机、门禁票卡等组成，为具体动作执行单元，安装在限制区域的门内、门外及门上。

（4）重要程度及性能要求。

门禁系统是地铁安全防范子系统之一，不直接涉及行车及乘客人身安全，也不是线路正常运营需求所必需的系统，但其对保障运营安全有较大作用。综合判断该系统重要程度一般，不需要冗余热备机制，宜考虑利用云平台的虚拟机热迁移功能，缩短系统的 MTTR（平均修复时间）。

（5）云化部署建议。

门禁车站级系统已集成在 ISCS，随 ISCS 车站级部署在车站边缘云，实现车站自治。

门禁中央级系统及线网授权中心平台宜部署在中心云平台，与车站门禁系统实现云边协同。

3.5 智慧城轨业务体系云边部署方案研究

在《中国城市轨道交通智慧城轨发展纲要》的基础上，西安轨道交通集团于 2021 年 8 月发布了《西安智慧城轨发展纲要（2021—2035 年）》（以下简称《西安智慧城轨纲要》）提出了西安智慧城轨的建设思路与目标，构建了以智慧服务、智能运行、智能运维和智慧管理为核心业务的"12411"体系架构，明确了各业务体系的功能规划和技术发展路径。本章以西安地铁为例，结合其轨道交通建设发展具体情况，针对智慧城轨的智慧服务、智能运行、智能运维、智慧管理四大核心业务体系中涉及的顶层应用和系统，提出基于云边协同架构的平台部署方案。

3.5.1 智慧服务业务体系

智慧服务以满足乘客出行体验为核心，借助多种智能技术，依托多类型服务终端，通过线上线下多元方式，服务于乘客出行的不同场景。城市轨道交通以满足乘客多样化出行需求为出发点，以生活方式提供商为目标，秉承"地铁所至、爱心相随"的服务理念，从多元化的票务服务、智能化的安检服务、精准化的信息服务以及人性化的客服服务四个方面着手，不断完善服务内容，升级服务设施，深化服务内涵，创新服务模式，构建以人为本、绿色畅行的新型智慧乘客服务体系，为市民提供安全、便捷、高效、绿色的全链出行生活方式，如图 3-18 所示。

多元化票务服务	智能化安检服务	精准化信息服务	人性化客服服务
■ 灵活的乘车支付 ■ 便捷的票务服务 ■ 乘车码互联互通 ■ 多制式票务融合 ■ 实名制信用乘车	■ 智能车站安检 ■ 集中区域判图 ■ 高效线网联动 ■ 票检一体化 ■ 多方安检互信	■ 个性化资讯推送 ■ 智能感知主动预警 ■ 车站服务智能升级 ■ 列车环境动态调控 ■ 构建轨道生活圈 ■ 轨道微中心服务	■ 人工招援 ■ 智能导航 ■ 音视频交互 ■ 自主咨询 ■ 电子票务自助 ■ 信息挖掘
完善服务内容	升级服务设施	深化服务内涵	创新服务模式

以人为本、绿色畅行的智慧乘客服务体系

图 3-18 智慧服务业务功能规划

以上四个服务，从业务体系和系统的角度，将智能化的安检服务由智能安检业务体系实现；精准化的信息服务以及人性化的客服服务由智能客服体系平台实现；多元化的票务服务由一体化票务平台实现。以下结合这两个平台的业务特点提出相关系统的云边部署方案建议。

1. 智慧安检业务体系

本书在"3.3.2　业务协同：车站安检与集中判图"中已述，城轨智慧安检业务体系包括：

（1）车站现场安检业务。支撑系统包括带有智能识别功能的安检门和安检机等现场智能设备，车站级监控管理平台。

（2）区域化或线路中心的智能集中判图业务。支撑系统为区域智能集中判图平台。

（3）线网安检监控管理和指挥业务。支撑系统为线网安检中心平台。

城轨智慧安检业务体系是典型的线网、线路、车站三级管理模式，三者之间是分层协同管理的关系。可见，城轨智慧安检业务体系下各层级系统平台适应"云-边-端"的部署架构。现场端部署带有智能识别功能的安检门和安检机等现场智能设备；边缘部署车站监控管理平台和区域化集中判图平台；云端部署线网安检监控平台，实现云-边协同内涵中的数据协同和业务协同。

2. 智慧客服业务体系

近年来在智慧车站高速发展的推动下，智能票亭、智能客服自助终端已经广泛应用于地铁车站，多地也正筹备建设线网级客服中心平台。线网客服中心用于实现线网客服资源共享，业务流程管理标准化，共享知识库储备，实现客流统计分析与综合信息服务、办公 OA 等应用系统的数据互通等目的。线网客服中心平台与车站各类智能终端相互协同，完善车站-线网协同的智能客服体系。

车站设置移动票务终端和智能票亭直接接触乘客，是云-边-端业务体系中的端层，线网客服中心应部署在中心云平台，对智能票亭的站内信息进行统一管理；对乘客操作进行记录，通过统计数据，辅助分析乘客操作习惯、常用功能、常用问题，优化客服界面和操作流程，迅速解决乘客的常用问题，还能尽可能减少人工参与。

进一步地，线网客服中心应基于中心云平台和大数据平台，积累并挖掘乘客历史数据，逐步优化升级知识库及智能语音算法应用，结合客流预测等大数据应用，为乘客提供更好的乘车体验。这些乘客信息大数据的应用包括如下方面。

（1）乘客画像：通过大数据平台提供的数据处理工具，可利用历史客流数据，对客户和站点进行精准画像，为后续的客流分析、行车调度、大客流应急做好数据准备工作。

（2）行车计划辅助：通过大数据的实时 OD 数据和 ATS 数据，线网层面仿真全网的换乘站拥堵情况、断面过载情况、线路间列车衔接情况，实现客流、行车、设备数据的交叉分析，实现人车配对，为行车调度，行车计划图的编制和仿真提供辅助决策依据。

（3）应急指挥：对车站内客流密度和拥堵情况进行实时监测，以便提前进行预警干预，利用大数据技术实现"先知先觉"，诸如在大型活动、节假日合理调度运力分布，模拟出行应急情况下的疏散方案等。

（4）综合信息服务：通过及时准确的信息发布，结合历史数据的精准预测，为轨道交通参与者推送各种建议及告警信息，引导参与者主动选择多种的出行方式，提高出行效率。

3. 一体化票务系统

清分系统实现地铁线路之间内部以及与一卡通系统及其他相关系统之间的清算分帐。ACC 是城市轨道交通线路 AFC 系统对外的唯一数据接口。

以西安地铁为例，西安地铁于 2017 年启动实施互联支付改造项目，搭建互联网多元化支付平台，可实现西安各线路多元化支付的后台结算（含二维码手机过闸、AFC 手机过闸、银联金融 IC 卡过闸功能等），如图 3-19 所示。支付 APP 兼容支付宝、微信、银行等快捷支付方式，支付入口含微信公众号、支付宝城市服务等入口平台。该多元化支付平台于 2017 年投入使用。

西安地铁于 2019 年启动实施人脸识别乘车改造项目，在线网指挥中心 NCC 大楼机房内搭建人脸过闸平台后台。人脸过闸的交易采用终端-后台二层架构，由人脸过闸平台进行后续的行程匹配、扣费等管理。人脸过闸交易同时通过 AFC 系统传统路由上传到 ACC，可与人脸过闸平台进行对账。人脸过闸系统架构如图 3-20 所示。

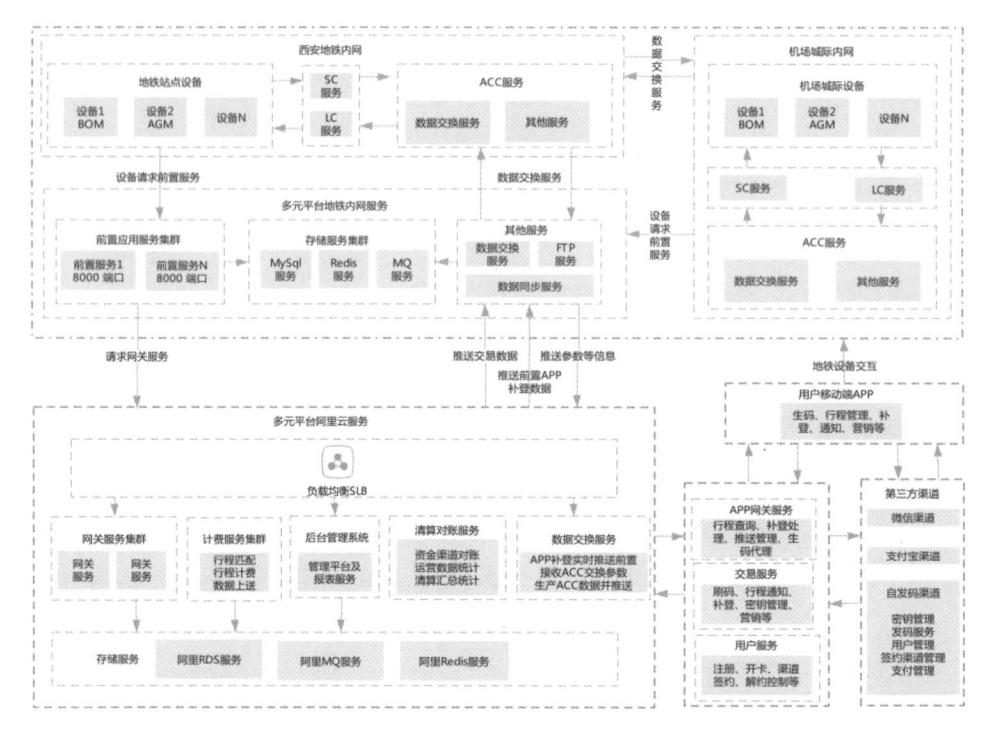

图 3-19　西安地铁多元化支付平台系统架构示意图

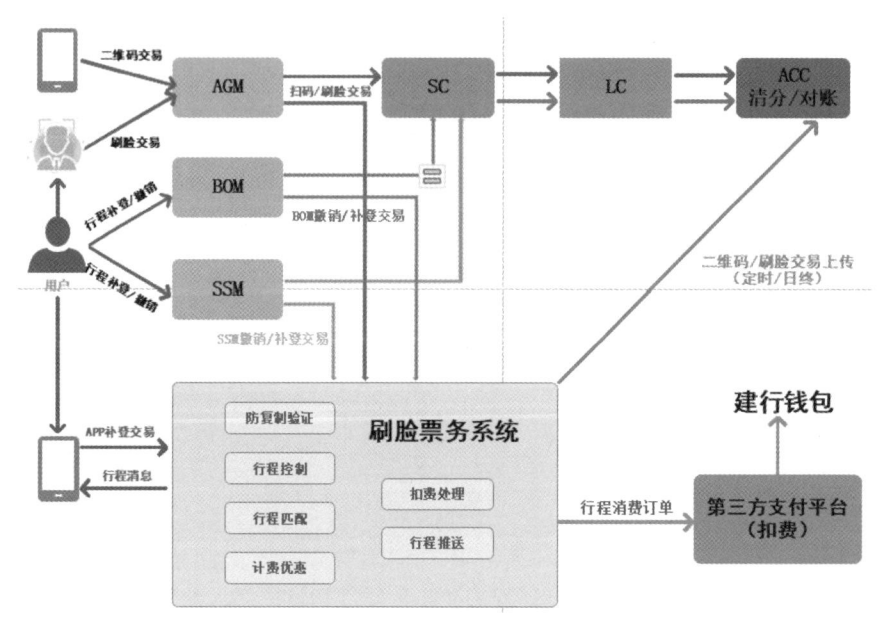

图 3-20　西安地铁人脸过闸系统架构示意图

· 082 ·

综上，西安地铁既有清分平台、多元化支付平台、人脸过闸平台分别独立建设，相互之间通过接口关系实现数据交互和对账，初步实现了电子支付、APP综合信息服务、多制式生物识别等智能化票务服务。

手机二维码及人脸过闸的交易分别直接上传到多元化支付平台和人脸过闸平台，由多元化支付平台和人脸过闸平台进行后续的行程匹配、扣费等管理。手机二维码及人脸过闸的交易同时通过AFC系统传统业务链路上传到ACC，与多元化支付平台和人脸过闸平台进行对账。也就是说，为保证清分数据完整性，在目前的架构下，手机二维码及人脸过闸的交易需要分两条传输链路上传至各平台。另外目前西安地铁多元化支付平台核心业务部署在公有云上，当平台异常或故障时，对手机二维码过闸等互联网业务影响较大。

由此可见，为适应移动互联网的飞速发展，西安地铁试点了多种支付业务及过闸业务，并因此建立了不同的平台。由于不同平台/系统的报文格式、业务风格、部署方式等存在一定的差异，而且不同平台/系统的数据没有统一，存在着多个用户、账户系统分别与第三方进行结算对账，随着各平台/系统的使用乘客越来越多，也为整个运营带来了压力，没有形成地铁统一的发卡发码系统，财务对账结算繁琐，乘客的用户体验不一致等。

因此，为向乘客提供更加便捷可靠、高效安全的票务服务，西安地铁票务业务未来朝智慧化目标转变迈进的第一要务即是搭建融合的一体化票务平台。通过建立统一票务平台，达到统一数据、统一支付、统一管理的目标，进一步实现资源共享，降低维护成本，并可根据市场需求快速响应，从而提升乘客出行效率，加快地铁互联网化的步伐，这将有效提高乘客通行效率、降低企业运营成本、全面提高地铁服务质量。

随着清分平台、多元化支付平台和人脸过闸平台等融合为线网一体化票务平台，基于智慧城轨云平台四层架构和云边端三层体系架构基础，实现了乘客交易数据"终端-线网"的两层扁平化体系架构。

地铁线网一体化票务平台可进一步利用大数据平台，与乘客画像业务、电子发票系统等业务平台对接，将乘客有效身份信息、生物特征信息、非生物特征信息、关联账户信息、征信信息、乘客偏好信息统一规划为乘客画像,深度挖掘客流、票务等相关数据,将低价值的"数据"转化为每个乘客的画像,为轨道交通乘客出行规律深度分析提供数据支撑,同时提供基础数据给线网智能客服平台等相关应用,为其他应用二次开发及对乘客的提供精准化、差异化的个性化服务及延伸性服务提供数据基础,实现由"单一性、通用性服务"向"个体化、定制化服务"的过渡,满足人民群众品质出行的需求,提升城市轨道交通运营服务水平。

3.5.2 智能运维业务体系

《西安智慧城轨纲要》中提出构建"一个体系,三个模块,五个专业"的智慧城轨智能运维综合管理体系,支撑轨道交通智能运维生产管理,结合技术发展及企业实际采用"总体规划,分步实施,专业建设"的建设策略,逐步形成设备安全可靠、人员精简高效、成本效益可控、应急保障迅速的运维管理新模式,如图 3-21 所示。

图 3-21 《西安智慧城轨纲要》智慧运维业务功能规划

从图中可以看出,车辆、供电、通号、机电、设施共五个专业的智能运维应用均包含以下几项业务:一是采集感知层的数据并预处理;二是在线监测和可视化展示实现状态感知；三是引入智能诊断算法实现设备健康管理；四是利用大数据分析实现预测性维护，五是设备故障信息触发维护维修流程与应急联动实现维护维修业务的闭环。

上述五项业务基本构成了智能运维体系，整个流程同时包含了生产要素和管理要素，是典型的两化融合业务。其体系涵盖设备台账管理、在线实时监测和故障诊断、设备预警策略、设备维护检修作业管理、设备备品备件管理、统计分析和评估一系列的功能。因此城轨智慧运维体系的建设总体思路为"基于智慧城轨云平台架构，横向规划建设统一的信息化管理平台，纵向定制开发专业的智能诊断应用。"管理层面，要开展顶层设计，建设体系化，信息化，标准化的统一设备维护管理平台；智能诊断层面，要按不同设备特性，不同专业特点，分门别类，逐项开发智能诊断应用。

智能运维体系下相关系统和平台的部署方式建议如下：

线网智能运维平台首先要承载或与设备维修维护信息化系统协同，全面将运维流程数字化、信息化，做到巡检维作业管理、运维资源整体调配、故障工况应急管控、统计分析辅助优化修程修制等业务的完整闭环。另外，线网智能运维平台负责全线网全专业数据统一接收和存取，以大数据平台支撑设备机理特性和历史数据的分析，建立设备健康度模型和故障诊断预测模型，并持续地进行模型训练和优化迭代各类设备的智能诊断算法，实现设备健康度诊断和预测性维护，也就是状态修。线网智能运维平台应部署在中心云平台。

数据采集和预处理、智能诊断算法就地计算、数据上传等功能部署在端，落地形式可为边缘智能控制器，并考虑由一台边缘智能控制器通过算力虚拟化实现车站范围内的多专业设备的数据采集和实时诊断应用。边缘智能控制器与中心云的模型训练实现云边协同。其场景描述在"3.3.6 数据协同：故障预测与健康管理(PHM)"中已做描述。

各专业设备的状态实时在线监测和三维可视化展示，综合看板等业务，可由在同一个软件平台如综合监控平台集成，并在边缘云中承载，如图3-22所示。

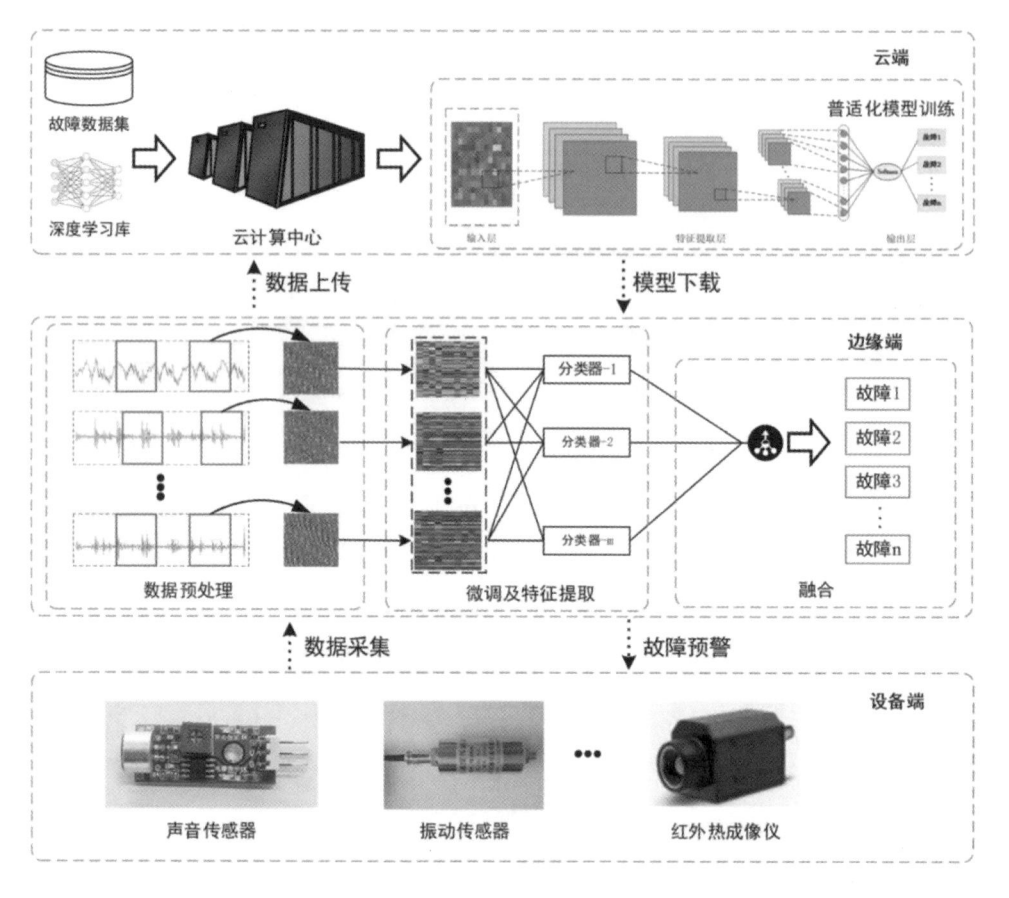

图 3-22　云边协同的预测性维护算法实现框架

3.5.3　智能运行业务体系

智能运行业务包含了《中国城市轨道交通智慧城轨发展纲要》中提到的智能运输组织、智能列车运行、智能技术装备等几大体系的重点建设内容。智能运行业务功能规划以增强列车自主控制能力、减少轨旁设备、提高设备利用率和列车控制效率为目标，同时考虑采用降级、后备等措施保障列车运行安全底线。结合西安轨道交通建设现状、发展规划和关中城市群轨道交通"四网融合"（干线铁路、城际铁路、市域快线、市区城轨）的相关要求，提出九大业务功能板块，如图 3-23 所示。

·086·

图 3-23 《西安智慧城轨纲要》智能运行业务功能规划

智能运行业务体系，是一种典型的分层分级的运营调度指挥模式，贯穿线网级—线路级—车站级—现场级共四个业务层级。

线网级主要为策划和辅助决策类业务，包括线网运输策划、线网客流实时精准预测、线网运行图智能铺画功能，需要大数据平台的能力支撑。另外，四网融合的发展背景下，未来同制式的跨线运营，需要一个多线路共享的调度指挥平台，如实现多条市域快线的互联互通、跨线运营条件，以及国铁、城际与地铁枢纽车站的乘客互通融合。

线路级主要为调度指挥类业务，包括实时监控联动功能，实现多维度、多专业设备或状态的实时监测、自动预警和智能联动；具备多交路套跑、快慢车混跑、灵活编组等多元化行车组织手段，并能对行车间隔、交路、编组实时的智能化调整，也就是运行图动态调整；与智能运维业务协同实现多专业故障联动响应；应急预案自动化联动和智能辅助决策。

车站级主要为智慧车站功能，利用信息化、视频分析、数据可视化等技术，实现客运组织、车站设备运行管理，人员管理、乘客服务的自动化控制和智能化提升。具体功能详见"3.4.2 智慧车站综合运管平台"。

现场级主要为智能化车辆装备及列车辅助系统和智能化设备，采用泛在感知、人工智能、自动控制、全电子联锁、车地无线通信、车-车通信等新技术，与线路级的调度指挥，与线网级的策划和辅助决策实现智能列车运行体系下的云-端的协同。

综上，本书建议智慧运行业务体系下所包含的各类平台、应用等软件的部署方式如下：

现场级的智能化车辆装备的相关应用应部署在就地端，靠近被控设备（车辆）。

车站级的智慧车站相关功能应用一部分部署在边缘云，一部分部署在云中心和边缘云实现云边协同，具体详见"3.4.2 智慧车站综合运管平台"。

线路级和线网级的应用部署在中心云平台，借助大数据平台等智慧城轨云平台的多种共享能力实现自身业务需求，并能与边缘、端的智能化应用和设备实现云边协同。

3.5.4 智慧管理业务体系

《纲要》中对城市轨道交通智慧管理体系的定义是借助现代化科学技术手段，从运营管理、智能建设、企业信息化、节能管控四个方面全面规划，实现智能高效管理。建设线网客运服务、智能运维、客流监视、应急调度、安防中心等线网级运营管理系统，主要由云平台安全生产网承载；借助 BIM、GIS、人工智能等技术，赋能建设管理、加强施工质量、安全、进度的管控；企业信息化提升方面，以云平台为基础全方位提升企业管理、建设、运营、资源开发等方面的信息化管理水平；采取系统化思维全方位创新，提升城轨综合能源利用效率，进一步实现轨道交通绿色低碳环保，如图 3-24 所示。

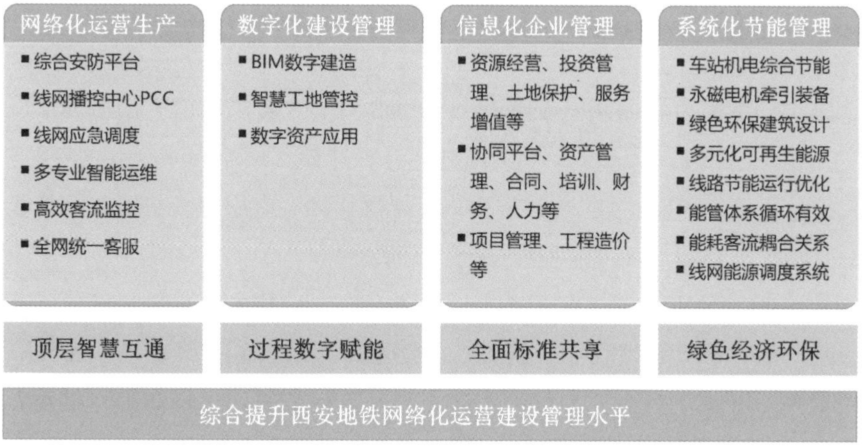

网络化运营生产	数字化建设管理	信息化企业管理	系统化节能管理
■综合安防平台 ■线网播控中心PCC ■线网应急调度 ■多专业智能运维 ■高效客流监控 ■全网统一客服	■BIM数字建造 ■智慧工地管控 ■数字资产应用	■资源经营、投资管理、土地保护、服务增值等 ■协同平台、资产管理、合同、培训、财务、人力等 ■项目管理、工程造价等	■车站机电综合节能 ■永磁电机牵引装备 ■绿色环保建筑设计 ■多元化可再生能源 ■线路节能运行优化 ■能管体系循环有效 ■能耗客流耦合关系 ■线网能源调度系统
顶层智慧互通	过程数字赋能	全面标准共享	绿色经济环保

综合提升西安地铁网络化运营建设管理水平

图 3-24 《西安智慧城轨发展纲要》智能管理业务功能规划

本书建议智慧管理业务体系下所包含的各类平台、应用等软件的部署方式如下。

（1）网络化运营生产中提到的综合安防平台、线网编播中心 PCC、线网应急调度、多专业智能运维、高效客流监控、全网统一客服这些平台，分别是安防业务体系、客服业务体系、运维业务体系中的软件平台三层架构中的线网层业务。在本书各自业务体系特征分析中均有论述，部署在中心云平台。

（2）数字化建设管理不属于生产弱电系统以及本书研究范畴，但建设 BIM 全周期数字化管控平台适合且有必要与新型城轨云平台的四层架构融合搭建。另外，弱电系统需与 BIM 平台进行信息协同交互。智慧车站、智能运维等平台以及未来数字孪生等创新应用需要使用 BIM 信息和空间模型，需要 BIM 数字化平台的能力复用和信息流动。

（3）信息化企业管理，为促进 IT 与 OT 的两化融合及企业数字化转型，需要与弱电系统打通数据接口实现业务协同。

（4）系统化节能管理方面，在"3.3.7 数据协同：通风空调节能控制系统"已有分析，各系统的节能实时控制程序可部署在边缘。设备及能耗监控管理、统计分析、节能指标评价、参数调优等功能部署在中心云平台，互相辅助配合。

综上，智慧管理业务体系下所派生出的与生产弱电系统有关的内容，其部署方案在前面各生产业务分析中均有涉及，本章不再赘述。

3.6 本章小结

云边协同的能力与内涵，涉及 IaaS、PaaS、SaaS 各层面的全面协同。边缘云 IaaS（EC-IaaS）与云端 IaaS 应可实现对计算、存储、网络、安全等的资源协同；EC-PaaS 与云端 PaaS 应可实现数据协同、智能协同、应用管理协同、业务管理协同；EC-SaaS 与云端 SaaS 应可实现服务协同。

安检业务的车站安检、集中判图与线网安检中心的关系，智慧车站高速视频分析算法与云中心高精度视频分析算法的关系，以及智能运维业务中的故障预测与健康管理（PHM）等业务是城市轨道交通行业典型的云边协同实际案例。可用于清晰理解云边协同在城轨行业的应用场景。

本章按传统弱电生产系统和《智慧城轨纲要》提出的智慧城轨核心业务体系两个维度，逐个分析了各业务体系、各专业、各系统、各应用的属性、特征和关系，提出这些生产系统针对"云-边-端"的部署方案，如表3-2和3-3所示。

表 3-2　城轨传统弱电生产系统云边端部署方案表

序号	专业	云 （线路/线网级-中心云平台）	边 （车站级-边缘云节点）	备注
1	综合监控 ISCS	（1）中央级监控及联动功能； （2）辅助功能（网络管理、维修管理、实训管理、软件测试）； （3）能源管理功能	车站级监控及联动功能	
2	电力监控系统 PSCADA	集成在 ISCS	集成在 ISCS	就地控制信号盘独立设置不入云
3	智慧车站综合运管平台 SOM	单兵系统配置管理功能、线网客流预测分析功能、与企业信息化平台业务协同功能	（1）综合看板、场景联动、环境监测、智慧消防等车站自治功能； （2）单兵系统、客流实时采集分析、人员管理的车站级功能	
4	信号系统 ATS	中心级行车监控系统	车站级行车监控系统	建议独立建设不入云

续表

序号	专业	云 (线路/线网级-中心云平台)	边 (车站级-边缘云节点)	备注
5	自动售检票 AFC	（1）清分系统； （2）线网客服中心平台	（1）车站级设备维护功能； （2）车站级智能票亭客服功能	
6	门禁系统 ACS	（1）线路级门禁授权系统； （2）线网级门禁授权系统	集成在ISCS	
7	站台门系统 PSD	集成在ISCS	监视功能集成在ISCS	
8	视频监控系统 CCTV	（1）中央级CCTV的图像监控与调取功能，设备状态监控功能； （2）视频录像集中存储； （3）线路级CCTV网管功能； （4）大数据平台部署自学习的高精度视频分析算法，持续优化和更新算法并下发至车站边缘	（1）车站级CCTV的图像监控与调取、设备状态监控功能； （2）车站级对时效性有高要求的智能视频分析高速识别算法	CCTV提供后备控制盒
9	乘客信息系统 PIS	（1）中央级PIS播控与设备状态监控管理功能； （2）线网编播中心PCC； （3）线路级CCTV网管功能	车站级PIS播控与设备状态监控管理功能	
10	广播系统 PA	中心级广播系统的广播控制、广播音源统一管理和编排功能与设备状态网管功能	车站级广播系统，车站自动广播、平行广播、广播优先级处理，与综合监控、信号等系统联动等功能	广播提供后备控制盒及语音话筒
11	安防系统（安防集成平台）	（1）线网级安防集成平台； （2）线路级安防集成平台	车站级安防集成平台	

表3-3 智慧城轨核心业务体系下各系统应用平台部署方案表

业务体系	业务系统	端（现场级） 边缘智能控制器	边（车站级） 边缘云节点	云（线路/线网级） 中心云平台
智慧服务	智慧安检	车站现场安检业务。包括带有智能识别功能的安检门和安检机等现场智能设备	（1）车站级监控管理平台； （2）集中判图业务。包括区域集中式或线路中心智能集中判图平台	线网安检监控管理和指挥业务。线网安检中心平台

· 091 ·

续表

业务体系	业务系统	端（现场级）边缘智能控制器	边（车站级）边缘云节点	云（线路/线网级）中心云平台
智慧服务	智慧客服	移动票务终端、智能票亭	—	线网客服中心平台，包括综合信息服务、辅助应急指挥等辅助决策功能
智慧服务	一体化票务	读卡器、二维码识别终端、人脸识别终端		线网清分系统，包括多元化支付平台、人脸过闸平台
智能运维	智能运维	数据采集和预处理、智能诊断算法就地计算、数据上传等功能，并可以考虑由一台边缘智能控制器通过算力虚拟化实现车站范围内的多专业设备的数据采集和实时诊断应用	各专业设备的状态实时在线监测和三维可视化展示，综合看板等业务，可由在同一个软件平台如综合监控平台集成，承载在边缘云中	线网智能运维平台，承载设备维修维护信息化系统业务，借助大数据平台建立设备健康度模型和故障诊断预测模型，持续模型训练和优化迭代各类设备的智能诊断算法，部署在中心云平台
智慧运行	智慧运行	现场级智能化车辆装备及列车辅助系统和智能化设备，采用泛在感知、人工智能、自动控制、全电子联锁、车地无线通信、车-车通信等新技术新装备，靠近被控设备（车辆）部署	智慧车站相关功能，实现客运组织、设备运管、人员管理、乘客服务的自动化控制和智能化提升。具体详见智慧车站综合运管平台部署	线网级策划和辅助决策类业务。包括线网运输策划、线网客流实时精准预测、线网运行图智能铺画，支撑四网融合的多线共享调度指挥平台等；线路级调度指挥类业务。包括实时监控联动、多元化行车组织、运行图动态调整、自动化应急预案与智能辅助决策等

本章推荐的基于云边协同计算模型的智慧城轨云平台架构如图3-25所示。在站段部署单套边缘云节点，虚拟化/容器承载不同两座站点的各车站级弱电系统的主平台和备平台；在车辆段DCC边缘云节点部署各弱电系统中央级的备平台用于满足全自动运行下线路后备控制中心的需求。中心云平台承载各弱电系统的中央级主平台、线网级各类应用平台、PaaS层的大数据平台等中台业务，以及企业信息化业务。此架构实现了车站自治和线路自治，在中心云平台离线时各线

路的关键生产业务可以正常运作。因此云平台建议不做应用级灾备,仅做数据级灾备。进一步地,若在各线路的边缘云节点完成分布式数据存储和备份,则可以彻底取消云平台灾备中心。

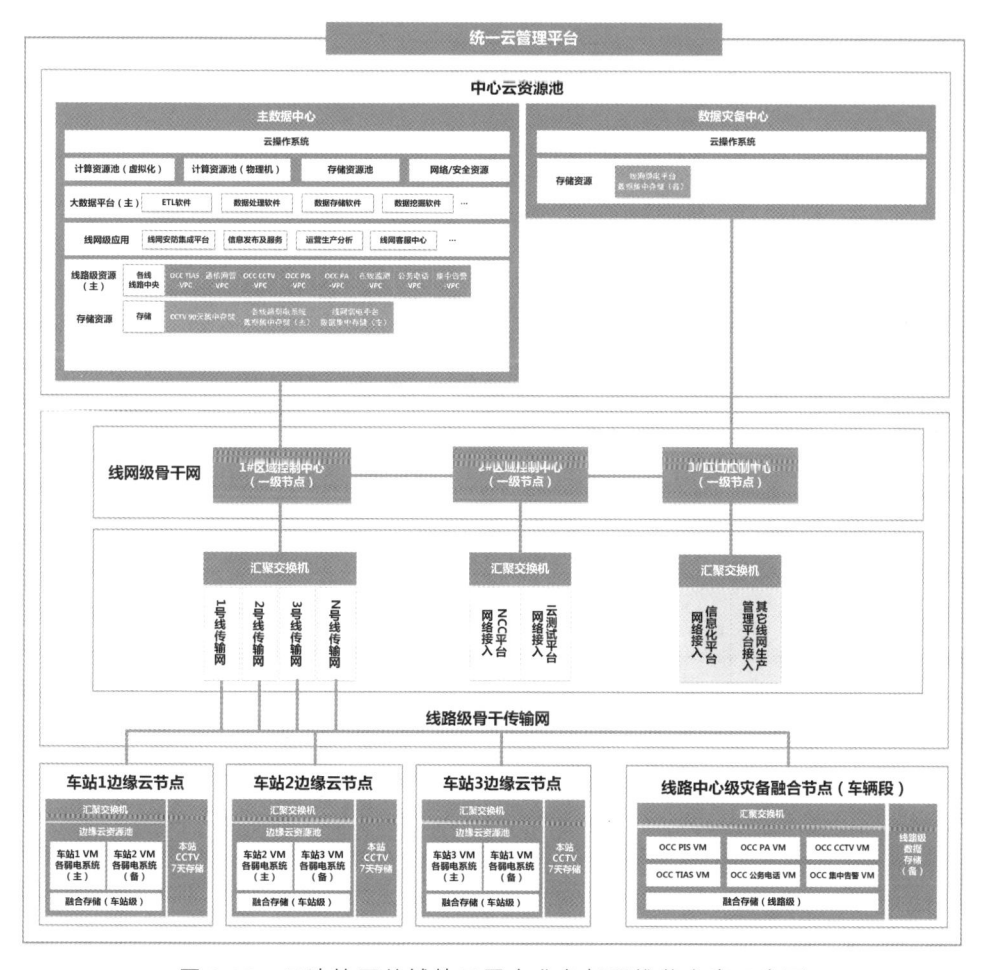

图 3-25　云边协同的城轨云平台业务部署推荐方案示意图

4 云侧与边侧弱电系统融合方案研究

4.1 城轨弱电系统建设现状

4.1.1 城轨弱电系统传统建设模式

国内城轨传统建设模式下,各弱电生产系统按专业独立的"烟囱式"方式设计、建设和运维,各弱电生产系统的车站级软硬件设备部署情况、机房设置情况和硬件选型如表 4-1 所示。

表 4-1 弱电生产系统车站级传统建设模式情况表

序号	系统	主要设备类型	机房设置	硬件选型说明
1	综合监控系统 ISCS	服务器、通信前置机、工作站	ISCS 设备房	RISC 小型机或 X86 通用服务器
2	自动售检票系统 AFC	服务器、工作站、就地设备	AFC 设备房	X86 通用服务器
3	信号系统 ATS	服务器、通信前置机、工作站、就地设备	信号设备房	RISC 小型机或 X86 通用服务器
4	视频监视系统 CCTV	服务器、工作站、监视器、就地设备	通信设备房	X86 通用服务器
5	乘客信息系统 PIS	车站 PIS 服务器、就地设备	通信设备房	X86 通用服务器
6	广播系统 PA	广播控制器、就地设备	通信设备房	行业专用广播控制器
7	环境与设备监控系统 BAS	PLC 控制器、就地设备	环控电控室	工业级控制器
8	火灾自动报警系统 FAS	火灾报警主机、就地设备	车控室	行业专用控制主机及板卡式控制器
9	门禁系统 ACS	主控制器、就地设备	ISCS 设备房	行业专用板卡式控制器

前文所述，多地城轨企业已将弱电系统统一承载在中心集中云平台，实现了 IaaS 层面的融合。此外，近年来多座城市也实施了不同方式的边缘侧的融合，如昆明地铁 4 号线、成都地铁第四期线路 13、27、30 号线、北京地铁 19 号线等，通过开发部署车站一体机、边缘云节点机等多种站段级边缘计算平台，实现弱电系统在站段边缘侧不同程度的资源整合和共享。

4.1.2　昆明 4 号线弱电系统融合案例

昆明地铁 4 号线在每座车站的不同区域部署多台区域智能一体机，内置计算板卡、存储板卡、交换板卡，深度整合并替代了传统综合监控、BAS、CCTV、PA、PIS、ACS、站台门等弱电系统的服务器、控制器等硬件，上述弱电系统只需提供现场终端和接入，并共用同一个软件平台（一套操作系统、数据库、应用软件），将所有数据融合在一个应用软件上，站级软件平台运行在车站智能一体机上，统一监控、管理并上传至中央，其中央级软件平台依托于中心云平台承载，并在中心云上搭建大数据平台，支撑各类顶层应用，如图 4-1 所示。

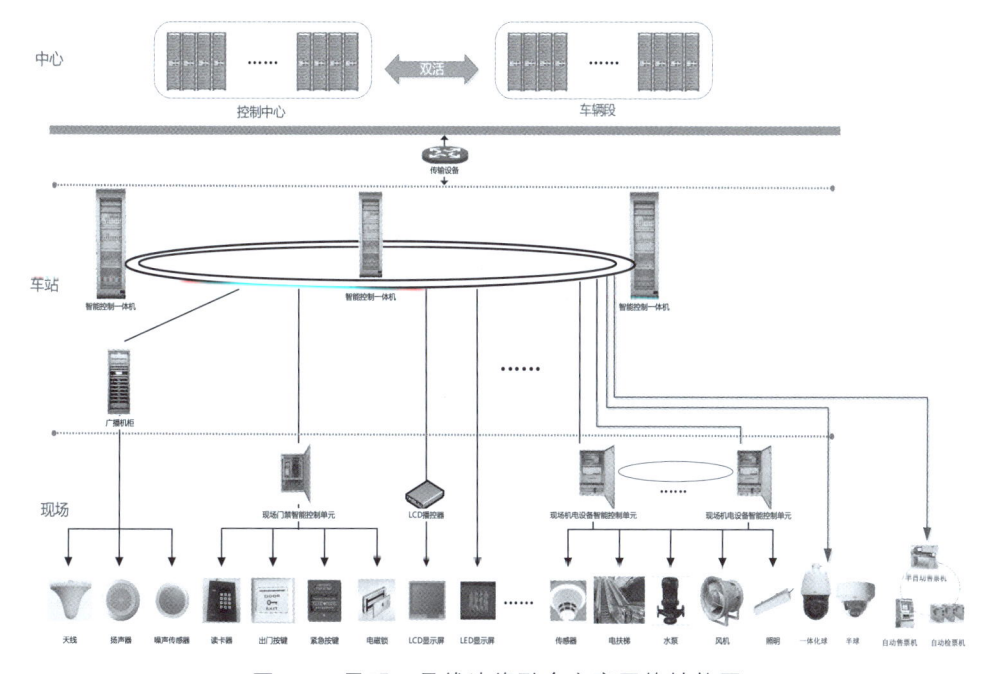

图 4-1　昆明 4 号线边缘融合方案网络结构图

4.1.3 成都四期线路车站弱电系统融合案例

成都地铁于 2021 年针对第四轮建设规划线路开展了《基于云技术的轨道交通弱电系统融合课题研究项目》，在该研究项目成果的指导下，成都地铁四期新线中的 3 条（13、27、30 号线）在全线所有车站部署冗余的弱电融合边缘云节点机，在车站、车辆段/停车场为综合监控系统（ISCS）、视频监控系统（CCTV）、乘客信息系统（PIS）、自动售检票人脸识别系统、智慧安检系统、安防集成系统提供共享的车站级计算及存储资源。上述弱电系统在车站、场段不需再另行部署服务器和存储等硬件设备，如图 4-2 所示。其中存储资源仅针对各系统在站点内结构化数据（如历史事件、报警信息等）的存储需求。

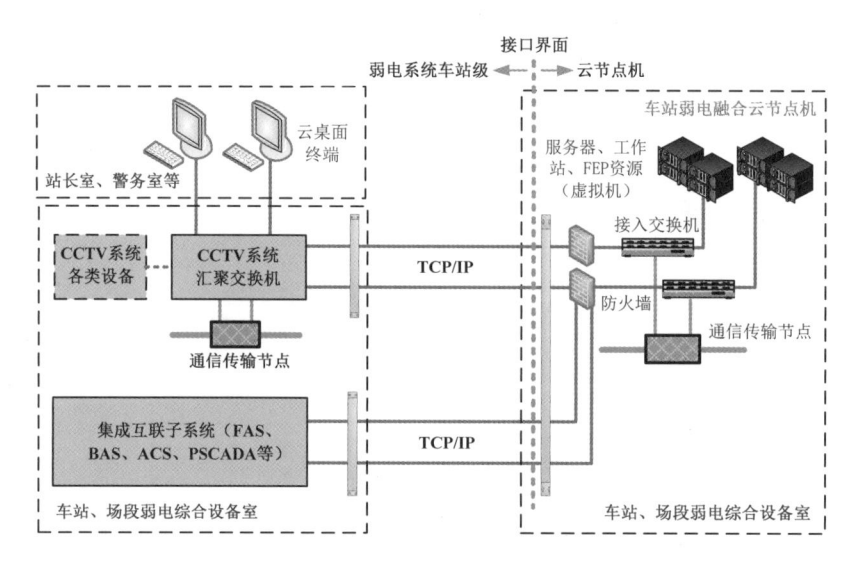

图 4-2 成都四期边缘云节点机与车站弱电系统界面划分示意图

受工期限制，成都地铁四期未建设中心云平台，各弱电系统的中央级仍采用传统的软硬件型式，因此成都地铁本次车站边缘云融合方案对被融合弱电系统的中央级软硬件架构、部署方式、数据流不产生任何变化或影响。

成都四期线路选用的边缘云节点机的基本构成为"高性能服务器 + 云计算管理平台"，通过软硬件一体化的形式提供一站式云计算解决方案。云节点机采用超融合架构，在单个一体化基础节点中同时具备计算、存储、网络和虚拟化等资源。多节点通过网络聚合实现模块化的无缝横向扩展，形成统一的资源池，具备灵活弹性扩展以及完善的云计算服务能力，可实现提高资源利用率，便于业务快速部署和扩展。

4.1.4 北京19号线车站弱电系统融合案例

北京地铁建立的线网级城轨云平台，既有线路采用"中心集中云+灾备云平台+车站降级"的部署方案。北京地铁19号线在两座车站试点了边缘云节点和边缘控制器的方案，配置北京和利时公司的一体机产品边缘智能云节点（EIA）、边缘智能控制器（EIC），与中心云实现"云-边-端"的业务协同，为后续线路的建设奠定基础。

边缘智能云节点EIA采用软硬一体化设计，内置轻量化的工业互联网平台（TOS），适应边缘侧高实时、高可靠、高安全的业务需求，可自治运行和管理，同时资源可以被中心云平台统一纳管，业务实现云边协同。

EIA IaaS层为超融合基础架构，包括计算虚拟化、存储虚拟化、网络虚拟化，集成了计算、存储、网络、安全、运维监控软件功能。EIA PaaS层提供容器平台、微服务治理、数据库、中间件等通用PaaS服务，以及边缘数据接入、数据存储和数据共享等服务，通过开放的数据接口为边缘侧各业务及智慧应用提供便捷，实现边缘侧数据共享，解决智慧应用与传统应用之间网状接口问题。

EIA支持虚拟机、容器化、微服务三种部署方式，在北京地铁19号线综合承载ATS系统、ISCS系统、PIS系统、CCTV系统、智慧乘客服务、运维WEB服务等车站级弱电监控系统和功能，如图4-3所示。其中：

（1）ATS应用由于采用了非跨平台技术开发，短期无法实现容器化改造，采用虚拟机方式部署在边缘智能云节点，共享IaaS基础设施资源；

（2）ISCS应用、PIS应用、CCTV应用采用容器化方式部署在边缘智能云节点，共享IaaS基础设施资源及容器管理、应用管理、时序数据库、关系数据库等PaaS服务；

（3）智慧乘客服务、运维Web服务等新型智能化应用采用微服务架构开发，以微服务方式部署在边缘智能云节点，共享IaaS基础设施资源及容器管理、应用管理、数据库、微服务治理等PaaS服务，并通过边缘智能云节点的站级数据共享能力实现与传统业务系统数据互通。

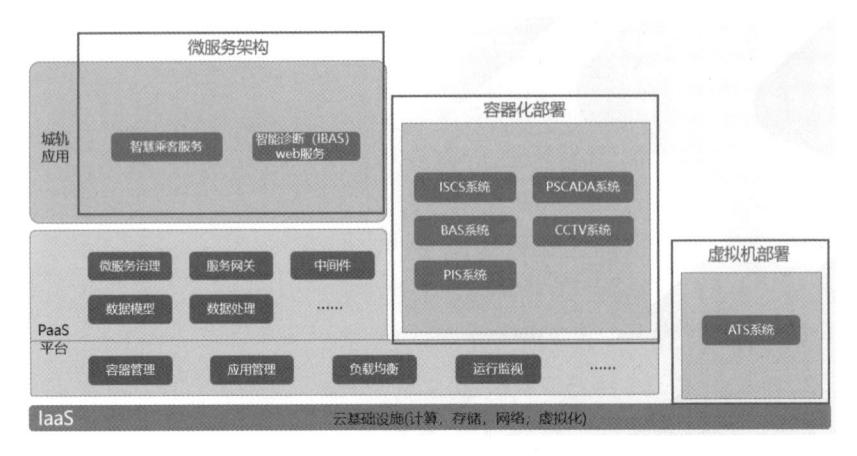

图 4-3　北京地铁 19 号线边缘智能云节点机（EIA）部署方式

综上，弱电系统的融合方案的范围、层级、深度有所不同，本书将弱电系统融合方式划分为硬件融合、界面融合、数据融合、平台融合。下面将针对弱电生产系统的不同方式的融合方案进行系统性的研究，逐一分析各种融合方式的适用对象和实施方案。

4.2 硬件融合方案

硬件融合是最为基础的资源共享方式。传统的弱电系统软硬件均为独立部署，资源浪费严重，可通过虚拟化、容器等技术，对多个弱电系统进行硬件融合，共享计算及存储资源。目前城轨云平台的应用状态多为硬件融合阶段。

4.2.1　虚拟化技术

图 4-4 所示为地铁行业弱电系统传统的软硬件部署方案，每个弱电系统（通信、信号、ISCS、AFC 等）都对应一台物理机器或一台硬件服务器，运行操作系统环境，以及在操作系统上运行本专业特定的数据库、应用软件，俗称"烟囱"式的部署。此部署方案的优点在于各系统之间的设计、实施、管理、运维界面非常清晰，但随着技术的不断进步和运维模式的不断成熟，其缺点愈加明显，硬件资源利用率随着硬件产品性能的不断提升而越来越低，ISCS、ATS 等专业的服务器的 CPU 和内存的平均使用率不足 10%，平峰时段甚至低于 3%，造成极大的浪

费。每条线路独立采购的硬件资源需要大量的运营团队运维，且需占用大量的土建、能耗等资源。

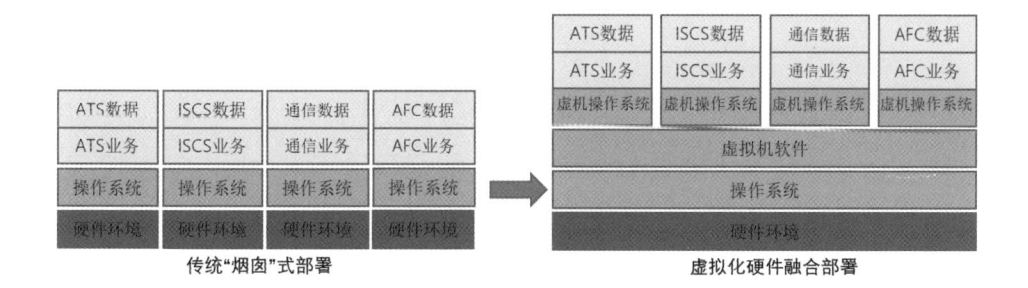

图 4-4 弱电系统传统部署与虚拟化部署架构对比图

目前服务器等硬件资源的性能逐年成倍递增，而传统弱电系统尤其是车站级弱电系统，由于地铁车站的规模变化不大，软件规模和所消耗的资源增幅平稳，根本不需庞大的基础设施，如何利用过剩的硬件资源，这个问题促成了硬件虚拟化的发展，于是出现了虚拟机（VM）技术。

虚拟机技术可用于优化 IT 基础设施。如图中右侧看到的，在同一套硬件资源（如服务器）上可运行多个虚拟机，虚拟机具有自己的客户操作系统，能够运行多个弱电系统的应用程序，宿主操作系统可以确保在不同虚拟机之间进行系统性的资源分配和负载均衡。

4.2.2 容器技术

虚拟机降低了软件维护的难度和成本，但即使是运行简单的应用进程，也要占用独立的客户操作系统，耗费大量计算资源，仍然可以进一步优化。于是有了近年来 IT 行业新技术的创新：容器化。与特定于操作系统的虚拟机不同，容器更加轻量级：

（1）可以在物理机上运行多个容器，或者可以考虑在单个虚拟机上运行多个容器。两种方式都可以解决应用程序相关的问题。

（2）容器化与虚拟化之间并不是竞争关系，而是一种互补，用于进一步优化 IT 软件基础设施。

容器技术相比虚拟化技术的优势主要在于以下几点：

（1）启动速度快，可实现秒级。

（2）资源利用率高，一台高配置服务器可以跑上千个 docker 容器。

（3）更快交付和部署，一次创建和配置后，可以在任意地方运行。

（4）内核级别的虚拟化，会有更高的性能和效率。

（5）易迁移，平台依赖性不强。

4.2.3 硬件融合实施方案

虚拟化或容器技术，可以将服务器类、存储资源进行融合，地铁行业虚拟化技术多应用在同一个项目/平台内，将不同业务应用整合部署在同一服务器硬件内，如线网指挥中心 COCC 平台，将信息发布、信息报送、对外服务等业务在服务器集群上承载。于 2012 年开通的北京地铁 6 号线，将 ISCS 和 ATS 两个弱电系统的应用软件采用虚拟化的方式部署在同一套服务器中。

根据第 3.4 章弱电系统云边部署的推荐方案，提出车站级弱电系统硬件融合的思路如下：考虑信号专业有较高的安全性要求，运营公司一般将信号系统的运维管理和设备用房均独立设置，在此运维模式下，ATS 服务器初期可不纳入硬件融合范围。此外车站级弱电系统中采用服务器类资源的有综合监控（ISCS）服务器、CCTV 视频管理及视频分析服务器、PIS 车站服务器、AFC 车站服务器、智慧安检与人脸识别过闸共用的 GPU 服务器，推荐将上述弱电系统采用虚拟化/容器技术的硬件融合，车站级的弱电融合节点架构如图 4-5 所示。

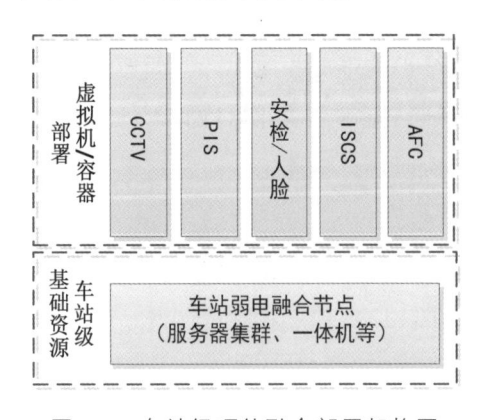

图 4-5 车站级硬件融合部署架构图

虚拟化或容器技术的硬件融合方案优点较为明显，可以提高资源利用率，减少硬件采购。各弱电专业须支持相同的操作系统环境，此要求较易实现，实施难度较低。

4.3 界面融合方案

4.3.1 嵌套整合方式

界面嵌套整合是将多个原本独立的客户端人机界面（HMI）以嵌套的方式整合到同一个客户端的人机界面中，如将 CCTV 监视器的视频画面，嵌入综合监控客户端 HMI 中。例如西安地铁 5、6 号线智慧车站综合运管平台（ISCS-SOM）的界面上，嵌入了扶梯智能运维平台界面，以及能源管理系统界面。用户可在 ISCS-SOM 的主界面上通过点击按钮以调取关联的界面，如图 4-6 所示。

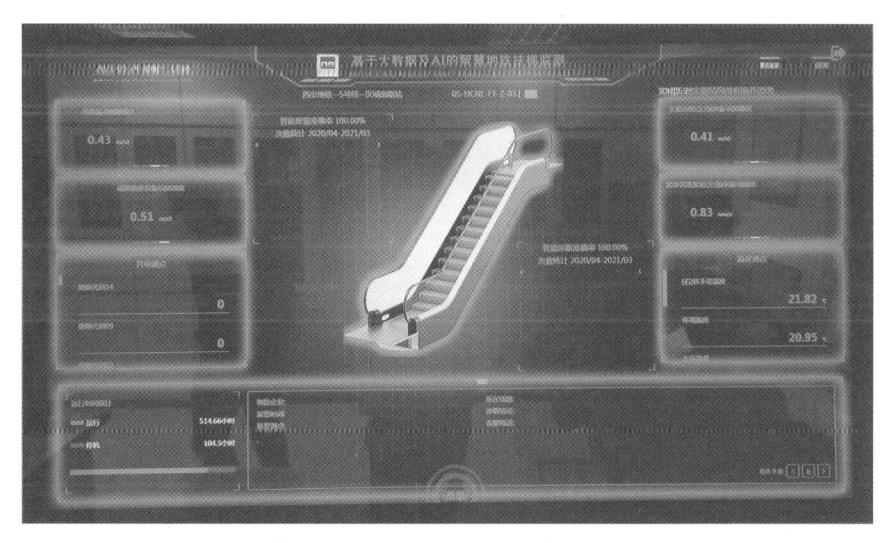

图 4-6　西安地铁 5 号线 ISCS-SOM 调用扶梯智能运维平台界面

通过嵌套方式整合多系统界面的方式简单易实施，可减少显示终端数量。但多个系统界面之间的画面风格、操作模式通常会有较大差异。另外，被嵌套的系统界面与主系统界面的数据没有打通和联动，如在不显示被嵌套专业界面时，用户不清楚此系统的运行状态，实际工程中也多有发生嵌套脚本和调用命令不稳定的情况，因此不适合大规模应用。

4.3.2 坐席管理系统

坐席管理系统也称为分布式协作系统，坐席管理系统实现的功能特点可概括为人机分离、一人多机、一屏多机、一屏多画、可视化操作、多席位协同、场景化联动。坐席管理系统可以实现 OCC 调度大厅、应急会商室、车控室内各专业工作站画面的联席协作，完成日常办公，参观展示，应急指挥等多场景联动工作，并能有效优化 OCC 调度台、车控室操作台空间，对构建智慧调度中心、智慧车站方面能发挥很好的作用，如图 4-7 所示。

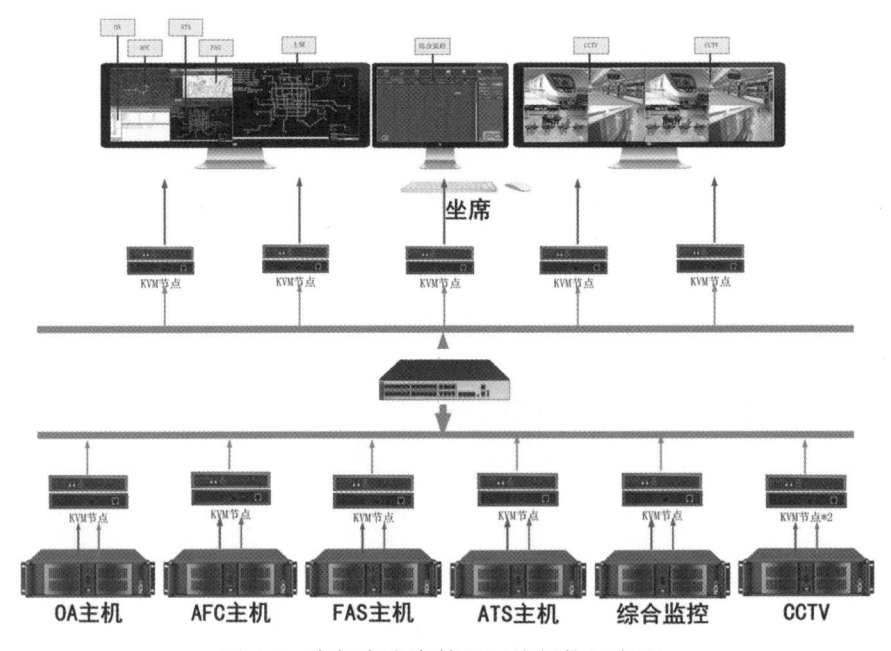

图 4-7 车控室坐席管理系统架构示意图

坐席管理系统与云桌面功能有所区别。目前云平台市场上的云桌面技术尚不能替代坐席管理系统。首先云桌面技术基于 IP 网络，因此超高清视频、3D 动画等应用会受限，部分情况下可能产生较大时延。大多数云桌面厂家只能支持单屏工作站画面，不能做到一个显示器组成多个人机画面，或者一套键盘鼠标控制多个云桌面等协同、调配的功能。

因此郑州地铁、成都地铁新建线路，以及西安地铁新建线路即使采用城轨云和云桌面方案，也额外采用了坐席管理系统，如图 4-8 所示。

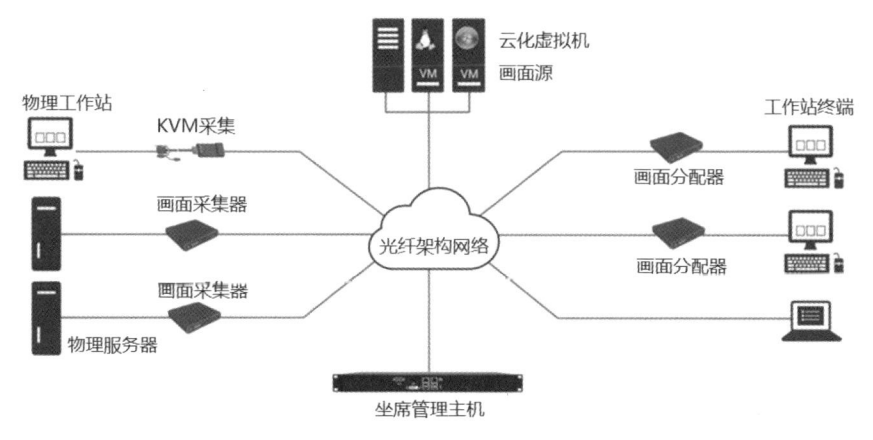

图 4-8　城轨云建设模式下坐席管理系统架构示意图

无论是采用嵌套方式，还是设置坐席管理系统，其融合的层面处在人机界面一层，各弱电系统的数据仍为相互独立，融合程度较低，是一种过渡阶段。

4.4　数据融合方案

界面融合仅能用于优化终端数量，数据融合可更进一步地实现某一特定场景下的不同业务的融合，通过建立系统间的数据接口，能在同一个客户端平台中完成来自多个系统数据源的一套业务流程。

城轨最典型和被广泛应用的数据融合产品即综合监控系统（ISCS）。在综合监控系统出现之前，地铁自动化监控系统各自分立建设，如电力自动化系统PSCADA、环境与设备监控系统BAS、信号系统ATS、火灾自动报警系统FAS等。这些分立的系统都具有独立的通信网络，在车控室、中央控制中心（OCC）具有各自的终端、监控软件、服务器等设备。这种监控系统设置方式称为"多岛控制系统"，每个自动化系统网络称之为一个自动化孤岛。系统之间的信息关联不足，跨专业自动化程度低，影响行车和调度指挥效率。各系统HMI的操作差异造成运营操作难度大、效率低。

21世纪初，城轨从业者利用PSCADA、BAS的监控平台为基础平台，与其他独立运行的系统如ATS、AFC、FAS、CCTV、PA、PIS、ACS、PSD、FG等监控系统建立数据接口，实现一定程度的信息交互，实现地铁生产数据和信息的互

· 103 ·

通与共享，建立起地铁各自动化监控系统数据融合的平台。在地铁综合监控系统的发展历程中，曾出现过"主控系统"的设计思想，其初衷是建立一个综合的监控管理系统，在运营管理中高于其他专业，强调主控功能，承担统一指挥和协同的职能。

近年来，随着新技术和智慧城轨的飞速发展，网络化运营的需求也在不断变化和提出，对于数据的融合和应用场景也有新的认识，本书梳理和提出以下弱电系统数据融合的应用场景。

4.4.1 信息组团与数据可视化

综合监控系统的人机界面通常以车站、专业为单位进行分级，调度员进行跨车站、跨专业的调度管理时，需要在不同的界面操作多次。而理想的人机界面应能使用户在同一界面或较少的操作次数下即可完成常规业务工作。为实现这一目标，可引入"信息组团"的概念。

所谓信息组团，就是能把综合监控系统采集到和计算后的信息资源，包括设备状态点、指标、视频、文本、报表、图片、运行图等，根据不同调度岗位的职责需求，按照预定的业务规则，进行重新的过滤、筛选、分类、组合和展示，以达到在有限的展示空间中，向各调度岗位提供针对性的信息展示服务。信息组团应具有正常工况和灾害工况两种运行工况，并对应不同的信息组团场景。

根据各调度席位业务规则的内容，从各信息资源种类集合中选择资源种类，进行"组团"，信息资源种类包括但不限于以下内容。

（1）行车信息数据：通过ATS系统接口获取行车信息数据。

（2）车站设备状态信息：通过与各集成互联系统接口获得。

（3）实时进出站客流数据：通过AFC接口获取。

（4）客流变化情况数据：通过AFC接口获取及系统内部判定。

（5）各类指标数据：通过系统内部的指标计算功能获得。

（6）列车运行图数据：通过ATS接口获得。

（7）CCTV视频编组：通过CCTV编组功能获取CCTV编组规则内容。

（8）决策支持系统展示栏：展示处置要点、应急相关处置组织机构、共管换乘站配合事项等文本内容。

除了针对不同业务需求而预设好的信息组团界面之外，综合监控人机界面还能对上述这些信息资源的组团方案进行编辑，形成多个自定义场景。

数据可视化，原本是关于数据视觉表现形式的科学技术，用于表达某种概要形式抽提出来的信息，包括相应信息单位的各种属性和变量。此种技术特别适合应用在综合监控人机界面的优化设计上。本书前面章节中提到，综合监控人机界面上的信息往往是数据的简单罗列和堆砌，用户看到的是一片密密麻麻的数字。数据可视化后，人机界面具有了统一风格和 UI 设计规范；支持曲线、棒图、饼图等数据可视化分析组件；并结合信息组团的设计理念，在展示区域内合理规划各项信息资源，各信息资源的选取和放置遵循一定的业务规则和逻辑关系，并符合用户使用习惯。

图 4-9 所示为综合了指标体系、信息组团和数据可视化后的电力调度日常工况下的综合监控人机界面概念演示图，将当日能耗总览，各车站的能耗排名和趋势，电力设备的事件报警等信息资源在同一界面上展示。

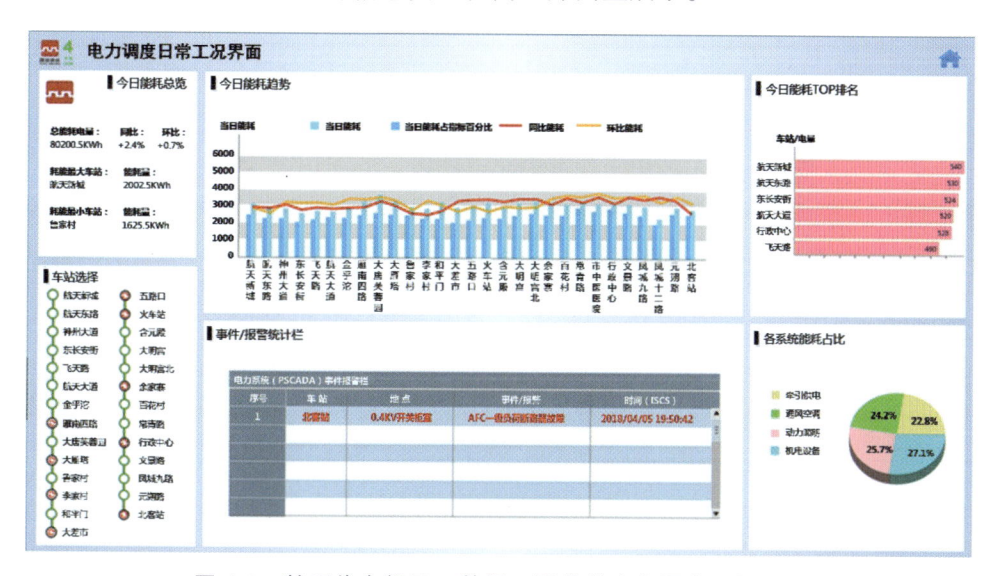

图 4-9　基于信息组团+数据可视化的电力调度人机界面

图 4-10 所示为西安地铁 6 号线郭杜西站 ISCS-SOM 的综合看板界面，是典型的数据可视化功能和信息组团理念的结合，达到在有限的信息展示空间中，向用户提供针对性的展示服务。综合看板界面能直观地反映车站客运管理、设备运

管的整体情况，与车站内客运组织、运维管理、乘客服务等其他业务系统的有机融合。

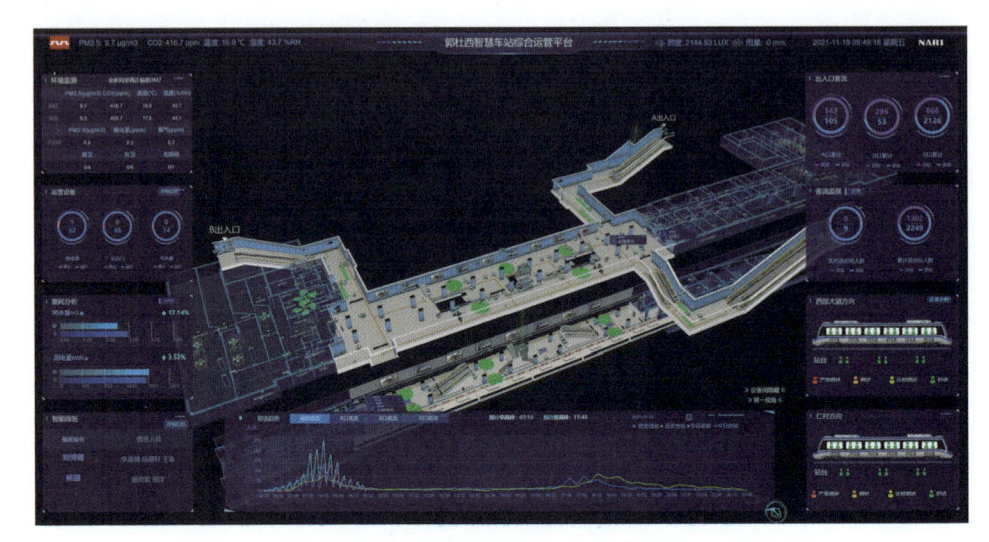

图 4-10 基于信息组团+数据可视化的智慧车站综合看板

4.4.2 加强各系统间的联动和协同

数据融合是直接针对和满足业务需求的手段，应利用综合监控系统、智慧车站运管平台等系统所采集的全专业生产数据，进行有效的开发应用，加强系统间的协同和联动，做到业务闭环，以达到提高运营自动化水平和效率的目的。智慧车站的智能消防、智能安防等功能，以及为满足全自动运行需求的全自动场景联动，均是典型的通过数据融合实现运营需求，提高运维效率的实际案例。

ISCS-SOM 具备的智能消防的消防联动综合看板界面，在车站 FAS 确认火灾时，智能消防界面能自动将本防烟分区所有消防联动设备、系统的所需执行的目标值自动投出，并同时显示各设备、系统的实时状态，将消防联动设备/系统的实时状态与目标动作进行比对，向站务人员展示目前消防联动的整体态势。此界面同时联动显示火灾区域的 CCTV 画面，以及火灾所处层的三维平面图、乘客疏散路径等信息，如图 4-11 所示。此功能将消防联动、消防疏散、火灾预案、现场视频等众多专业的数据融合在一起，大大提高了运营人员在火灾事件下的操作准确率和处置效率，使乘客的安全得到保障。

图 4-11 基于信息组团+数据可视化的智慧车站综合看板

ISCS-SOM 的智能安防功能，日常对各个安防子系统运行状态、报警信息统一展示和管理，利用调取、轮询被巡视区域的视频摄像头，辅助以视频分析，实现被选择区域路线的自动巡更功能。

当安防事件发生时，自动联动相关安防子系统，对单兵设备派发处置事件任务，并接收信息反馈。此外，根据不同预案联动广播系统（PA）播放提示语音，联动乘客信息系统（PIS）显示紧急文字信息提示乘客；联动照明系统开启应急照明保证疏散区域的照度；联动通风系统加大通风量；联动信号系统，列车越站运行或紧急停车。

4.4.4 换乘站数据融合

传统换乘车站的车控室多为分设，即使是车控室合设，条线路的综合监控、CCTV、PIS、ACS 等也基本为分线设置。车控室内也会存在两套弱电系统终端，两班站务人员。两线一般通过互设工作站终端的方式，实现对方区域的设备状态及车站环境的监视。即便是合设车控室，两条线路系统之间少有或没有数据共享，在日常运营和应急场景下难以形成统一的协调和联动机制。因此换乘车站的弱电系统打通数据接口，实现两线在本站车站数据融合，进而实现业务的协同。

经初步调研，成都地铁率先针对换乘站融合进行了试点实施，在成都地铁1号线、6号线的换乘站人民北路站将两线综合监控系统数据互联互通，共用上位客户端平台。该试点项目实现了换乘站"一个平台、统一管理"的目标，改变了既有换乘站由2套管理班组分别管理2条线路的车站运营管理模式，随着两条线路综合监控系统在本站的数据融合，车站管理人员可在1个车控室对整个车站进行统一管控，在应急场景下完成统一的协调和联动机制，如图4-12所示。

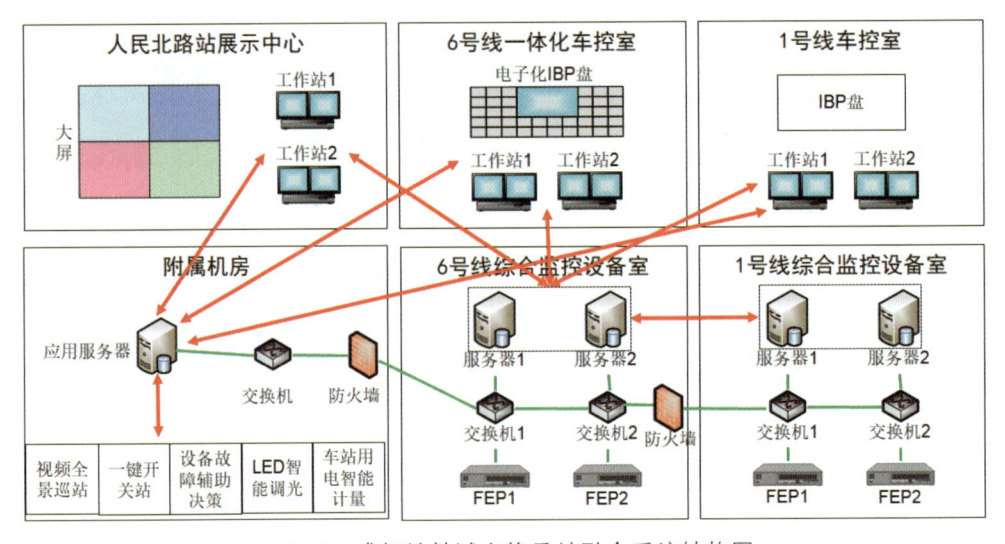

图 4-12 成都地铁试点换乘站融合系统结构图

同时，融合后综合监控系统将对两线用户操作权限进行整合，实现车站一体化管控平台权限的统一管理。系统根据操作员职责分配相应的登录、注销权限，所有操作员的登录、注销、控制操作、权限授予/取消活动均记录事件日志。

融合后综合监控系统在本站共用上位人机界面，整合两条线的HMI，设计出信息完整、视觉舒适、操作方便的换乘站共享人机界面。两线人机界面整合后，形成统一、标准的图形用户界面，并具有一致的操作风格，便于操作人员掌握全面信息。以站台门监控界面为例，两线融合后的HMI视图如图4-13所示。

图 4-13 换乘站融合后的两线站台门监控界面

同时，具有智慧车站功能的综合监控系统平台可实现换乘站下的智慧化功能的两线融合，如视频全景巡站、一键开关站、设备故障辅助决策系统、LED 智能调光、车站用电智能计量等功能，均由综合监控系统平台统筹管理。此融合方案已经在人民北路试点实施并投入使用，对提高换乘站运营效率有积极的作用。

4.5 平台融合方案

前面提到的几种融合方式，从操作系统、数据库、应用软件、客户端人机界面，各弱电系统都有独立完整的软件平台，没有打破原有的专业划分。本书的平台融合是针对弱电系统前端（客户端）和后端（服务端）的应用软件，打破传统的专业独立的软件架构，从软件平台集成，微服务架构，中台架构三个方式分析论述。

4.5.1 软件平台集成

1. 传统综合监控系统的平台集成

软件平台集成是将原本分立的自动化系统的数据库、应用软件集成为一个统一的平台。前文提到最典型的数据融合是综合监控系统与互联子系统的关系，典型的软件平台集成案例是综合监控与集成子系统的关系。BAS、PSCADA、ACS

自身不设置车站级系统，完全集成于 ISCS，属于车站级的平台融合。BAS、PSCADA 在中央级也完全集成在 ISCS 之中。PSCADA 仍保留自身变电所级的监控平台（控制信号盘）。ACS 在中央保留设置了自身的中央级系统实现授权功能，因此 ACS 与 ISCS 的关系是"车站集成、中央互联"。PSCADA、ACS 这类保留了一部分自身系统的原因是这些功能是行业专有或行业通用的，独立建设的综合效益更好。如广州地铁 5 号线设计方案为 ISCS 集成 ACS 的中央授权系统，实施过程中发现 ISCS 厂家的开发成本远远高于 ACS 自建。

2. 昆明 4 号线的平台集成案例

昆明地铁 4 号线采用的云交自动化平台，在车站实现了 ISCS、BAS、CCTV、PA、PIS、ACS、站台门等弱电系统软件平台的集成，同时实现了硬件的集成，上述弱电系统只需提供现场终端和接入，并共用同一个软件平台（一套操作系统、数据库、应用软件），将所有数据融合在一个应用软件上，站级软件平台运行在车站智能一体机上，统一监控、管理并上传至中央，其中央级软件平台运行在中央云平台上。

3. 全自动运行线路的平台集成

我国城市轨道交通线路已全面步入全自动运行时代。全自动运行（FAO）是基于技术装备进步、运营管理科学而提出的更为先进的运营模式，取消专职列车司机仅仅是其中的一个表现而非目的。而为了满足 FAO 下的各类运营操作流程，轨道交通中的多个弱电系统需要进行优化配置，完善多系统间的接口，融合各系统的功能，实现系统化设计，专业间需要更深层次的配合，已达到全自动运行系统的提升自动化水平、减少人为误操作、降低人员工作强度、提高系统运营效率的最终目的。

北京地铁燕房线以综合监控系统平台为基础，搭建行车综合自动化监控系统（TIAS），深度集成车辆在线监测系统、信号系统，以"行车自动化、运维智能化、服务自主化"为核心功能进行设计，有机结合"车辆-信号-综合监控"这几个关键系统，实现以行调为核心的多专业集成监控、数据的统一获取和存储、多维数据融合处理、跨业务智能联动等功能，有效提升轨道交通指挥管理范围和能力，优化监控管理效率和合理性，为车-车通信运营管控系统奠定基础，如图 4-14 所示。

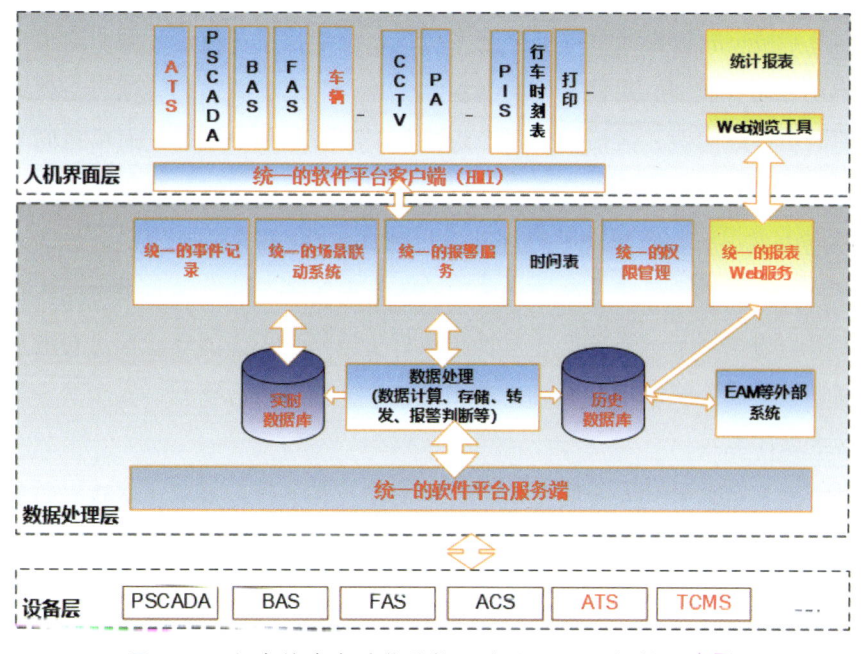

图 4-14　行车综合自动化监控系统（TIAS）架构示意图

北京地铁燕房线的案例工程中，行车综合自动化系统 TIAS 与以下专业进行软件平台深度集成：电力监控系统（PSCADA）、信号系统（ATS）、车辆（TCMS）、环境与设备监控系统（BAS）、火灾自动报警系统（FAS）、区间感温光纤系统（DTS）、门禁系统（ACS）、站台门系统（PSD）。TIAS 通过建立统一的数据库、应用软件及人机界面平台，将各专业间的数据高度融合，减少了命令至执行的中间环节，高效实现对轨道交通信号、供电、机电、车辆、站台门、乘客服务等设备的全面监控，实现系统间快速联动和非正常情况下的应急处置，为用户后期扩展联动功能和决策支持提供技术支撑。

4. 城轨安防平台与 ISCS 的平台集成方案

《城市轨道交通公共安全防范系统工程技术规范》（GB 51151—2016）（以下简称《地铁安防规范》），于 2017 年 12 月 1 日正式实施。传统线路车站安防系统与场段安防系统基本上均为独立建设，且各安防子系统的设计归属、实施单位、建设管理部门较多且分散，缺乏整体化、平台化和顶层化的设计。针对这个问题，《地铁安防规范》中提出了两条强制性条款 4.2.1 及 4.2.3。

"4.2.1 城市轨道交通公共安全技术防范系统工程应与新建的城市轨道交通工程整体项目同步规划、建设、检验和验收。……"此条款强制,项目与轨道交通工程的同步建设问题,强调整个技术防范系统不应与整个轨道交通项目同步进行实施。"4.2.3 城市轨道交通公共安全技术防范系统的各子系统应集合成为一个整体,并应由独立的安防集成平台统一进行管理。"此条款针对的是目前散列在不同的设计标段、集成标段、施工标段中的各个安防子系统,在实施时往往存在接口界面多、协调复杂、效率低,对整个项目实施推进不力的现状而进行的优化,特别强调了上述系统的平台集成要求,对各个子系统进行整合,实现统一集成、管理各安防子系统。

结合地铁运营公共安全防范监控管理需求及相关规范要求,城轨安防集成平台由站点级、线路中心级、路网级构成,实现三级监控管理,如图4-15所示。

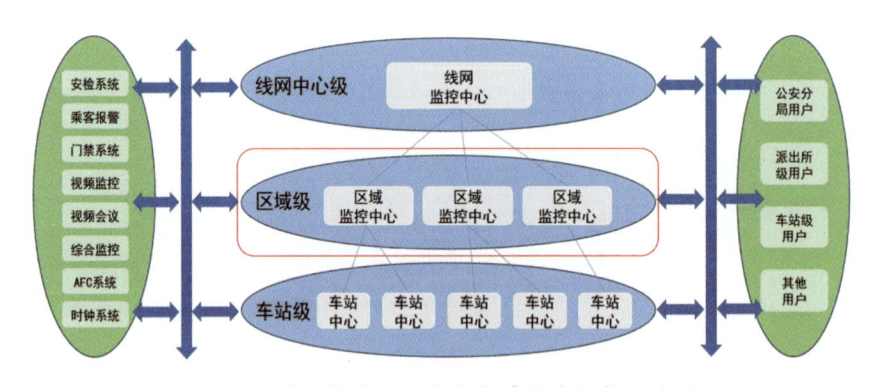

图4-15 城市轨道交通安防集成平台架构示意图

经调研,目前国内各地城轨安防集成平台的建设总体有两种方案,其中一个就是建设硬件、软件、功能完全独立的安防集成平台,配置专属的站点级、线路级、线网级硬件设备和软件平台。

本书提出软件平台集成的建设方案,建设以地铁综合监控系统为基础的大安防集成平台。地铁安防集成平台的中央级硬件、车站级硬件、软件平台的技术要求、RAMS要求及安全性要求与综合监控系统十分相似,并与视频监控系统、入侵报警系统、门禁系统等现场级进行接口,实现信息的集成化和监控和联动,功能特征也与综合监控系统重叠。因此,我们只需对传的综合监控系统进行加强,增加其与入侵报警系统、电子巡查系统的接口，开发独立的安防功能业务模块，即将车站级、线路级安防集成平台功能模块集成在综合监控系统中。安防集成平台从属于综合监控系统后，还有利于实现与消防系统如 FAS、BAS、自动灭火系统，以及与其他生产系统如信息发布系统（PIS）、广播系统（PA）的统一监管和联动，实现大安防集成平台。

5. 智慧城轨综合运管平台融合研究

综合监控系统是城轨行业自动化监控系统从 20 世纪 90 年代的分立，转向软件平台融合的一次成功的创造和跨越，并一直运用至今。随着城轨技术的进步，这种多专业、多业务融合集成的建设思路也在不断迭代和演进。

传统综合监控系统重点是以 PSCADA、BAS 等机电系统为核心，实现多专业的集成与协同联动。近年来在全自动运行运营模式下，综合监控平台又逐步深度集成了信号 ATS、车辆监控系统 TCMS，形成以行车为核心的平台 TIAS，满足 FAO 下的各类运营操作流程。如今智慧城轨进程加速，人工智能、物联网技术飞速发展，又一次推动综合监控向更大的融合范围演变。这次演变主要表现在运营效率提升和乘客服务质量提升，注重向客运组织、设备运管、乘客服务方面的车站运作为方向的融合和集成。为区分传统综合监控系统，本书将进一步演进的综合监控系统称为"智慧城轨综合运管平台"。

智慧城轨综合运管平台的车站级以实现智慧车站为核心目标，加强设备、客服、人员三者融合的车站运作的综合管控；在线路级建立围绕行车为核心的面向调度的 TIAS 系统，实现行车、车辆、设备等多维一体化的调度管理；同时，综合运管平台应根据线网各智慧化业务的要求提供线路的各项生产数据，为智慧线网业务的建设奠定基础。

"3.4.2 智慧车站综合运管平台"的功能可以看出，智慧车站的实现强调客运组织、设备运管、乘客服务方面的提升，智慧车站作为未来的发展趋势，在各类运营场景下，有关 CCTV 的视频辅助以及视频分析，PIS、PA 的联动将更加紧密和频繁，因此可考虑将 CCTV、PIS、PA 的通用计算机监控平台与 ISCS 平台融合为统一软硬件平台和网络系统，达到更加高效的数据和业务联动、综合智能化管理维护调度以及节省项目投资。

图 4-16 所示为目前国内城轨传统弱电系统车站级、中央级和线网级平台的部署架构示意图。目前综合监控系统虽然与 AFC、PIS、PA、CCTV 系统具备数据接口，并集成了上述系统在车站和中心的上位监控管理功能，但上述系统自身仍保留了独立完整的车站级和中心级的平台，并且保留了各自的上位工作站（终端）。

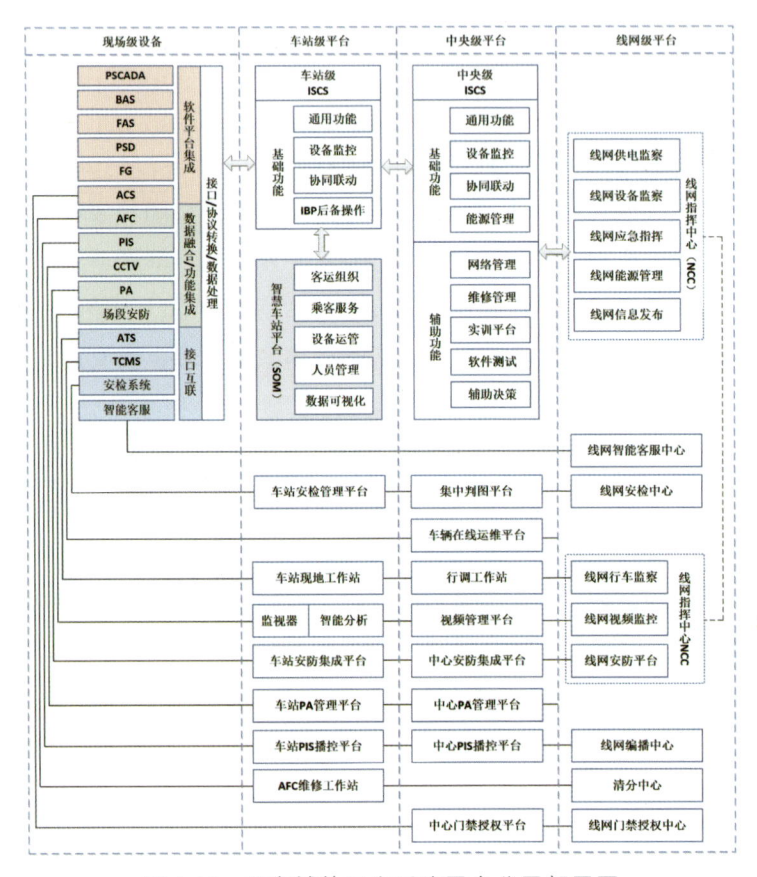

图 4-16 既有城轨弱电系统平台分层部署图

从更好地满足全自动运行、智慧城轨发展需求角度出发，以软件平台融合为手段，我们考虑将传统综合监控 ISCS、智慧车站平台 ISCS-SOM、信号 ATS、车辆监控系统 TCMS，乘客信息系统 PIS、广播系统 PA、视频监视系统 CCTV、安防系统、自动售检票 AFC 的软件平台在车站级、中央级分别整合，全面形成满足行车、客服、设备运管等运营运作需求、融合统一的智慧城轨综合运管平台。其中，车站智能票亭（智能自助终端）与线网客服中心属于线网-端的两层扁平化业

· 114 ·

务架构，不需考虑车站级和中心级软件融合；安检系统属于特种行业，初期可不纳入融合范围，持续跟踪行业和法规政策发展，远期考虑融合。门禁系统由现场终端、车站级监控功能、中心级授权平台组成，车站级门禁已经集成在 ISCS 上，中心级授权平台由于其行业非常成熟、专业性强、成本透明，运营使用部门单一，与其他系统无协同联动需求，因此建议维持独立建设。

综上，智慧城轨综合运管平台是从"多专业集成"到"全专业融合"，从"简单的系统联动"到"场景化的流程管控"，逐步实现"以业务为驱动"到"以数据为驱动"的精细化运营，促进实现灵活有效的运输组织、全景管控的运营管理、高效协同的调度指挥和智能主动的智慧运维，以支撑智慧地铁体系的整体发展，如图 4-17 所示。

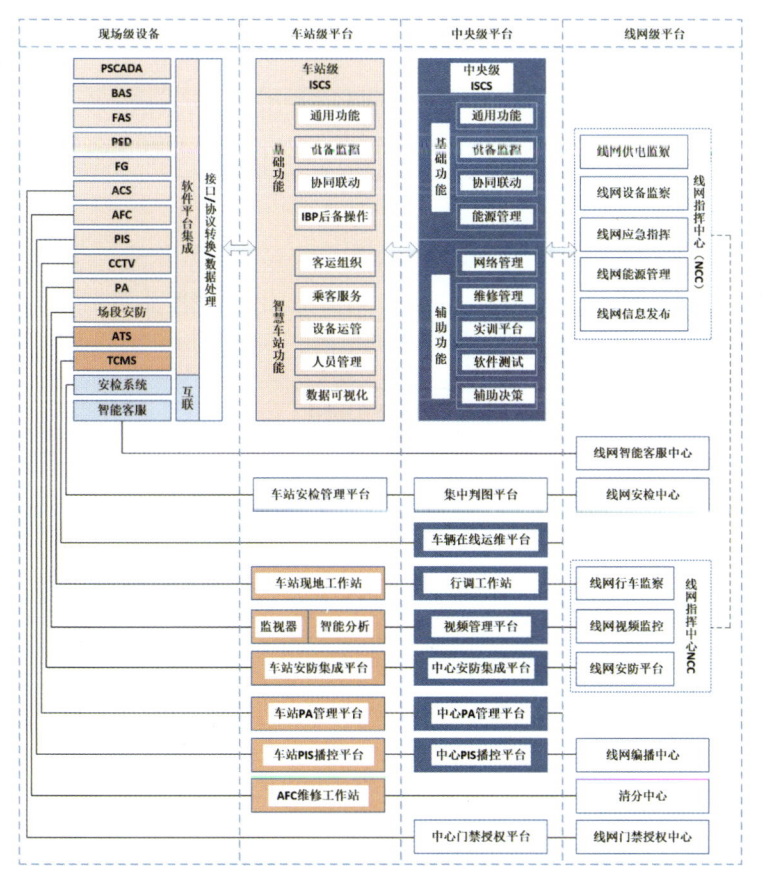

图 4-17 平台融合下的智慧城轨综合运管平台部署图

6. 基于业务的线网客服与线网编播的平台融合方案

本书前面章节提到，部署在云端的线网智能客服中心与部署在车站边缘的智能客服终端，协同建立起扁平化架构的智慧客服体系。智能客服终端可按照统一标准，纳入各线智慧车站和 AFC 系统的边缘层实施；线网智能客服中心平台则宜基于线网云平台和大数据平台部署，并考虑将智能语音服务等算法作为大数据平台的服务组件，向全线网各业务系统（如智能调度、应急指挥等）提供智能语音服务，远期逐步实现数据统计分析和挖掘能力。

线网智能客服业务可梳理为七大类，包括面向乘客的五类应用：票务自助处理、信息查询服务、位置导航服务、招援自助服务、投诉建议服务；面向运营管理者的两类应用：信息发布服务和系统管理服务。上述七类应用共包含 30 余个客服场景需求，如图 4-18 所示。

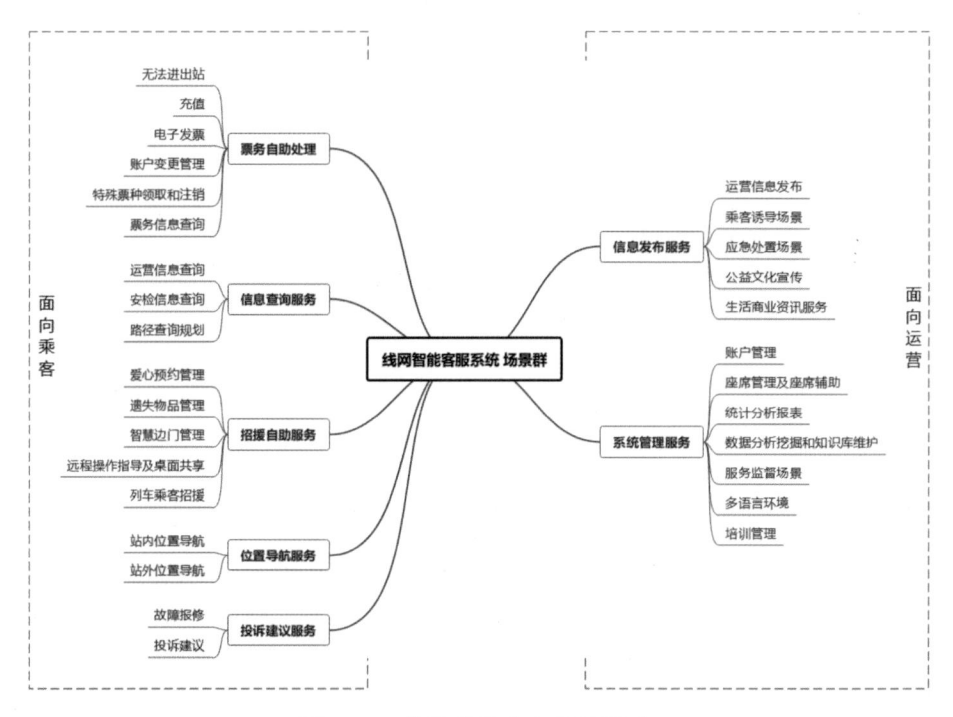

图 4-18 线网客服中心场景需求

线网编播中心（PCC）负责线网所有线路乘客信息系统的乘客导乘信息，公共信息的制作、接收和发布；能够集中定义和管理全系统各类型和级别的用户所拥有的操作权限；全面监视 PIS 系统运行状态、播出内容、开关及音量状态等功能。公共信息包括运营、票务、公告、安全、广告、营销方面的信息。公共信息的播出有两种方式实现：一种是以正常播放列表的方式实现，发送时间可以预定设定；另外一种是以紧急信息的方式实现，可以在运营信息工作站中根据实际需要紧急触发。

可以看出，线网客服中心中七类应用场景中的"信息发布服务""位置导航服务"，与线网编播中心（PCC）的传统业务重叠。因此，线网客服中心设计和运营期间，宜制定管理制度和服务流程规范，梳理和明确与 PCC 的业务关系（或在 PCC 建成前与各线路中央级 PIS 的关系）。就此问题，本书提出以下两种运营模式。

（1）模式一：客服中心与编播中心业务分割，信息共享。

线网客服中心与线网编播中心按业务特征进行划分。

从终端划分上，按传统运营模式，PCC 负责管理各类车站 PIS 终端、车载 PIS、电子门匾、电子导向。线网客服中心负责管理乘客咨询终端、一体化票亭。

从业务特征方面，线网客服中心以票务处理、乘客热线及人工招援的被动式客服为主。线网编播中心围绕运营生产，公共信息的主动制作和发布为主。

从运营工况方面，线网客服中心主要负责正常运营工况下的乘客服务，在紧急情况下的乘客诱导及疏散，包括车站 PIS 和车载 PIS 的紧急信息发布，由 PCC 负责完成。车站的乘客咨询终端与 FAS、ISCS 具备数据接口，在紧急情况下乘客咨询终端也可参与信息联动，同步显示 ISCS 或 PCC 下发的紧急信息。

在此模式下，线网客服中心与线网编播中心各自运行，建立数据接口，实现复用信息的共享，如线网运营信息，票务信息，拥挤度信息，客流预测信息，GIS 地图等。

（2）模式二：线网客服中心与编播中心平台融合建设。

线网客服中心与编播中心有共同的服务对象（乘客），两个平台均属于面向乘客的综合信息服务系统，从"大客服体系"的角度出发，宜考虑将两者融合建设，通过建立统一的平台，全面实现七个应用场景下的所有业务功能。

在平台和数据融合方面，客服与编播业务融合承载于智慧城轨云平台，借助精准客流分析和乘客数据挖掘技术，综合多种资源信息，持续拓展和深化服务内容，向乘客提供优质特色的信息服务。

在运营组织架构方面，若地铁视频的采编、拍摄、剪辑等工作外委，则线网编播中心与线网客服中心建议同属于一个运营部门，进一步将地铁集团的微博、微信公众号、手机 APP、门户网站、热线电话纳入平台接口。乘客可通过语音电话、短信、邮件、地铁官网、微信公众号、地铁 APP 等线上方式与客服系统进行信息交互。并且上述管理部门考虑进行整合，实现与乘客服务相关的业务融合，平台融合，部门融合。如图 4-19 所示。

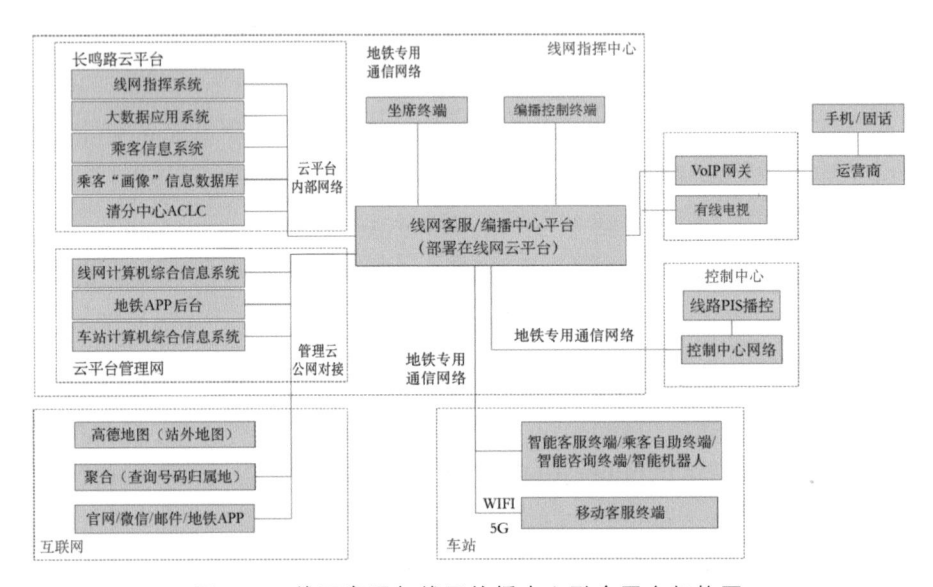

图 4-19　线网客服与线网编播中心融合平台架构图

线网客服与线网编播两中心的平台融合将有以下优势：

① 面向乘客的信息服务体系完整，业务流程规范化。各线路制定乘客信息发布规则、接口规则、技术标准，使本城市乘客信息制作、发布、管理统一并规范。统一的发布源保证各终端的信息统一，例如气象、政府公告、公益信息、重大活动等信息，便于实现节目源、发布渠道的统一监督、审查。

② 有利于各种工况下各信息发布业务的协同管理，尤其是紧急、突发事件下的信息发布。网络化运营下任何一线或一点有紧急、突发事件发生时，都会对网络上原来有序的运营造成影响，PCC 及线网客服中心能从线网角度快速、一致、全终端地向乘客发布相关应急预案和信息通告，及时疏导客流，统一执行城市公共交通应急方案。

③ 面向企业商业开发的流程完整。从资源开发价值利用最大化的角度，PCC与客服中心，具备乘客信息资源统筹、开发、利用和经营的完整商业链路，可根据乘客画像量身定制商业形态，广告内容，定点投放。

4.5.2 微服务软件架构

1. 微服务技术概述

传统弱电系统基本采用单体软件架构。上节提到行车综合自动化平台TIAS、集成了安防功能的综合监控系统平台、智慧城轨综合运管平台等融合平台。伴随着不断涌现的智慧化需求，这些大型融合平台的数据和功能丰富的同时，数据库体量愈加庞大，应用程序越加复杂，升级维护变得复杂，风险和影响范围加大。举个例子，综合监控系统集成了PSCADA、BAS、ACS多个子系统功能，当某一个功能需要升级，比如BAS需要增加一台新的监控设备，则会导致平台的整体部署，期间PSCADA等其他功能也不能使用。

综上，单体架构会随着业务的发展，用户数、数据量、业务模式的增长，存在以下缺点：

（1）随着服务数量的增加，应用程序的规模将不断增长。可能会让构建和维护应用程序代码库的开发和运维人员不堪重负。

（2）难以更新当前的技术栈。每一项变更都要求开发人员重建整个应用程序，十分浪费资源。

（3）对于地铁行业来说，生产融合平台内涉及十几项业务，关系整个地铁运营的可靠、安全，单体架构一旦停止运行（如进行软件升级），影响面大。

近年来逐步成熟的微服务架构专注于将大型应用程序模块化，将其分解成较小的独立服务，这些服务可独立于其他服务或整个应用程序本身而构建、部署、伸缩和维护。这些独立服务称为微服务，因此这种架构称为微服务架构。微服务构建了具有松散耦合的服务，各业务的独立能力或独立性带来了以下好处：

（1）每个业务逻辑都被分解为一个微服务，允许部署分块，而不是每次发生变更都要重新构建整个应用程序，以此来降低风险。

（2）可以增量更新或升级随意一个或多个服务的技术栈，而不是在一个时间点更新整个应用程序,以此降低维护难度。

(3)可以构建全自动的部署机制,确保个体服务的部署、服务管理和自动伸缩。

因此,大型城轨弱电系统软件平台可考虑采用微服务架构搭建,主要思路是按照业务功能,将一个复杂的应用拆分为多个自治且完整的小型服务或进程,配合逐渐成熟的容器技术工具,使单元负载更加轻量,有助于优化 IaaS 基础设施的资源弹性配置,且能解决业务的快速迭代,快速部署,灵活调用等问题。

2. 基于微服务的 TIAS 的系统架构

以行车综合自动化系统 TIAS 为例,各集成的子系统按照业务功能的耦合度在同一个层面划分成彼此独立的对等服务。基于这些基础服务,依据专业特点和用户需求,以服务组合的方式,完整的综合自动化系统得以构建,并借助云计算实现灵活部署,如按业务划分为列车自动监控模块、电力监控模块、机电监控模块、门禁模块、乘客信息模块、广播模块、专用视频监控模块、安防监控模块、不间断电源模块、火灾自动报警模块、自动售检票模块、综合承载网模块、专用无线模块、信息网络模块、网络安全模块、IBP 监控模块、站台门模块、大数据平台等专业子模块,如图 4-20 所示。

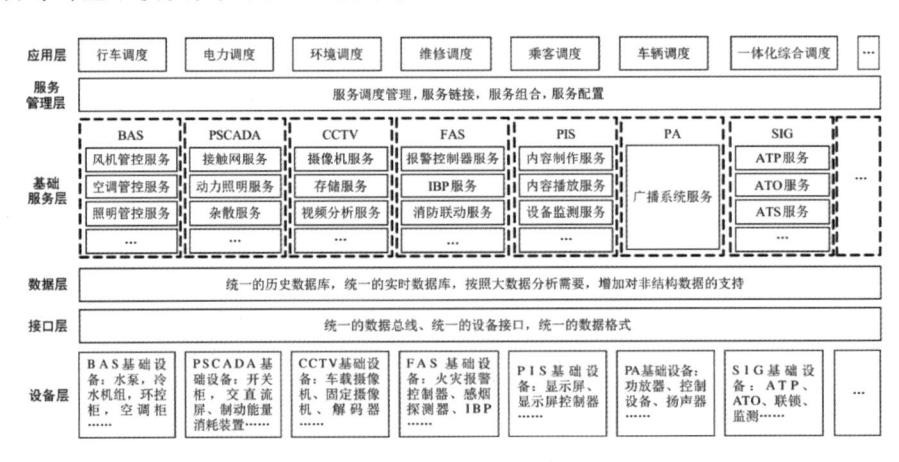

图 4-20 行车综合自动化系统微服务架构示意图

基础服务层是微服务架构的核心,它将传统的专业子系统划分为若干个基础服务,服务的划分粒度遵循功能最低耦合原则,每个划分出的服务均是自治、完整的独立进程。以 BAS 系统为例,可按照设备类别划分为风机管控服务、空调管控服务、照明管控服务等多个基础服务,每个服务都具备状态采集、设备控制、参数调整等功能,具备独立运行的条件。针对具体的项目要求,架构也可将整个子系统作为一个完整服务,以兼容互连模式,如图 4-20 所示的广播系统服务。基础服务支持灵活部署,对于常规意义上的某个专业系统而言,可以按照图中所示的虚线框,按专业部署在专属的服务器或虚拟机中。

3. 基于微服务的 ACC 系统架构研究

二维码、互联网、生物识别等多元化支付在地铁中已得到了广泛应用,自动售检票的票务体系也朝着扁平化的方向发展。《中国城市轨道交通智慧城轨发展纲要》中明确生物识别、无感支付等新型互联网支付方式在 ACC 系统的发展要求。在城轨智慧化发展的趋势下,大量新型业务不断涌现,ACC 系统采用传统的单体架构会带来诸多不便,引入微服务架构将 ACC 系统业务拆分成多个微服务,后续改进和开发的微服务可单独部署,适用于地铁不断新建线路和扩展新型业务的情况。

随着云计算、大数据等新型技术的广泛应用,AFC 系统可解决硬件资源浪费等诸多弊端,地铁运营方可利用数据挖掘、清洗等技术获得更多有价值的数据和报表用来辅助决策、实现智慧运营。基于上述现状,AFC 系统可对传统系统架构和建设模式基于云平台和微服务架构进行调整,以适应"互联网+"新型支付和智慧城轨的发展要求。

图 4-21 详细地展示了 ACC 系统功能以及拆分出的微服务,数据管理功能由数据采集服务、数据分析服务、数据共享服务、数据可视化服务支持;账户管理功能由注册服务、设备账户服务、乘客账户服务、业务账户服务、密钥服务支持;清算管理功能由对账服务、清分模型服务支持;维护管理功能由设备维护服务、人员调度服务、参数服务支持;发布管理功能由查询服务、客流监视服务、设备监视服务、营收监视服务支持;票务管理由票卡服务、现金服务、发票服务、票务参数服务、TP 服务支持;交易管理功能由交易上传服务、交易处理服务、支付服务、验证服务、异常处理服务支持;云平台管理功能由网络服务、备份服务、日志服务、容灾与恢复服务支持,单个微服务拥有独立的数据库。

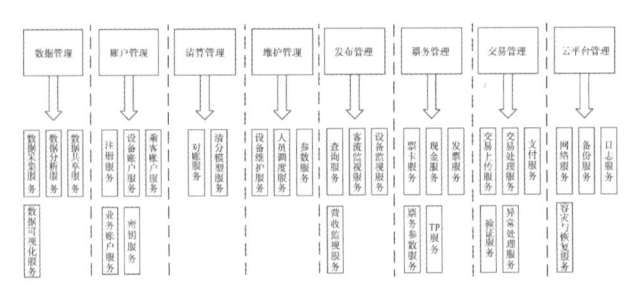

图 4-21 AFC 业务功能划分微服务

将基于微服务架构开发的 ACC 软件平台，承载到城轨云平台上，按照云平台架构包括 IaaS 层即基础设施层、PaaS 平台服务层、SaaS 软件服务层来部署，数据库和微服务层可部署在 PaaS 层，SaaS 层即应用层，微服务架构的 ACC 软件融入城轨云平台的架构图如图 4-22 所示。

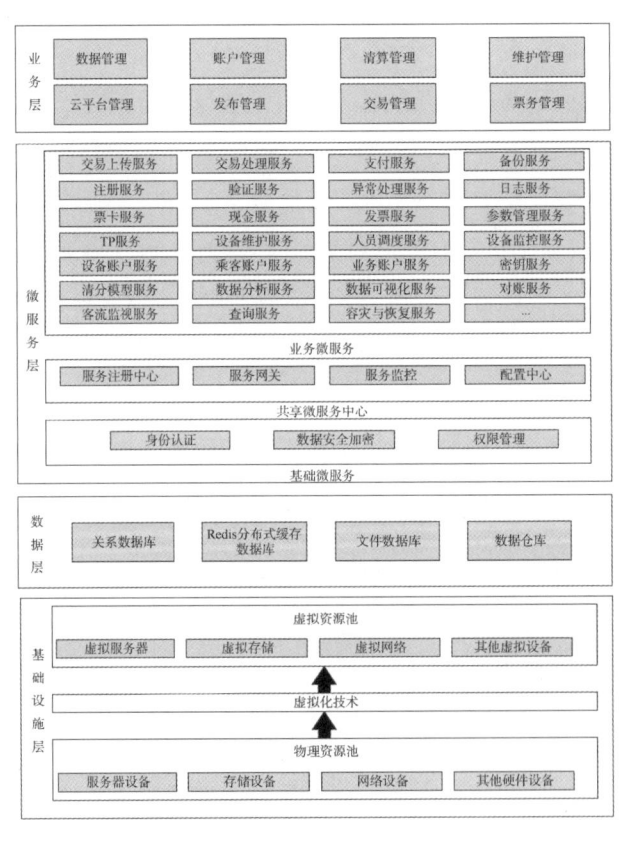

图 4-22 基于微服务的 ACC 结合城轨云的部署架构图

· 122 ·

4.5.3 中台架构

针对智慧城轨纲要的发展目标，除了对传统业务上对硬件层面、软件平台层面的融合外，智慧车站、智慧维保、智慧安检、智慧票务在车站级运行的智慧化应用，对数据、算法等需求是有重叠。因此，本书提出各类智慧化应用可以复用算法和技术，引入中台的思想，搭建各上层应用的业务和算法中台，避免各应用的重复建设，有效控制资源消耗。

1. 智能视频分析算法融合

智能视频分析是通过提取视频图像数据中的各种特征信息，自动分析并理解视频画面中的内容及相互关系，从而达到获取视频图像关键信息目的的视频结构化描述。对于智能视频分析业务，智慧车站、智慧安检、智慧维保系统、安防集成平台均有相应的视频分析业务需求。

（1）智慧车站视频分析需求。

① 车站分区域的实时客流数据分析计算（包括车站站厅站台及各出入口）；

② 乘客异常行为识别，如对人员逃票、扶梯逆行、人员摔倒、剧烈运动、打架斗殴、站内徘徊等乘客异常行为进行识别并报警；

③ 区域异常情况识别，如对物品滞留、出入口卷帘门下降区域侵入等异常情况进行识别、报警。

（2）安防集成平台视频分析需求。

① 对预先设定的异常行为和可疑物体进行识别并报警的功能；

② 在预先设定的方位和时间内观察搜查预先设定的异常事件的工作能力；

③ 对预先设定的目标进行连续跟踪，显示和视频搜索的功能；

④ 客流统计功能。

（3）智慧维保系统的视频分析需求。

① 机房人员进出统计：实时检测机房人员进入情况，当有人员进入时，系统会进行报警，并自动联动弹窗显示该视频图像。

② 机房烟雾检测：实时检测机房出现烟雾的情况，当机房出现烟雾情况时，系统会进行报警，并自动联动弹窗显示该视频图像。

③ 机房明火检测：实时检测机房出现明火的情况，当机房出现明火情况时，

系统会发报警,并自动联动弹窗显示该视频图像。

④ 可视化机房异物及杂物检测:实时检测机房内清洁人员、设备维护人员将清洁工具、维护工具等异物及杂物遗忘或对方在设备房过道中,当机房内有内清洁人员、设备维护人员将清洁工具、维护工具等异物及杂物遗忘在设备房过道中时,系统会进行报警,并自动联动弹窗显示该视频图像。

综上,智慧车站的场景化联动、安防/安检、智慧维保的应用对于视频分析的功能需求和算法有大部分重叠,建议在车站级由智慧车站系统牵头统一提供智慧视频分析功能模块,以及包括 GPU 资源在内的站级弱电融合节点(如服务器一体机),将视频分析相关业务以虚拟机的方式部署在站级弱电融合节点上。这样对车站的视频分析业务进行整合,满足上述系统视频分析的需求。

2. 人脸识别算法融合

人脸识别技术是通过分析比较人脸视觉特征信息进行身份鉴别的计算机技术。对于人脸识别业务,智慧车站、安防集成平台、智慧安检、智慧票务、车站门禁系统等均有相应的人脸识别业务需求。

(1)智慧车站人脸识别需求。

① 施工人员人脸识别:主要面向车站外部人员的施工作业,显示本站的施工作业计划,同时结合人证核验终端,对施工人员身份信息进行现场确认及人脸识别。

② 智慧边门:智能边门实现免票乘客或工作人员注册后自主进出站,边门处增设人脸识别设备,已导入人脸信息的相关人员进出边门且拥有相应的进出权限时可通过人脸识别直接开门,并生成相应的记录。

③ 智能客服中心:智能客服中心具备人脸注册、识别及认证功能。

(2)安防集成平台人脸识别需求。

视频监控系统位于通道和车站检票口的摄像机布防时,宜对出入该区域的人流拍摄人脸正面图像,宜将采集的人脸与布控库进行比对,或在存储的人脸图像抓拍库内检索出与特定检索目标相似的人脸供人工确认。

(3)门禁系统人脸识别需求。

智能门禁:在设备区通道门设置智能化设备,设置面部生物特征识别模块,利用员工或外服人员的实名制数据库，有权限的人员刷脸即可进入设备区，智慧车站综合运管平台提供智能门禁的远程监控功能。

（4）智慧票务平台的人脸识别需求。

人脸识别过闸：通过人脸识别技术，为乘客提供刷脸过闸及支付票款的服务，实现即时通过，快速付款，保障乘客刷脸过闸快速响应。

（5）智慧安检平台的人脸识别需求。

① 重点安检乘客分析与预警。

② 大件金属违禁物品检测与人脸抓拍联动。

③ 防止隔栏递物、带包漏检。

④ 智能检测辅助违禁品识别等功能。

综上，建议车站由智慧车站系统统一提供一套人脸识别功能模块，将人脸识别相关的业务均以虚拟机的方式部署在站级弱电融合服务器节点（如一体机），对车站的人脸识别业务进行整合，实现安防人脸识别、安检人脸识别、票务人脸识别等共用人脸识别业务后台，满足上述系统人脸识别的需求。

3. 无线定位底层硬件和算法融合

精准的无线室内定位技术可在车站为运营和乘客提供有针对性的服务内容。无线室内定位技术包括蓝牙、RFID、UWB、5G等。对于无线室内定位业务，智慧车站、通信系统、智慧票务、应急物资系统等均有相应的无线定位业务需求。

（1）智慧车站人员管理室内定位需求。

① 内部人员定位功能：对内部工作人员、及时掌握工作人员的位置和运动轨迹，还可实现工作人员的到岗打卡、智能布岗等多种应用的定位支撑。

② 施工人员定位功能：对车站施工人员、及时掌握施工人员的定位和运动轨迹，进行超限提醒。

③ 站务巡视功能：基于车站的室内定位技术，回放站务巡视系统的巡视轨迹，根据实时位置自动弹出站务/设备人员巡检项目，提高巡视效率和精细化管理水平。

（2）智能客服移动终端定位需求。

智慧票务系统将在车站设置智能客服中心，逐步实现无人化票亭，针对个别乘客的服务需求，智慧票务系统设置具有票务处理功能的无线移动终端，需要无线网络接入和定位系统配合其实现移动端功能。

（3）应急物资系统室内定位需求。

应急物资定位功能：对车站内的各类应急物资进行实时定位。

通过分析上述业务系统关于无线定位的需求，可见这些系统的业务需求可基于一套无线接入及室内定位的底层硬件来进行相关人员及设备的定位，建议在车站级由智慧车站系统统一建设无线接入及室内定位系统，将定位软件以虚拟机的方式部署在弱电融合节点上，对车站的无线定位后台算法进行整合，满足各系统无线定位的需求，通过接口的形式将各个位置发布给各业务系统。

4.5.4 中台、微服务、容器的关系

以上提到的多种融合方式，包括基于虚拟化/容器技术的硬件融合、基于微服务和中台的软件融合，它们之间并不是完全割裂的，相反，中台、微服务、容器之间存在相互支撑，相辅相成的关联。

1. 微服务与中台的区别与联系

中台是相对传统的后台、前台来说的，是指将多个前台业务的共性能力下沉到中台，然后再将这些服务能力开放给前台多个应用共同使用。简单地说，中台架构就是企业级能力的复用，是一种企业治理思想和方法论。

微服务架构是针对单体架构来说的，微服务强调的是对一个大软件单体拆分和解耦成多个可独立开发、维护、部署的小型业务功能单元，把这些不同的功能向一个或多个上层应用，有利于扩展和运维。是一种技术架构方式。

总的来说，中台与微服务的区别与联系有以下几点：

（1）中台强调横向提炼共性能力，微服务强调纵向拆分和解耦。

（2）中台的构建不一定要采用微服务，即是中台内仅部署有一个传统单体架构的系统，只要其是可以支撑多个前台的共性业务，那么仍然满足中台架构要求。

（3）不仅中台构建可以用微服务，大的前台应用同样可以采用微服务拆分为多个微服务进行解耦。

（4）中台强调共性能力的复用和开放，微服务不强调能力复用开放，但可提

供 API 网关工具实现能力开放。

可见，中台并不是微服务。但中台化的落地，往往需要使用到微服务技术架构。微服务的弹性、灵活、持续集成和交付等特征符合业务中台长期不断优化、不断沉淀的思路，所以业务中台多是基于微服务技术体系来构建的。

2. 容器技术与微服务的联系

如前所述，微服务架构的是将一个复杂的单体架构应用软件拆分和解耦为多个自治且完整的小型服务或进程，是一种软件技术架构。

容器技术是一种更加轻量级的硬件资源虚拟化工具。

微服务技术和容器技术本身之间并没有直接的关系，微服务的理念出现比容器技术要早很多，其理念是在 21 世纪 70 年代提出的面向服务的架构（SOA）的延伸。容器技术是 2013 年左右提出的。因此基于微服务开发的应用软件是完全可以不使用容器技术。随着云计算平台的兴起和普及，按照微服务的理念，使用容器（Docker）技术作为基础设施，能够实现快速部署，快速迭代。一台计算机同时运行多个容器，每个容器承载一个服务，从而就能很轻松地模拟出复杂的微服务架构。

因此，微服务架构 + 云平台 + 容器，三者相辅相成，使单元负载更加轻量，有助于优化 IaaS 基础设施的资源弹性配置，且能解决业务的快速迭代、快速部署以及灵活调用等问题。

4.6 本章小结

第 2 章和第 3 章中，分别提出了新型城轨云平台的云-边-端三层业务体系架构，以及弱电系统在边缘云节点的部署方案。随着城轨智慧化的进程，本章更进一步地从弱电系统的业务层面分析了融合和集成的思路和方案。根据手段的深度的不同，提出硬件融合、界面融合、数据融合、平台融合四种融合方式和技术路线。本章认为应根据业务需求、适用场景、技术发展、工程实际情况选择适宜的融合方式，且多种融合方式可结合和共存。

总体来说，硬件融合仅实现 IaaS 层基础资源共享；界面融合初步解决了各弱电系统显示终端的整合和坐席的协同，但未达到数据和业务融合的需求。平台融合强调系统后台前台的全面统一,打破传统弱电系统固有的专业划分和习惯,对软件开发者要求高,有一定的产品选择限制,需要结合技术发展和实际情况分阶段实施。信息组团、数据可视化、场景联动和协同等数据治理手段,均是应用了数据融合的思想,既能实现前台的业务融合,又对后台改造的代价小,更加贴近运营实际需求,其理念应一直贯穿设计和实施过程。

持续的融合带来的是软件规模持续地加大,为规避这个负面影响,又需要通过工具和架构优化等技术手段,比如基于微服务理念的系统架构设计可通过"化整为零"将构成复杂的大型分布式系统划分成以服务为单位的基础单元,实现灵活、可靠的系统管控。这种架构能促进以行车调度指挥为核心的综合自动化系统以及多专业融合后的大体量软件平台的良性发展。中台架构则可以避免业务和应用的重复建设,有效控制工程成本和资源消耗。

因此可以看出第2章谈的计算模型和平台架构、第3章和本章分析的业务应用,这两个层面是相辅相成,相互适应的关系。以往城轨行业中发生系统重复建设、各自孤立、效果不佳、目标不明确等问题的一个重要原因是仅仅从单一层面行动,经常是头疼医头、脚疼医脚。本书则力求瞰其全貌,避免盲人摸象。

5 弱电系统在端侧的融合方案研究

5.1 边缘控制器的功能特征

第2章定义了城轨业务体系下的端实最靠近数据源和被控对象的各种自动化系统，负责车站内部机电设备和装置的正常运转，主要设备为自动化控制器和网关。在工业自动化领域，可编程控制器（PLC）、可编程自动化控制器（PAC）和工控机（IPC）是自动化系统控制器的中常用的三种控制器类型。

（1）可编程逻辑控制器（PLC）：适用于离散控制和逻辑顺序控制应用。

（2）可编程自动化控制器（PAC）：可实现PLC功能，并在通信、数据处理和过程控制应用等方面进行了加强。

（3）工控机（IPC）：工业级的计算机，通过集成硬件、软件和远程输入/输出（I/O）以实现控制功能；支持各种操作系统、多种语言汇编、多任务操作系统。

边缘智能控制器是近年工业自动化领域的最新发展，包括西门子等国际知名自动化企业陆续推出了相关产品，在工业智能制造领域逐步应用，已经体现出取代工厂车间传统的PLC、PAC、IPC的趋势，边缘智能控制器的主要特征体现在以下几个方面。

（1）泛在物联接入：支持多种形式和协议的接入，包括Profibus\CIP\Modbus\IEC 103-104\OPC\MQTT等多种常用工业现场总线接入，支持5G、Lora等物联网常用无线接入；支持10 kHz级别的高频数据采集。

（2）算力综合承载：通过计算/网络/存储/安全虚拟化，在过程层面运行多个"应用程序"的能力；实现多业务、多专业的资源共享。

（3）OT 与 IT 兼具：边缘控制器具备 PLC/PAC 在工业控制方面的优势，可直接替换使用；同时兼具 IT 通信和物联网方面的技术，多种技术的组合能够满足多种应用需求。

（4）内生安全：嵌入更高的安全标准，如内置可信计算、防火墙、数据加密与审计功能。

如图 5-1 所示为美国某自动化企业在 2018 年推出的边缘可编程工业控制器 groovEPIC，运行开源 Linux 操作系统，除了具备传统的以 OT 为中心的控制器功能，另集成了以 IT 为中心的网络和移动技术。

图 5-1　GroovEpic 边缘可编程工业控制器

总体来说，边缘控制器可为工业自动化应用提供 PLC/PAC 同样灵活的 OT 控制平台，同时具有 IPC 的优点。边缘智能控制器一般将网关、数据采集、现场总线协议、机器视觉、设备联网等多领域功能集成于一体，在实现设备运动控制、运算、存储、网络以及云边协同现场智能控制的同时，实现高频数据采集、设备级智能分析等功能。边缘智能控制器可划分为工业控制、边缘计算等不同业务系统，使得各系统安全隔离、灵活扩展，在提升性能同时有效降低工程部署和运维成本。作为具有板载可视化和安全连接的、全面的多合一解决方案，边缘智能控制器具有较高的成本效益。

在2021年10月北京国际城市轨道交通展览会暨高峰论坛上，城轨自动化领域的领军企业北京和利时公司以"云边协同、智联生态"为主题参展，于展会现场发布边缘智能控制器（EIC）、边缘智能一体机（EIA）两款新产品（见图5-2）。这标志着我国已经开发完成城轨行业综合云平台（云）和边缘计算平台（边）的架构布局，坐实"云边协同"的智慧城轨平台发展方向。

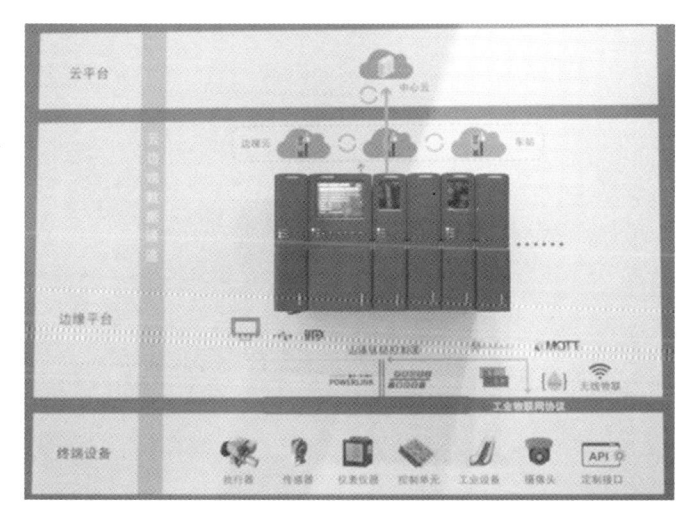

图5-2 边缘智能控制器（EIC）、边缘一体机（EIA）

这款边缘智能控制器（EIC）以及作为边缘云节点的产品边缘智能一体机（EIA）在北京地铁19号线一期工程中试点落地，实现了边缘计算平台在智慧城轨领域的首次成功应用。通过虚拟化技术与传统工业控制、AI人工智能算法相结合，边缘智能控制器实现传统BAS功能、机电智能诊断功能等场景应用，实现自动扶梯、风机、站台门、蓄电池、节能控制等五类设备/系统的故障诊断与预测分析。

5.2 边缘智能控制器的应用案例

5.2.1 北京19号线边缘智能控制器

第4章已介绍了北京19号线试点实施了车站边缘云节点，整合了车站弱电系统的服务器、交换机等设备。针对车站自动化控制系统，比如 BAS PLC、通风空调节能控制器、扶梯诊断控制器、风机诊断控制器等设备，目前也呈烟囱式搭建。为推进车站自动化系统的集约化，北京 19 号线试点实施采用边缘智能控制器的智能 BAS 系统（iBAS），基于虚拟化技术，将冗余大型 PLC、前端处理器 FEP、各类智能运维诊断控制器等功能融合于一体，承载工业实时控制、智能诊断等多类边缘智能应用的能力，灵活划分各业务系统的硬件资源、外设，使得各系统安全隔离、灵活扩展。

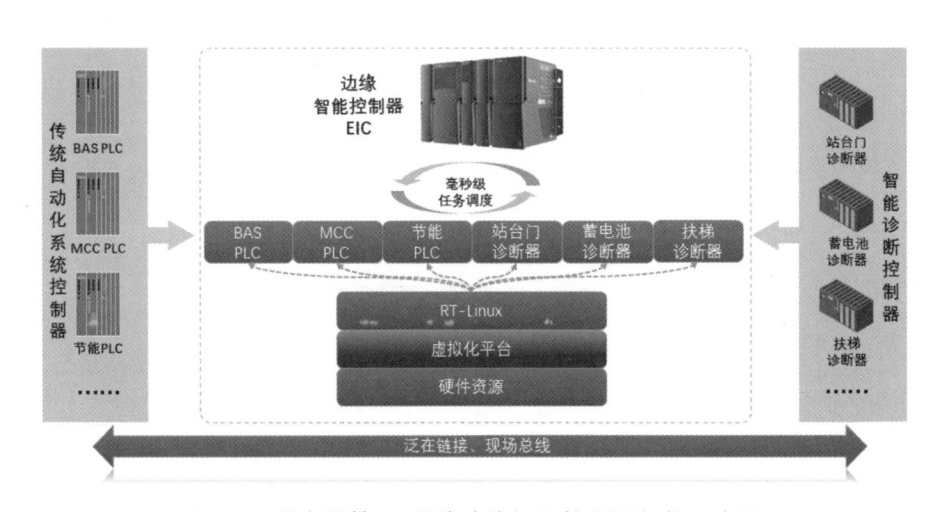

图 5-2 北京地铁 19 号线边缘智能控制器架构示意图

北京 19 号线的边缘智能控制器承载了以下三类业务：

（1）工业实时控制：传统 BAS 设备控制。边缘智能控制器具备冗余大型 PLC 的工业控制功能，配套满足《可编程序控制器 第 3 部分：编程语言》（GB/T 15969.3—2017）标准的 ECC-AT 逻辑组态软件，适配多种主流现场总线能力，如 ProfiBus-DP、ProfiNet、EtherNet、Powerlink 及自定义协议。

（2）机电设备智能诊断：站台门智能诊断、蓄电池智能诊断、扶梯智能诊断、风机智能诊断。边缘智能控制器支持轻量级容器化，搭载轻量级、低延时、高效的设备诊断算法，可在云端实现算法部署和更新；支持高频数据采集模块，用于高频采集振动、位移等各类传感器数据。

（3）节能控制策略：通风空调系统节能控制，基于工业级实时控制能力完成现场设备的智能优化控制。

边缘智能控制器整合统一了车站内大部分工业控制网络，实现生产控制数据和高频运维数据的统一接入，减少接口数量和调试工作量，同时通过云边数据的分发和协同，降低中心云平台的处理压力，节省车站机房空间和建设运维成本。

5.2.2 其他相关行业边缘控制器应用案例

1. 民航行李运输系统

行李运输是民航核心关键业务之一，涉及航空安全、航班准点、旅客体验和行业效益，行李破损、丢失、迟运等问题一直对行业发展产生负面影响。

大型行李处理系统由离港系统、到港系统、中转系统、早到系统、空框系统、超规行李系统、分拣系统等组成，其控制系统主要包括设备监控系统、设备控制系统、网络系统、信息处理系统等。每条离港输送线、到港输送线均设置1套基于PLC的逻辑控制系统，通过各PLC之间的协同控制，实现行李有序运输。

随着各机场航班数量、进出港客流逐年增多，传统的PLC控制的行李处理协同无法处理类似行李滞留、行李破损、可疑行李等问题，因此采用边缘智能控制器同时实现PLC逻辑控制和行李系统智能运维的方案应运而生。

以某机场的行李运输系统为例，该项目搭建基于云边端架构的行李运输系统平台，在云端部署行李管理、行李智能巡检、设备智慧运维管理业务，在边缘控制器部署智能边缘控制器实现就地传送带、分拣机、升降电机等就地传输设备的自动化控制。边缘智能控制器综合承载智能诊断算法，通过边缘控制器的高频采集模块获取各类设备深层信息，提供智慧运维平台的大数据存储形成基础设备信息数据池，实现设备的健康度分析、故障快速定位与预测，减少运维成本。

自动化控制系统融合方面，以往的值机岛行李传输系统和空筐行李传输系统两个区域的监视、管控功能，采用传统方案实现时需要各自分设一套独立的PLC控制系统。边缘智能控制器通过虚拟化技术，将一套工业控制器核心虚拟化为两套PLC。同时，各虚拟机之间逻辑隔离，功能与逻辑各自独立运行。

分析及故障诊断算法融合方面，智能边缘控制器通过虚拟化技术将一套智分析诊断核心虚拟化为三套智能诊断器，实现对电机设备、UPS、视频的算法分析与智能诊断功能。在原有的行李智能运维系统中，对于不同类型设备的分析诊断，需要各自设置独立的采集器、诊断器实现。同工业控制侧相同，三套虚拟智能诊断器逻辑隔离。综上，该项目所构建的智能行李管理平台架构如图 5-3 所示。

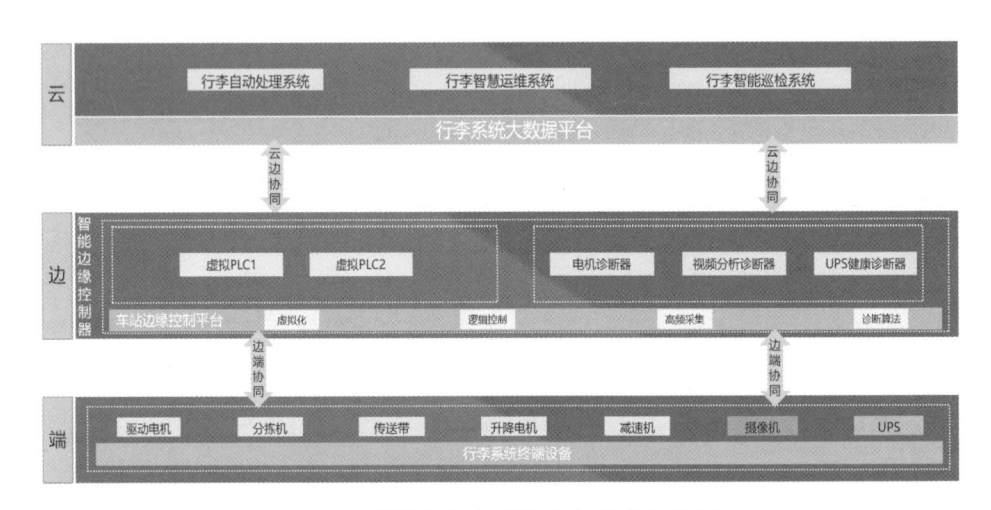

图 5-3 某机场行李系统业务平台架构图

2. 重庆机场捷运系统

本项目以城轨工业互联网平台、边缘计算平台为依托，构建"云-边-端"三体协同的分布式架构，在边层实现了设备端的全息感知、边端的高度自愈自治。其中站段级通过部署边缘智能控制器实现对机电、站台门、UPS 等系统或设备的高频数据采集和边缘智能计算。

边缘层部署边缘智能控制器，依托虚拟化技术，可划分为工业控制、边缘计算两个独立的业务系统，灵活划分各业务系统的硬件资源、外设，使得各系统安全隔离、灵活扩展。该项目通过智能边缘控制器，实现了 BAS 系统 PLC、风机智能诊断、屏蔽门智能诊断、水泵智能诊断等的综合承载。该项目所构建的机电智能诊断系统架构如图 5-4 所示。

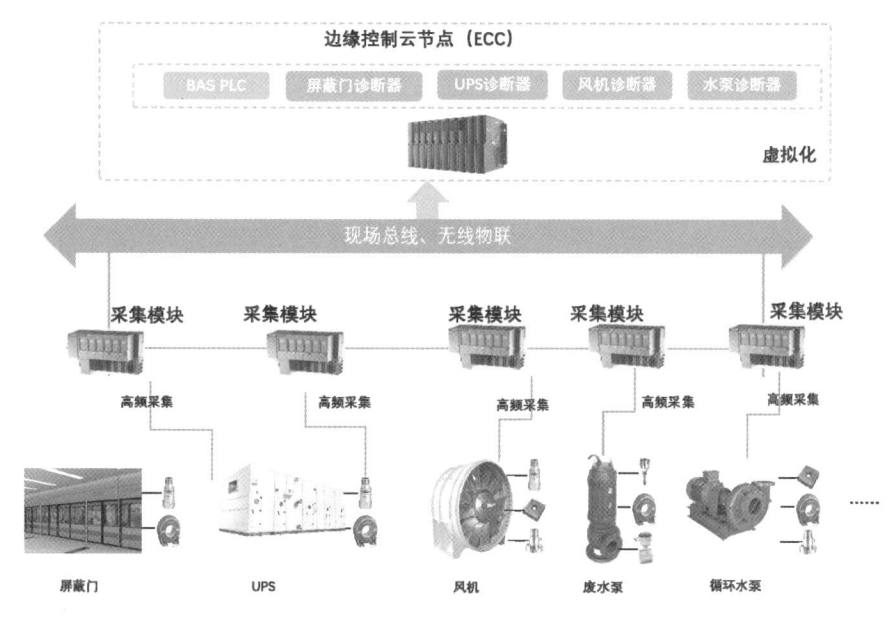

图 5-4　重庆机场捷运系统机电设备智能诊断平台架构图

设备自动化控制方面：由于车站规模较小，所监控的机电系统设备数量较少，因此该项目仅在主端设置冗余的智能边缘控制器，实现传统的对机电系统的工业控制功能；

分析诊断方面：通过虚拟化技术，一套智能边缘控制器实现对屏蔽门、UPS、风机、水泵算法分析与智能诊断功能。

3. 基于边缘计算的车辆智能诊断系统

车辆智能运维系统整体包含运维基础数据管理系统、车辆运维多维数据采集系统、车辆智能诊断系统、车辆维护管理系统、平台服务互通系统等五大部分。其中智能诊断系统的监测范围包括空调系统、车门系统、智能照明、转向架、牵引辅助、受电弓、列控系统、乘客信息系统、制动系统等，涵盖了车辆关键核心部件。

每辆动车部署边缘智能控制器，实现车载数据的实时高频采集和高效的边缘计算，可以达到每列车都是一个独立的自治自愈系统。同时，分析预测结果通过车地无线落地云平台，实现算法模型的优化与预测精度的提升。车载边缘控制器的系统结构如图 5-5 所示。

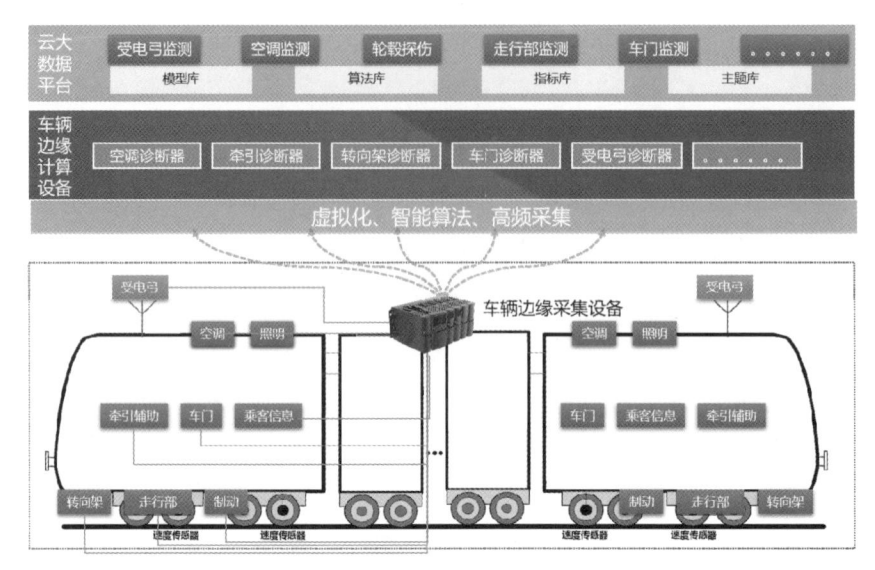

图 5-5　边缘智能控制器在车辆智能运维的应用部署架构图

车载边缘控制器的运算,可以实现以下功能:

(1)状态数据采集。

通过在列车核心部件旁部署高频采集模块,实现对走行部、弓网、车门、空调、牵引、制动等设备的高频模拟量采集。

(2)智能检测诊断分析。

通过内置算法,实现对行列车重点部件实时检测、故障诊断及健康度评估。

(3)车地数据传输。

智能边缘控制器自带无线通信模组,可将车载数据集成处理,通过车地无线传输至地面接收终端,并上传至大数据平台。

5.3　城轨行业边缘智能控制器的应用场景

通过对边缘智能控制器在工控领域的应用和对其产品属性的了解,我们初步可知边缘智能控制器适合应用于城轨自动化系统的实时采集、实时逻辑控制、过程控制、现场故障诊断等场景。比如,部署一套边缘智能控制器,通过计算资源的虚拟化,将算力分配于 BAS 机电设备监控、空调节能控制、站台门诊断、电扶梯诊断等业务。总的来说边缘智能控制器在城轨行业的应用方向如下:

（1）高频数据采集：负责现场感知层设备，包括能源管理电表、水表、各类有线、无线传感器的泛在连接。

（2）控制器资源共享：边缘智能控制器通过泛在连接的工业通讯接口，融合BAS PLC，MCC PLC，节能控制系统，所谓车站底座。

（3）提供 AI 算力：边缘智能控制器作为电扶梯、站台门、风机等的人工智能诊断的边缘网关、采集、就地计算的一整套解决方案，配合云端的大数据分析实现预测性维修。

下面以通风空调节能控制场景举例具体说明边缘智能控制器部署方案，以及与云平台能源管理的协同。

国内部分线路如成都、广州等地为实现车站水系统的模式及调节、节能控制功能，配置有独立的群控系统。另有部分城市如徐州地铁在每座车站设置一套通风空调节能控制系统，实现空调系统的风、水联动，达到地铁车站安全、舒适、节能的目的。另有部分城市如西安、厦门，将通风空调系统节能控制程序纳入 BAS 系统 PLC 控制器实现。此外，大多地铁线路还设置了能源管理系统，采集电量、用水量等能源数据，统计车站运行耗能，以指标化的形式显示和分析能源数据和信息。就以上这几个系统，便可利用边缘智能控制器，统一承载 BAS 既有的机电监控逻辑程序，空调风、水设备的联动保护、调节和节能控制策略，负责能源管理车站级对于多功能电表的采集和汇聚。将上述这几个原本独立控制器的算力资源共享。

能源管理系统、节能控制策略的统计分析、参数调优、节能指标评价等功能，部署在中心云平台上，通过对历史数据的大数据分析，通过机器学习不断迭代优化，将调优后的模型参数下发至车站边缘智能控制器中，即实现了云-端的协同。

5.4 车站端侧自动化系统业务融合方案

城市轨道交通目前在车站部署众多自动化系统及其控制器，从其监控对象的属性来划分为两类：一类是以辅助车站设备设施正常运转为主的自动化系统包括环境与设备监控系统 BAS 的 PLC 控制器、智能低压 MCC PLC 控制器、智能照明控制器、能源管理电能采集装置等；另一类是保障乘客和行车安全的安防、消防等特种行业的控制器，如门禁控制器、火灾自动报警系统（FAS）及气体灭火控制主机、电气火灾监控系统主机、应急疏散及照明主机、消防电源区间感温光纤主机、防淹门控制器等。此外在智慧城轨发展下产生的创新智慧化业务，在车站需设置控制器，如预测性维护的采集装置和智能诊断控制器等。

目前边缘智能控制器在城轨行业的应用处于初级阶段，需要进一步跟踪其发展和应用效果。边缘智能控制器对于传统自动化控制器的替代和整合不能一概而论，也无法一蹴而就。如消防类/安防类的自动化系统为特种行业，采用固定固化的设备，短期内无法纳入整合范围。另外，一些专业性较强、集成度较高的现场控制器，如磁悬浮直膨式空调机组自带的空调系统控制器，其控制程序与配套的设备机理高度有机，不宜运行在第三方的边缘智能控制器中。

5.5 新型工业控制系统技术发展

在工业互联网时代下自动化控制系统处在变革期，软件定义 PLC 和算网融合技术的出现，使得"边"与"端"的边界逐渐模糊。基于实时虚拟化、时间敏感性网络、低代码开发等工控行业新技术，通过应用程序来实现 PLC 逻辑控制的开放性工业控制平台，可以将传统 BAS PLC、MCC PLC、智能照明控制器等自动化控制系统与所谓的综合运管平台进行深度融合。因此除了持续关注云计算、大数据、中台等 IT 行业的技术发展，我们要开始注意新型工业控制系统的发展趋势。

5.6 本章小结

边缘智能控制器是近年工业自动化领域的最新发展，具备泛在连接、提供算力综合承载的能力：一方面可将地铁车站的传统自动化系统融合部署在边缘智能控制器上，形成"车站底座"；另一方面，可承载智慧化业务需高频采集和数据的就地处理。

边缘智能控制器对于传统自动化系统的替代和整合无法一蹴而就，地铁车站消防、安防、电力自动化系统是保障乘客及行车安全的特种行业，需满足国家规范和相关特种设备检验和批准，现阶段暂不能考虑融合。专业性较强的与被控设备高度有机的控制器如冷水机组、磁悬浮直膨式空调机组、真空水泵等设备自带的嵌入式控制器，不宜整合在第三方的边缘智能控制器中。

本书建议将 BAS PLC 控制器、智能低压 PLC 控制器、智能照明控制器，以及扶梯、站台门、电力设备、蓄电池的智能诊断功能，综合部署在边缘智能控制器上，降低工程建设和维护成本，并实现中心-边缘的协同。

在算网融合技术和软件定义 PLC 等工业控制系统新兴技术的加持下，未来边与端的边界也会逐渐模糊，如软件定义的 PLC 可将传统 PLC 控制器、智能照明控制器的硬件与逻辑软件化，并与车站边缘云节点融合部署，现场端只需保留感知层设备。本书建议下阶段持续跟踪此类发展方向。

6 基于云边协同的智慧城轨平台实施方案

前文结合城轨行业"中心-车站-就地"的运营生产模式,构建"云-边-端"三层业务体系的新型城轨云平台计算模型,从云边协同、弱电系统融合两类手段促进城轨传统弱电系统与智慧化业务的整体优化。提供了较为全面可供选择的建设模式、平台框架、部署方案和融合方式的解决方案,本章结合近年国内地铁的建设、规划以及技术发展等方面的实际情况,进一步讨论城轨云平台与弱电系统融合的实施路线,包括边缘云设备选型,中心云实施策略,网络安全实施要点以及针对新建线路的分步分阶段实施策略和针对既有线路的改造方案等。

6.1 边缘云设备选型研究

6.1.1 边缘云架构选择

边缘云平台设备选型的技术架构大体上有两种选择,一种是传统的"VMware + FC SAN"分布式架构,另一种是超融合基础设施(Hyperconverged Infrastructure)架构,简称超融合架构,如图6-1所示。

(1)传统分布式架构概述。

"VMware + FC SAN"为虚拟化+光纤存储的分布式架构,自采多个通用服务器群组(行业目前多采用 X86 架构),组成云平台计算资源池。服务器群组、存储设备之间采用交换机和光纤连接,在业务扩展时,一台一台的服务器上架,加交换机、连线、调通,再重新部署虚拟化等软件,再调试。

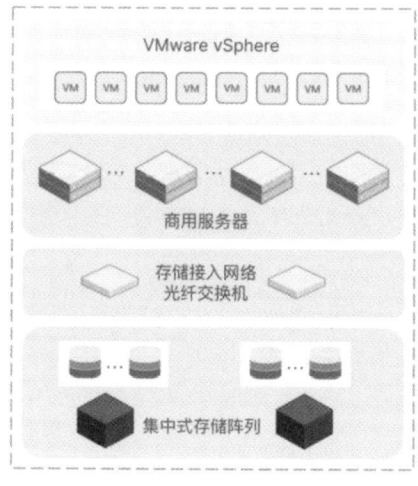

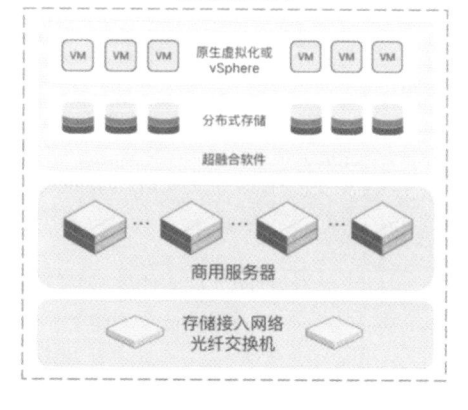

图 6.1-1　传统分布式架构与超融合架构图

对于分布式架构的服务器群，服务器与服务器之间需要通过交换设备（如交换机、光模块等）和光纤介质相互连接，适合于进行复杂和高速的分布计算，但由于带宽有一定限制，无法满足云迁移、业务的互相切换等云方面的应用。

（2）超融合一体机架构概述。

超融合架构的本质是分布式存储＋虚拟化融合部署，其基础架构一般以集群方式部署，在通用服务器硬件上安装超融合软件，多台通用服务器之间通过以太网互联，构成一个分布式集群。这种架构的扩展模式不依赖提高单台服务器的硬件配置，通过多台和可持续扩大的服务器集群数量持续获得性能提升。

超融合架构中的每台服务器就是一个存储控制器。缓存容量远大于传统存储的易失性内存，且多节点并发带来更强的聚合性能。逻辑上看，存储不再是由 RAID 构成的不同存储空间，而是一个统一可弹性扩展的存储池，并且具备更强的扩展能力。分布式存储带来的另一个好处是，计算虚拟化和存储部署于同一服务器节点，在统一的资源池内性能和容量都可以按需配置，自动均衡。

采用超融合架构下，供电、散热、交换、管理控制器等硬件可以全冗余模块化设计，配套资源全局管理软件，在业务扩展时，按需再增加模块化的节点（通用服务器，通用交换机等），即插即用，如表 6-1 所示。

表 6-1 传统分布式架构与超融合架构对比表

对比维度	传统分布式架构	超融合架构
集成度	分离架构，由多台服务器组成，占用空间较大，对空调、用电要求较大	计算存储网络融合在标准机柜中，进行了资源调优，电源转换效率高，一般都具备工艺设计，如优化风道设计和支持动态节能管理
造价	一次投入成本较低。(不算土建及人员等附属成本)但整体拥有成本较高	一次投入成本较高。但总拥有成本TCO比传统方案TCO降低约40%(空间节省，人力节省)
性能	存储性能：取决于底层存储设备(如磁盘阵列)性能和传输带宽介质。 数据交换性能：取决于交换机及通道介质(光纤)。 硬件资源利用率：依赖虚拟化平台软件的性能(如 Vmware 或 Openstack)和对虚拟化软件的使用水平。有一定程度的资源损耗	提升了系统整体的聚合性能。 存储性能：采用分布式存储，每个存储节点同时提供存储控制器+存储空间，提升存储性能。 数据交换性能：不同节点之间交换能力高。 硬件资源利用率：虚拟化软件与硬件结合紧密，达到资源利用的最优化
可靠性	设备之间软连线多，交换机设备多，可靠性较低。 数据采用 RAID 冗余模式，故障窗口长，单台存储控制器的数据丢失风险大	融合架构，连线少，硬件模块全冗余设计，软件具备多副本等备份策略，可靠性较高
可管理性	计算，存储，网络分离管理，管理复杂，故障定位困难；需要配备云平台专业人员，人员成本较高	计算存储网络统一管理，管理简单，具有远程部署能力和故障定位手段，学习成本低，适用于没有专业云平台运维队伍的中小企业管理模式
可扩展性	数据库和云计算资源分离，扩展灵活性好，没有任何商业排他性(前提是均为 X86 架构)。但每次扩展须进行专业性较高的配置工作	在同一机柜内扩展性灵活，即插即用。也能与其他厂家产品同处于云平台内，但会丧失一部分一体机的性能优势
适应情况	高速和海量的计算，大型数据中心	轻量化的边缘云节点，不同业务之间的迁移、数据频繁存储和调用

综上，超融合架构以资源全局管理和分布式存储等软件能力为核心，利用通用的 X86 服务器和二、三层交换机，通过软件定义的方式实现云基础架构。进一步地，超融合架构可以提供云内建安全的能力，实现业务上线即安全。本书推荐城轨边缘云的落实形态采用超融合一体机，其更适合应用于轻量化的边缘云。传统的分布式架构，则更适合应用于搭建高算力需求的中心云平台。

6.1.2 超融合一体机选型关键要求

边缘云一体机管理平台要实现边缘自治能力，云边协同，也要满足所承载的城轨弱电生产系统的 RAMS 要求，超融合一体机的资源调优、简易交付、高效运维等优势是向企业业务云化和云边协同演进的较优路径。超融合一体机的产品类型较多，适用于不同行业和场景的一体机的特性、配置和功能也有较大差别。针对用于城轨行业边缘云节点的场景，在其选型上需注意以下方面的要求。

1. 可靠性与稳定性

一是超融合一体机硬件如服务器、交换机需具备可靠性和稳定性。

二是具备平台、业务和数据层面的保护措施。如硬件层面通过在软件层面对硬件故障进行预防、检测、隔离、告警等动作来避免因硬件不稳定而对业务产生影响；平台可靠性提供存储多副本、自平衡、数据重建等机制、多节点仲裁等多种高可靠机制。

比如北京和利时公司的超融合一体机具有双活存储池，为虚拟机的关键业务提供双活磁盘功能，两个副本磁盘可以分别存储在 SDS 和阵列存储上，只要一个副本磁盘可用，即可保证虚拟机业务不中断。当虚拟机写数据时，同时向两个副本磁盘写入数据，满足强一致性后返回写入成功标志；当虚拟机读数据时，从主副本磁盘读出数据。如图 6-2 所示。

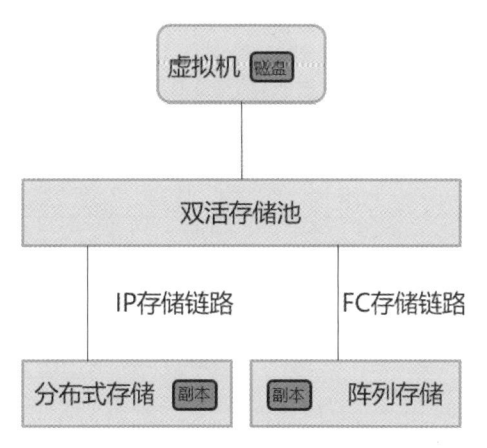

图 6-2 超融合一体机双活存储池功能架构

三是边缘云管理有平台管理服务、存储服务、网络服务和计算服务，各服务进程应有资源隔离机制用于隔离这些服务，避免在计算资源上相互影响。例如，当计算服务内存超额配置的情况下，其运行过程中超过了限额，则不能再使用其他的内存资源，保障其他服务和平台的稳定性不会受到影响。

2. 轻量化

边缘云作为边缘计算的载体，相比传统的重型的中心云平台，应为相对轻量化的计算平台。轻量化设计包含两方面。

一是规模上的轻量化，超融合一体机应能通过较少的服务器台数即可构建出轻量化的虚拟化平台，一般来说服务器台数不能超过三台，实现减少初始投入成本的目的，同时能采用软件定义的技术方案使得软件与硬件解耦，避免 IT 基础设施被硬件厂商绑定，并能充分利现有的旧 IT 硬件设备。

二是减少边缘云平台和管理节点对资源的占用，实现轻量化部署，提高边缘云的资源利用率。在中国移动通信集团熊国新发表的学术论文《5G MEC 部署研究与实践》中，对于多接入边缘计算 MEC（Multi-access Edge Computing）的轻量化部署提出了以下几种举措。

（1）对 OpenStack 的组件进行精简，只保留边缘必要的组件，去掉多余组件，减少对边缘资源的占用。

（2）接入边缘云节点的主机和虚拟机 VM 数量一般较少，可对 OpenStack 管理节点的进程数量进行优化配置，如各类 API 的进程数量可以从标准 8 个减少到 2 个，降低管理节点对 CPU 的需求。

（3）边缘云上的 OpenStack 管理节点与计算节点合设，不独占物理服务器资源，以减少管理节点的资源占用。

（4）为了进一步降低管理资源占用，还可采用可用区（Availability Zones，AZ）拉远的方案，AZ 边缘计算节点中仅为业务资源，本身没有管理资源，接受汇聚管理节点的远程管理。AZ 边缘计算节点与区域化汇聚管理节点之间通过三层网络互通，网络带宽一般要求 1 Gbps 以上，时延需小于 50 ms。

边缘云轻量化部署架构如图 6-3 所示。

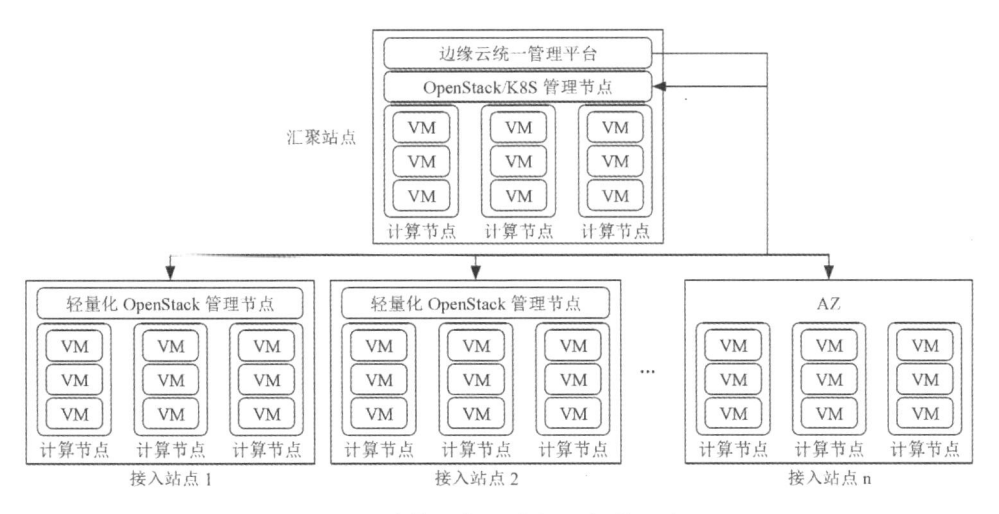

图 6-3　边缘云轻量化部署架构示意图

熊国新在论文中提出，通过边缘云轻量化设计和部署的实践证明，组件数量减少了 60%，配置所需的资源减少了 75%，大幅降低了管理节点对边缘云的资源需求，提升边缘云的管理效率。

3. 资源种类的集成、兼容和开放性

城轨边缘云有基础的结构化数据处理需求，也有智能视频分析等非结构化数据的分析需求，为了给运营提供一体化的服务，超融合一体机应能提供各种类型的资源和能力，包括不限于 2U/4U 服务器、低中高多档服务器以及适配业务需求的全闪存和 GPU 服务器等。

超融合一体机应具备全面开放的软硬件生态，广泛兼容主流服务器硬件设备和操作系统，如各主流类型的服务器，主流 X86、ARM 架构 CPU，支持 Tesla、Quadro、GeForce、TITAN 等多种类型显卡；虚拟机需支持多种常见操作系统；与国内外常见数据库/中间件/应用系统厂商也能广泛适配，具备完善的生态。

边缘云部署多种数据特征的应用，形态各异的各种城轨行业应用要求边缘云平台能提供虚机、容器、裸机等基本多种形态的 IaaS 资源。因此，OpenStack 需要与 Kubernetes 进行融合，包括组件共享、资源共享，以及安装运维、用户管理、安全管控、资源管理的融合，从而降低管理开销，并为基础设施从云化向云原生平滑演进提供坚实基础。

4. 资源利用和调度效率

超融合解决方案应能从全局的层面对计算、存储、网络组件等资源对象的统一管控和应用，以集群的形式对资源池进行管理，并且从全局管控和集群资源的视角支持良好的安全访问能力、扩展性、升级和运维管理等能力。

超融合一体机虚拟化功能一般由存储虚拟化 aSAN、计算虚拟化 aSV、网络虚拟化 aNET 组件构成，在逻辑上有一个统一的管控层以提高资源利用和调度的效率，管控层功能应包括配置管理、资源管理、监控服务，以及高级功能等主要功能，向上支持通过 API 与云管理对接，实现云化数据中心的全域资源管理。

（1）资源管理：提供对 aSV、aSAN、aNET 组件的资源管理，如节点管理、存储容量、网络设备、虚拟机、安全组、角色、用户的管理等。

（2）配置管理：提供对 aSV、aSAN、aNET 组件的配置转化和配置下发，如拓扑计算、异常恢复、数据存储、分布框架、读写路径等。

（3）监控服务：提供对组件的监控服务，包括：运维监控、报表数据、告警通知、信息采集、状态中心、日志中心等。

（4）高级功能：提供如调度中心、安全中心、容灾备份、内建安全等能力。

管控层分层的好处，能够提高管理层面的性能，避免在每个节点都部署管理层，减少节点的资源消耗和消息交互。

超融合一体机全局管理功能架构如图 6-4 所示。

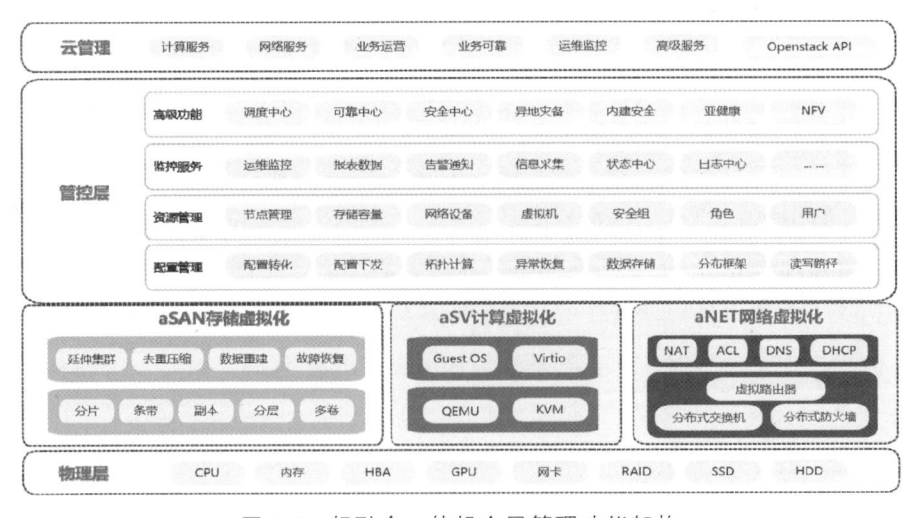

图 6-4 超融合一体机全局管理功能架构

5. 为业务提供服务

超融合虚拟化平台，不仅为用户提供计算、存储、网络等 IaaS 层资源，还应能根据业务系统对 IT 资源的需求灵活提供容器、微服务、中间件、GPU、数据湖、大数据平台、云原生能力。等资源和服务，支持各类稳态业务、敏态业务、以及创新业务的承载。

6. 内生安全

超融合虚拟化平台宜具备内生网络安全能力，具备业务识别能力，根据业务特征智能匹配安全配置策略，基于业务关系、业务负载智能进行关联分析及安全处置，同时为保障安全运营及业务稳定运行，与边缘云自己本身的机制快照/备份/资源隔离/跨主机迁移等功能深度融合提供更丰富、智能的安全处置，业务与安全共同演进。

7. 便于使用和运维

边缘云平台管理的整个流程简单、便捷、可视。针对业务迁移、资源分配、业务上线配置、业务运行监控、各类故障排障、平滑扩容的全业务流程提供优化机制，减轻用户运维难度，提高管理效率，并提高业务可靠性。

6.1.3 边缘一体机产品市场调研

IT 行业在 2012 年前后提出超融合架构至今的 10 余年中，超融合产品顺应了技术潮流而发展迅速，超融合产品也分为超融合管理软件提供商，以及软硬件一体机提供商。由于超融合架构中软硬件高度解耦，服务器、交换机等硬件均可采用通用的服务器，所以一般具备超融合管理软件开发能力的厂商，也基本拥有一体机产品线。

超融合一体机是 IT 行业的成熟产品，厂商众多，本书重点对城轨行业厂家和 IT 大厂进行了考察调研和技术交流，以下是对北京和利时、上海宝信、深信服、华为、阿里的边缘云超融合一体机产品的概述。

1. 北京和利时 EIA Rail 2100

北京和利时智能技术有限公司 2021 年发布的 EIA Rail 2100 超融合一体机产

品是面向边缘云数据中心推出的 IaaS 解决方案，其对外宣传时简称为边缘智能云节点 EIA。其采用软硬一体的设计，内置了轻量化的工业互联网平台（TOS 平台），更适合边缘侧高实时、高可靠、高安全的业务需求，可自治管理，同时可以被中心云平台统一纳管。如图 6-5 所示。

北京和利时公司的边缘智能云节点 EIAEIA 提供包括计算虚拟化、分布式软件定义存储、网络虚拟化以及云资源管理平台，集成了计算、存储、网络、安全、运维监控等功能，实现仅 X86 服务器和交换机的极简的硬件架构平台和统一的软件定义数据中心资源池，可快速灵活部署业务，并通过可视化界面统一管理。

和利时边缘智能云节点 EIA 面向软件定义的数据中心（Software Defined Data Center），基于硬件重构平台和软件定义的系统，具有去耦合、可重构、自动化、整体性、弹性化等特点，可以帮助客户快速构建云数据中心，降低 TCO 和复杂性，并且能够灵活、快速交付。

图 6-5 北京和利时公司边缘智能云节点 EIA 产品宣传图

2. 深信服超融合一体机

深信服的超融合解决方案以统一管理和分布式存储等软件能力为核心，实现了只用通用的 X86 服务器和二、三层交换机，通过完全软件定义的方式实现云基础架构。深信服为业界首家构建了云内建安全的能力，实现了业务上线即安全。如图 6-6 所示。

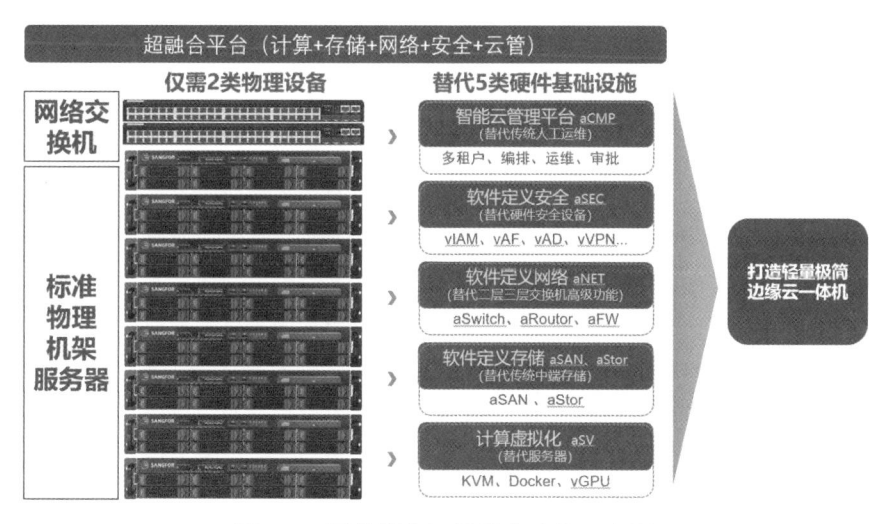

图 6-6 深信服公司超融合功能示意图

深信服超融合云平台产品架构包括虚拟化产品、超融合 HCI、云管理平台 SCP，其中超融合产品由计算虚拟化 aSV、存储虚拟化 aSAN、网络虚拟化 aNET、安全虚拟化 aSEC 组成，之上搭建智能云管理平台，承载多 HCI 集群的管理运维工作，并具有可靠中心、安全中心、监控中心、纳管第三方资源等高级运维功能。深信服超融合不断围绕稳定可靠、性能卓越、安全有效和智能便捷四个方面打造轻量化、简单运维的一体机产品。

深信服超融合从架构上分为三层，分层架构如图 6-7 所示。

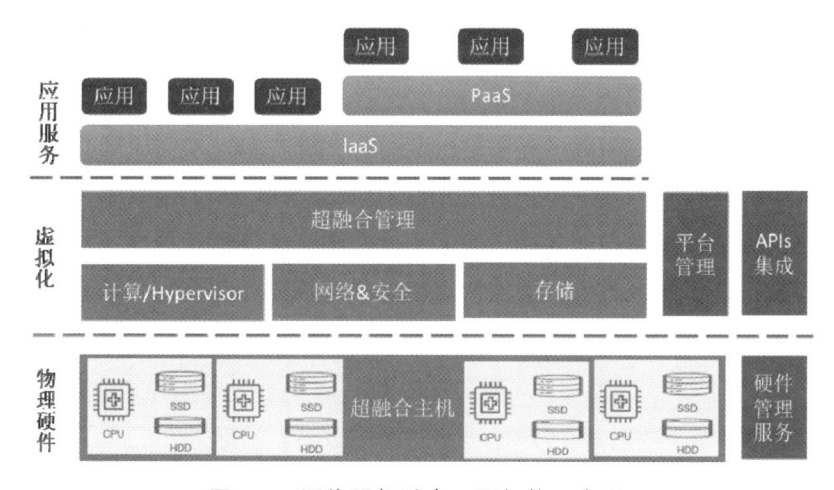

图 6-7 深信服超融合三层架构示意图

（1）物理硬件层，包括计算、存储、网络设备，配套及外置设备等。

（2）虚拟化层，包括计算虚拟化 aSV、存储虚拟化 aSAN、网络虚拟化 aNET、安全虚拟化 aSEC。

（3）资源服务层，包括虚拟机、容器、存储卷、网络单元等虚拟化资源的生命周期管理。

3．上海宝信超融合一体机

上海宝信软件股份有限公司的边缘云节点机 Scube-20 是针对城轨行业的云边协同的城轨云平台以及智慧车站对高性能、高可靠性需求而近年推出的超融合软硬件一体机产品，集存储、计算、传输一体，支持扩展，内置云平台管理软件，支持即插即用，如图 6-8 所示。其产品手册上对本产品的特点介绍如下。

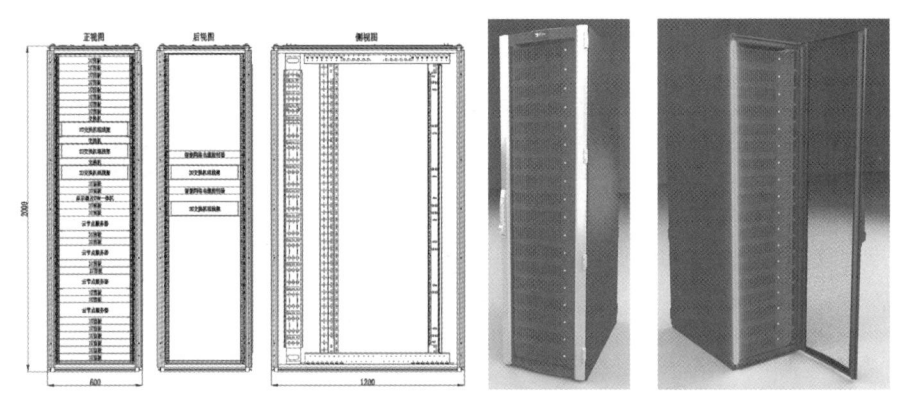

图 6-8　上海宝信 Scube 超融合一体机外观图

（1）采用定制化机柜，内置冗余的智能网络电源控制器。

（2）具备集群保护功能，即其中一台或多台设备如果发生故障，故障设备上的业务可自动迁移到其他健康设备上，保证对应应用业务不中断。

（3）可依据业务负载的情况，使部分或全部无读写的硬盘进入休眠模式，减少能源浪费，延长硬盘寿命。

（4）提供一键配置功能，用户可快速完成系统配置。

（5）支持通过 SNMP 与主流网管系统的对接，支持多设备集中管理。

（6）支持端口级的运营维护，可及时获知设备运行状态信息（关键部件、存储资源、CPU、内存、网络端口等）。

（7）支持智能补录功能，可确保网络异常时录像数据的完整性，可确保配置信息异常时数据不丢失、业务不中断。

（8）秉承"端到端一站式服务交付"理念，为用户提供包括"咨询设计、上云迁移、云运营"在内的服务。

上海宝信边缘云节点机SCube还针对业务承载的不同规模，用户的需求不同，提供了不同算力的多档配置，各型号的配置如表6-2所示。

表6-2 宝信边缘云节点机SCube配置表

产品名称	宝信边缘云节点机SCube		
产品型号	S20C	S20E	S20S
服务器配置	4台服务器：64核、512 G内存、支持3 TB存储、GPU	4台服务器：64核、512 G内存、支持3 TB存储、GPU	6台服务器：96核、640 G内存、支持7 TB存储、GPU
其他硬件配置	2台核心交换机；1台云管交换机	2台核心交换机；1台云管交换机；2台防火墙、2台FEP	2台核心交换机；1台云管交换机；2台防火墙、2台FEP
虚拟系统数量	6套	10套	16套
软件配置	云平台管理软件+云平台分布式存储软件+操作系统软件+数据库		
产品定位	适用于普通车站应用	适用于集成综合监控系统的智慧车站应用	适用于集成车站多系统的智慧车站应用

4. 阿里云超融合一体机

阿里云在2021年推出了其超融合产品混合云一体机（Apsara Stack Appliance），面向边缘计算场景，提供软硬件一体解决方案，通过预安装、预集成、深度调优，实现快速部署和交付，同时支持远程交付和中心统一运维，提升系统可用性和运维效率，使企业轻松实现云边联动，助力企业实现快速创新，如图6-9所示。

阿里混合云一体机分为两大类产品，一类是面向制造、能源、电力、金融、智能工厂等行业的混合云IoT一体机，提供海量终端设备管理能力和一体化轻量级输出能力；另一类是混合云视觉AI一体机，由达摩院、AIS、混合云共同研发打造的软硬一体化视觉平台，依托阿里巴巴轻量级云平台，提供视觉智能计算调度平台，支持城市交通出行、城市管理等场景下的视频图像认知理解和归纳推理算法服务。

图 6-9 阿里混合云视觉 AI 一体机产品概述图

阿里混合云一体机应用场景之一为高速公路行业，在高速边缘场景，通过交通态势评价、事件感知及轻处置、智能控流、占道预演等功能，实现高速交通态势实时全感知、指挥调度事件处理量减少 50%，实现高速公路拥堵缓解，如图 6-10 所示。

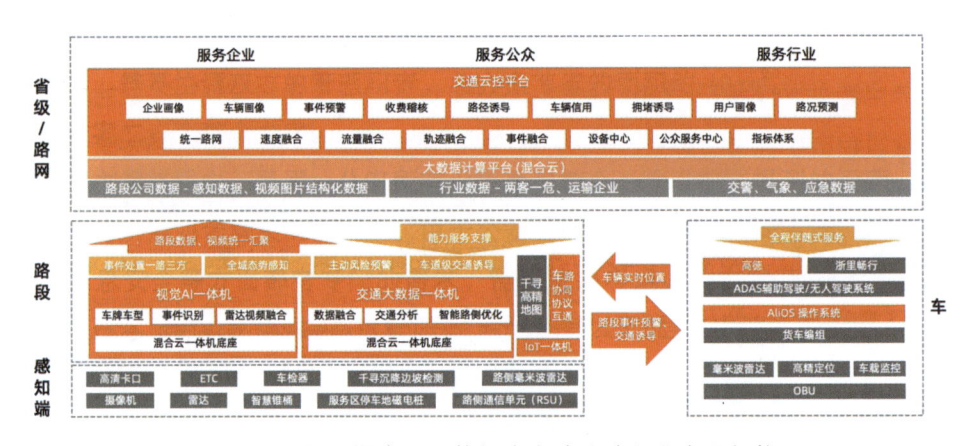

图 6-10 阿里混合云一体机在高速公路行业应用架构

5. 华为超融合一体机

华为面向数据中心和分支边缘场景，发布超融合设备产品 FusionCube，在实现计算、存储以及网络融合的基础上，通过软件定义实现管理、备份、容灾等功能的按需加载，可通过预集成实现一体化交付，如图 6-11 所示。搭载的智能管理软件 FusionCube Center Vision 和匹配各行业场景的智能算法，实现从数据中心到分支边缘的全场景覆盖，具备架构灵活、性能强大、安全可靠、简易高效的特点。

·152·

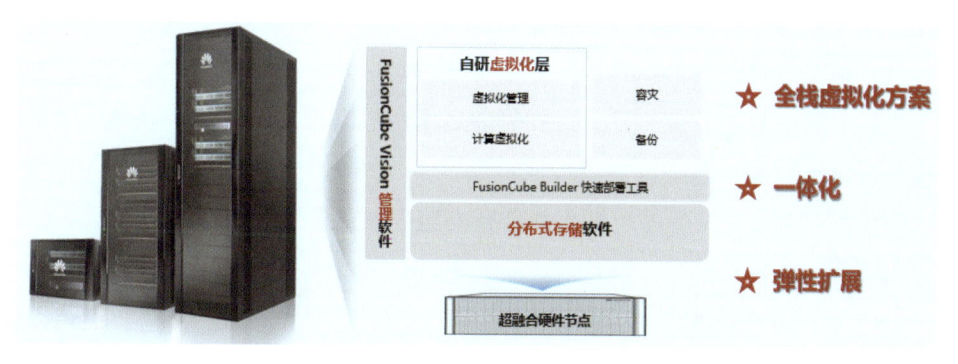

图 6-11 华为 FusionCube 超融合设备产品概述图

华为 FusionCube 超融合设备具备计算、存储、网络、AI、安全、能基等多个模块，可按需进行选择，能够提供虚拟化，容器等能力，为上层业务系统提供所需环境，并通过智能管理软件（FCV）对车站的边缘一体机硬件设备和应用软件进行一站式便捷管理，更可以结合边云协同能力，不断更新 AI 分析算法，统一远程升级应用程序，如图 6-12 所示。

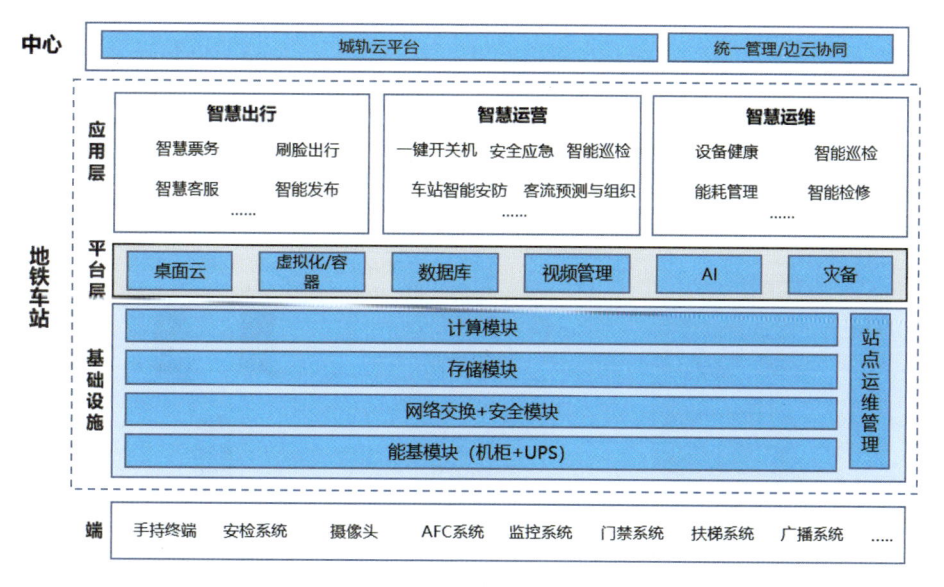

图 6-12 华为 FusionCube 一体机城轨应用场景示意图

华为 FusionCube 超融合设备有如下特点：
（1）轻量化全栈设计，两节点起配，即支持弹性扩容。

（2）即插即用：全栈设计，一站式交付，支持整机预装，上电可用。

（3）简易管理，智能运维。

全栈管理：智能管理软件，可在管理运维中心实现所有设备从硬件到软件的全栈智能运维管理，包括容器、虚拟机等。

多站点管理：支持多站点接入并告警与监控；支持跨站点的批量巡检、升级、日志收集等运维操作。

（4）端到端可靠性。

硬件可靠：整机硬件全冗余，无单点故障。单节点故障后业务可正常工作，切换完成后性能无跌落。

软件安全：支持安全连接、入口安全、虚拟机深度安全、安全启动等。

端到端安全：从数据产生、处理到存储、释放实现端到端安全。

5. 板卡式超融合一体机

超融合一体机除了采用通用的 CPU 服务器、GPU 服务器、交换机设备作为资源节点外，还有另一种集成板卡形式：其将计算设备、存储设备、交换设备封装为嵌入式板卡，利用通信背板统一集成在整体框架中。如北城智控科技有限公司在昆明 4 号线的实施的车站智能控制一体机集计算单元、交换单元、存储单元于统一机柜内，替代车站大部分弱电系统的服务器、交换机、存储、FEP 以及 PLC 控制器等设备，如图 6-13 所示。

图 6-13 昆明 4 号线北城智控车站智能控制一体机外观

华为公司的 FusionCube 500 系列超融合一体机也采用整体框架+板卡式的集成方式，超融合整体机柜（见图 6-14）利用背板进行数据交互，计算节点、存储节点之间的数据交互的带宽可达到 Tbps 级，是光纤介质的 10～100 倍，能充分发挥云迁移和业务在不同节点之间的交互，且能突破服务器与存储之间的带宽瓶颈。其配套虚拟化软件，在业务扩展时，按需在空槽位插入模块化的节点（计算节点、存储节点），即插即用，另外超融合整体机柜的供电、散热、管理、交换等全冗余模块化设计，设备可靠性高。

图 6-14 华为 FusionCube 500 超融体一体机外观

上海宝信软件股份有限公司自主研制应用在工业领域的板卡式边缘云节点机产品：智能控制一体机 CIM-200。针对城轨行业智慧车站的高性能、高可靠性需求，此类软硬件一体机可考虑采用。CIM-200 存储单元、计算单元、传输单元一体，支持扩展，内置虚拟化软件及云平台管理等软件，支持即插即用。

智能控制一体机 CIM-200 计算单元主要用于提供云平台的计算单元，存储单元用于提供云平台需要的存储空间，交换单元用于连接各子系统的设备。各单元均有相应的功能板卡，分别实现各自的功能。如图 6-15 所示。

智能控制一体机 CIM-200 由 19 寸 6U 机笼、交换背板、双路冗余电源、交换卡、CPU 卡、存储卡及扩展交换卡等组成。机笼背板划分为 10 个槽位。其中，电源模块宽度 10HP，双路冗余且固定在 1、2 槽位；三层交换卡在 3、4 槽位，6U 高度，8HP 宽度，通过背板连接到每一个槽位，CPU 卡及扩展交换卡为 6U 高度，8HP 宽度，固定在 5～10 槽位。

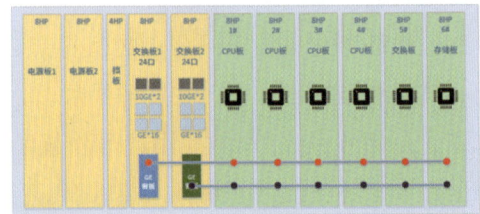

图 6-15 上海宝信边缘云控制一体机外观及计算单元结构

6.2 云边协同架构对中心云建设的要求

在云边协同的计算模型中,中心云平台与边缘云节点是相辅相成的,犹如紧密配合的硬币的两面。边缘计算与云计算各有所长,云计算擅长全局性、非实时、长周期的大数据处理与分析,能够在长周期维护、业务决策支撑等领域发挥优势;边缘计算更适用局部性、实时、短周期数据的处理与分析,能更好地支撑本地业务的实时智能化决策与执行。

边缘计算与云计算之间不是替代关系,而是互补协同关系。边缘计算与云计算需要通过紧密协同才能更好满足各种需求场景的匹配,从而放大边缘计算和云计算的应用价值。边缘计算既靠近执行单元,更是云端所需高价值数据的采集和初步处理单元,可以更好地支撑云端应用;反之,云计算通过大数据分析优化输出的业务规则或模型下发到边缘侧,边缘计算基于新的业务规则或模型运行。

为了发挥云边协同架构的最大价值,以及更好实现弱电系统的融合,中心平台需要具备资源池的全域调度能力和中台能力。满足各类业务的灵活部署和能力复用。

6.2.1 资源全域调度与异构资源协同

第 3 章在分析边缘云的部署方案时,提出了一种边缘云异地主备部署方案,即每座车站设置一套边缘云节点,部署本站弱电生产系统的站级软件主平台,以及相邻车站弱电系统的备平台。此方案可实现部署在边缘云上的弱电系统异地灾备，利用云迁移和全局资源的管理和分配，将弱电系统的备用软件平台灵活部署在除本站之外的任一边缘节点或中心云上。

上面这个云边资源协同的场景，涉及云边计算框架下的一类关键问题与现实挑战，中心云与边缘云资源的全域调度问题和异构资源的协同管理问题。

1. 全域调度

企业在使用云边计算架构时，通常无法掌握全局的动态资源信息，初期只能靠人工经验指定位置要求固定的资源容量。这样对于租户没有办法获取到最优质的资源改进业务服务质量，同时缺乏应对业务突变的弹性手段。全域资源调度管理平台，应能帮助用户即时掌控全域资源状态信息，包括动态的边缘云节点可用资源、临近的优质资源，同时满足用户对服务（例如网络时延）的要求针对成本、服务质量、业务波动做针对性优化。如下为典型的应用场景。

故障切换场景：边缘站点故障时，快速向周边边缘云节点或中心云平台申请弹性计算资源，完成故障业务的快速恢复。

业务弹性场景：区域过载场景，局部业务突发时，可以快速调度周边可用资源，实现业务弹性扩展，平滑度过业务峰值。

单个边缘节点的资源是受限的，如果应用需要实现弹性伸缩或故障切换，需要由多个边缘节点组成某种形式的边缘节点组或集群，应用在此集群内进行部署、伸缩和治理。因而云边解决方案需要提供一套调度机制，能够在时延、性能、价格等约束下，获取最有效的资源分配策略。如何根据任务和资源的特性进行合理的全域调度，在保证服务质量的前提下，将用户从服务器的管理中解放出来，同时从全局角度优化资源的利用率，是一个非常有挑战的课题。

全域调度服务的对象为边缘云和中心云的计算资源，这些设备以分布式的形态存在，在保证服务质量的前提下，如何高效打通端、边、云的界限，成为全域调度的核心关键。全域调度系统的设计与搭建会面临以下挑战。

（1）大规模：终端和节点规模庞大，增加管理面的控制难度和算法设计难度。

（2）异构性：每个设备的数据存储和处理能力，网络时延各不相同。对接口的统一性、传输协议和时钟的同步问题，都增加了巨大难度。

（3）动态性：网络质量随着时间变化而变化，同时任务的请求也有随机性，对系统和调度算法的鲁棒性提出了挑战。

资源全域调度策略的关键点是全局资源视图和资源调度算法。资源视图包括用户的位置、资源的成本、网络的 QoS、接入的地理位置等。全域资源调度算法应能支持预置策略或可定义策略，典型的预置策略包括时延优先、成本优先、可靠性优先策略等。

本书在调研过程中，通过与北京和利时、深信服、华为等行业主流云管理服务厂商的技术交流中发现，目前市场由于厂家之间的平台技术路线与各自商业策略，全域调度尚处于探讨和起步阶段，但全域调度应是行业的整体发展趋势，已存在大量的学术论文与研究成果。如：

华中科技大学周萍在其博士学位论文《智能物联网中云边协同下的任务调度与资源分配策略研究》中进行了一种云边通信系统中分布式竞争与协作的任务卸载策略研究。此研究基于物联网人工智能应用背景开展任务调度与资源分配策略研究，重点探讨云边协同下高效的任务调度与资源分配策略。

北京交通大学刘语馨在其硕士毕业论文《面向智能铁路的云边端协同计算关键技术研究》中对列车移动场景下的智能业务，使用凸优化理论，对云边端协同计算智能业务的通信资源分配机制和卸载策略进行优化，大幅度降低端到端时延以满足实时性需求。

2. 异构边缘资源协同

另一方面，边缘基础设施通常由多类异构的边缘节点设备（边）组成，城轨行业会包括不同厂家的超融合一体机产品，工业行业中更加复杂，还可能存在部署在城域网络侧的近场边缘云、5G MEC、边缘控制器、智能设备如机器人等，提供边缘计算所需的算力、存储、网络资源。

为了降低上层应用适配底层硬件的难度，通过一个中间层次的方式需要对底层硬件进行抽象，使得上层应用可以用一点接入、一次适配、一致体验的方式来使用边缘的资源。从单节点的角度，资源协同策略需提供底层硬件的抽象，简化上层应用的开发难度。从全局的角度，资源协同还需提供全局视角的资源调度和全域的网络动态加速能力，使得边缘的资源能否有效使用，边缘与边缘、边缘与中心的互动能够更实时，如图 6-16 所示。

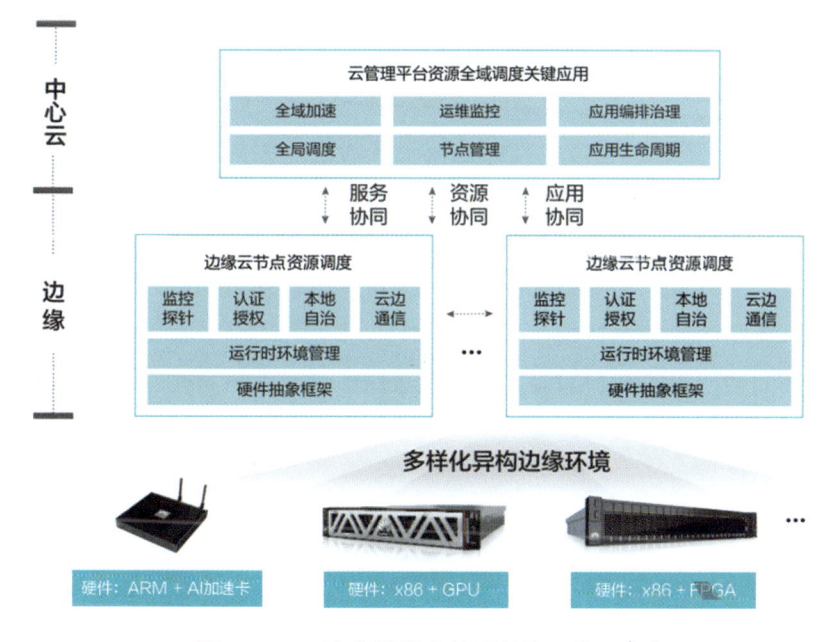

图 6-16　云边全域调度管理的资源协同框架

异构边缘设备与中心的资源协同需求具体来说包括三个方面。

（1）硬件抽象：通过插件框架的形式，对边缘硬件的计算、存储、网络等资源进行模型抽象，使得不同的硬件厂家可以为自己的产品提供插件化的定义和描述，向应用开发者和运维人员提供了一个统一的资源能力描述、部署、运维管理方式。

（2）全局调度：对于是需要实现广域化、多节点部署的边缘业务，实现基于策略的全局资源调度，使得应用可以灵活按照自定义的策略实现应用实例的多节点部署和动态切换。

（3）全域加速：实现从中心云到边缘、边缘到边缘之间的互联互通、高效的消息路由，进一步还可以构建全局的 Overlay 网络实现各节点的优化寻址和动态加速，为基于服务质量和确定性时延的策略调度打下坚实基础。

综上，在边缘计算产业快速发展的大背景下，经过厂家、标准化组织与开源社区等业界各方的不断探索和共同推动，较为丰富的云边资源协同技术体系已经形成，但目前不同应用场景下的技术成熟度不尽相同，未来还需要继续跟踪产业对于资源协同的演进过程与实际成效。

6.2.2 中台实施策略

第 2 章所述的新型城轨云平台四层架构中的中台层具有多种优势，但就像以往任何的新技术和新理论一样，需要理性和辩证地看待。中台是一种理想化的架构，是企业自身的组织和业务足够先进催生出的形态。中台的建设难度非常大，而且不仅是技术难度，更多是在业务和组织架构上。

本质上，中台是一种中心化、平台化的企业组织架构和业务形态。传统烟囱式的生产系统是企业组织架构在 IT/OT 上的投影，可以说中心化的中台架构是反传统管理体制的，没有强力对等的中心化组织去主导，结果是很难预料的。

作为企业战略性的基础设施，中台建设周期长，牵扯范围广，建议中台的建设分为三个阶段进行。

1. 初级阶段：起步

搭建基础设施和服务，包括服务器、存储，网络规划，集群搭建，资源和权限配置等。目前国内大多数城轨线网云平台的建设和应用状态处于本阶段。在线网云平台搭建后，若干个项目用于验证平台的资源、组件和服务能否满足业务需求。在初级阶段就应具备迭代思想，不断调整技术堆栈和管理模式，这对于业务厂商、地铁公司建设方、运营方都是一个熟悉和磨合的过程。

2. 中间阶段：积累

积累阶段是一个漫长过程，企业在此阶段要不断地接入数据源，完善中台上的数据和知识版图。最终理想状态是企业全部数据集中在中台上，前台的任何数据需求都可以直接或稍作处理即可满足。这一阶段需要完成的工作包括：

（1）广泛对接企业各个数据源；

（2）持续完善数据仓库体系，完善数据规范、数据治理和数据服务；

（3）搭建实时处理数据服务，搭建人工智能及机器学习组件，提供数据分析功能；

（4）开始在部分业务上产出数据价值。

3. 高级阶段：发力

当中台的数据和知识版图足够完善时，其优势和收获会明显起来。基于全面和完善的数据体系和数据分析能力，所有前台可以集中关注业务层面，快速敏捷地部署创新应用。在发力阶段企业需着重开展一下工作：

（1）业务部门与中台搭建部门紧密合作，深入发掘业务需求，对企业全数据开展多维度的钻取、分析和洞察，实现行之有效的决策支持。

（2）将数据平台上某些成熟的功能产品化，推广到更多部门和场景中，如乘客画像功能、客流实时预测功能等。

以上三个阶段是较大时间尺度的切分，可以根据各地地铁的实际情况合理安排和调整，实现长期战略发展和短期利益之间的平衡。在中台建设时，必须面临既有系统的改造和迁移问题，对此本书的建议方案是让数据中台优先承载新业务，逐步替换老系统。当线网规模逐渐发展产生新的需求时（如智慧运维等），如果与传统系统关联不大，数据中台应优先部署实现，尽快地产生业务价值，帮助企业建立对新型城轨云平台的信心。

6.3　云边协同架构网络安全方案

6.3.1　云平台网络安全顶层规划

《信息安全技术　网络安全等级保护基本要求》（GB/T 22239—2019）在安全扩展要求中明确了云计算安全扩展要求，提出在云计算环境中，应将云服务方侧的云计算平台单独作为定级对象定级，云租户侧的等级保护对象也应作为单独的定级对象定级。云平台作为单独的定级对象，由云平台厂商提供等级保护技术建设、等级保护测评服务及测评过程中修改工作；部署在云平台上的业务系统作为单独的定级对象，由各业务系统负责自身定级实施。

根据中城协关于城轨云平台的顶层规划，城轨弱电系统集中部署在中心云平台的安全生产网，安全生产网与东西向的外部服务网、内部管理网三张网网间物理隔离。云平台安全生产网按照等级保护不低于三级的标准建设，线网云平台应负责云平台自身的安全性，如图6-17所示。入云业务系统的安全由应用系统自身安全机制和云平台安全机制协同保障，因此城轨云平台承载的各生弱电生产系统（综合监控系统、自动售检票系统、通信系统等）应完成各业务系统的信息安全保护及测评工作。

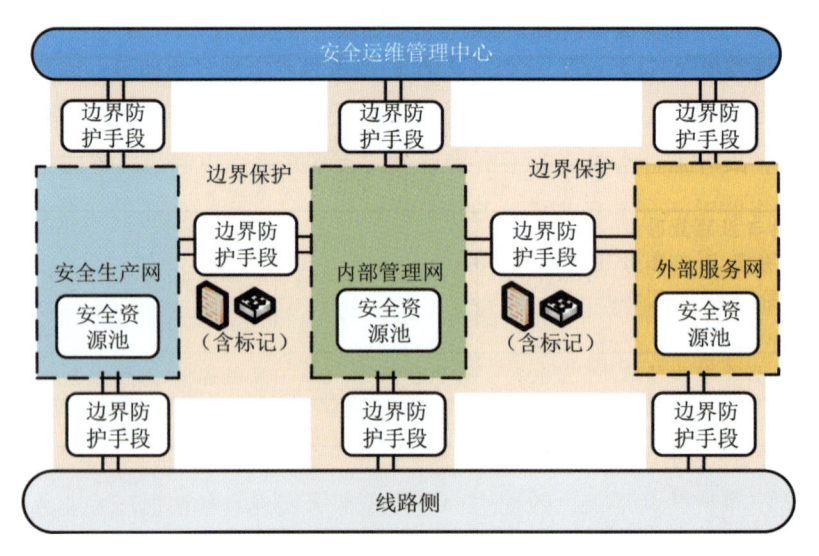

图 6-17　城轨云平台网络安全顶层规划方案

6.3.2　边缘云的潜在网络安全问题

在云边协同的新型城轨云架构下，边缘云节点有可能成为城轨云平台中较为薄弱的安全环节，这将制约边缘云计算服务模式的发展与应用。2019年11月，ECC和工业互联网产业联盟（AII）联合发布《边缘计算安全白皮书》，首次系统地分析和描述了边缘计算的海量、异构、资源约束、实时性、分布式等五大需求特征给边缘计算安全带来的技术挑战，并从边缘云接入、边缘云服务器、边缘云管理三个主要攻击维度，系统地分析和描述了边缘计算平台面临的十二大安全威胁。

结合城轨云的应用场景，可以预见的边缘云节点的主要的安全问题包括：

（1）边缘计算节点容易被伪造、边缘容器的安全隔离机制不足容易导致主机被攻击、边缘应用/微服务的安全防护机制薄弱和缺乏硬件安全支持能力，容易导致用户代码和数据被窃取或篡改。

（2）DDoS攻击：参与边缘计算的设备，通常使用简单的处理器和操作系统，对网络安全不重视，或者因设备本身的计算资源和带宽资源有限，无法支持复杂的安全防御方案。这些边缘设备是DDoS攻击提供下大量潜在的"肉鸡"。

（3）APT攻击蔓延：不同厂家不同类型的边缘节点可能存在许多已知和未知的漏洞，且存在与中心云端安全更新同步不及时的问题。一旦被攻破，加上现在的边缘计算环境对APT攻击的检测能力不足，容易成为APT攻击目标。

6.3.3 边缘云网络安全设计建议

1. 网络安全的云边协同

云边协同的城轨云中的边缘云，随城轨业务应用的下沉应运而生，是城轨云在边缘侧深化延伸，也是城轨云"一片云"的重要组成部分。在网络架构和技术体系上，边缘云是云架构IaaS、PaaS、SaaS的下沉和延展，具备相同的云技术体系。因此，网络安全方面，边缘云首先要满足云平台顶层范畴统一规划云平台网络安全策略和要求，与中心云形成一片云，并通过以下几个方面实现中心与边缘在网络安全策略上的云边协同。

（1）等保合规：中心部署日志审计、漏洞扫描，网络可达，安全可扫；边缘云部署主机防护、防火墙虚拟化，支持不同业务防护隔离，安全边界。

（2）DDoS防御：部署高性能抗D攻击防护墙，防护边缘云业务系统安全。

（3）未知威胁检测：通过在中心云部署态势感知系统，结合AI算法，关联分析等检测模型，从海量告警中提炼高级威胁，检测APT攻击、未知攻击、0-day攻击等。

（4）云网安协同：云平台、网络、安全协同防护，实现跨网、跨域的端到端威胁检测和风险处置，实现边云安全协同。

综上，中心部署态势感知系统、数据库审计系统、漏洞扫描系统、安全管理平台，部署必要的主机安全防护系统，如图6-18所示。

车站边缘云计算平台的汇聚交换机上可根据实际情况串联或旁路部署业务防火墙，内部不同子系统之间的互访流量（东西向流量）及本平台与外部系统的互访流量（南北向流量）也通过该交换机上配置的策略路由，将流量引到防火墙上进行安全检查。两台业务防火墙配置为主备模式或主主模式，提供冗余保护，保证业务的连续性。

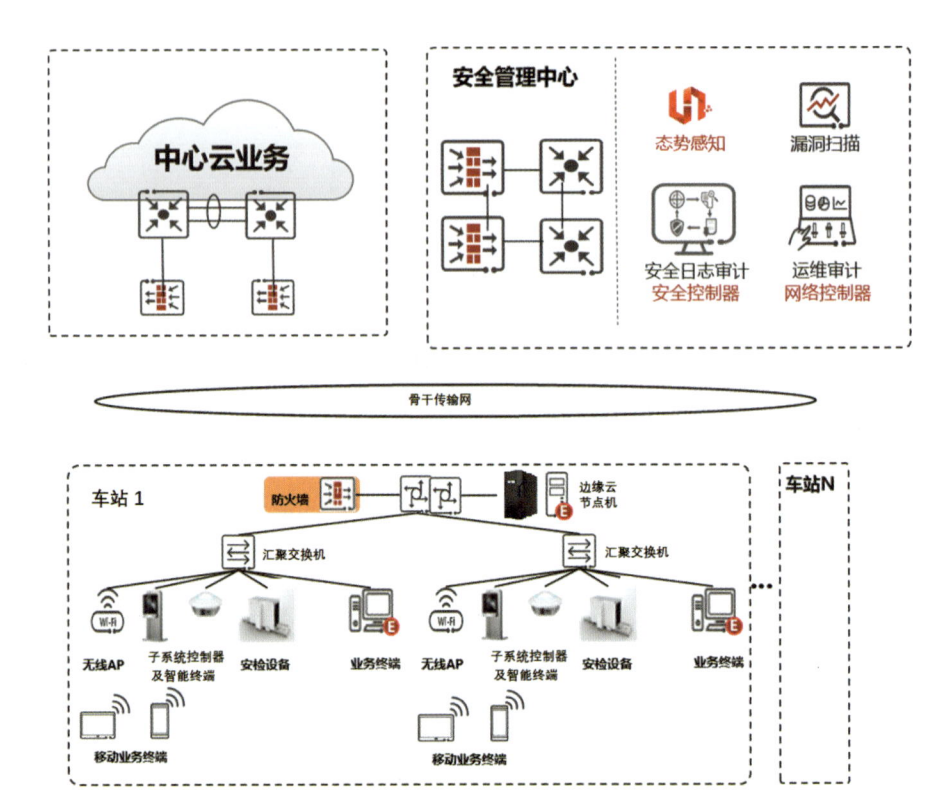

图6-18 云边协同的城轨云平台网络安全规划方案

2. 边缘云内生安全

前面章节中推荐城轨边缘云设备选用超融合一体机，为保证城轨云平台以及其承载业务的网络安全，应要求边缘云节点满足内生安全，支持三平面隔离功能，各弱电系统所提供的应用也需考虑安全自保策略。

（1）三平面隔离：云节点中的服务器、交换机应支持虚拟化/容器管理、应用业务和存储这三平面的物理/逻辑隔离。其对于业务安全要求级别高并且资源充足的场景，应支持三平面的物理隔离；对于业务安全要求不高的场景，可支持三平面的逻辑隔离。

（2）内生安全：边缘计算节点的基础设施安全需要考虑物理 I/O 安全接入、物理环境安全、Host OS/Guest OS 安全、虚拟化软件安全、虚拟机安全隔离、容器安全隔离等。

（3）边缘云上部署的各类应用软件平台，需要根据应用本身的安全诉求，满足安全的身份验证，安全合规检查和审核、执行病毒扫描等，保证只有合法、合规的应用软件才能上线运行。应用软件需支持对端进行身份验证，并对传输的数据进行机密性和完整性保护；应支持对 API 调用进行认证，安全审计。

6.4 云边协同的弱电系统融合实施方案

6.4.1 分步实施的总体策略

本书提出两步走的总体策略。

第一步，云平台架构方面，开展云边计算模型的试点，逐步从集中云计算模型向云边计算模型过渡，可将车站内设置的原降级云节点重新配置为边缘云节点。弱电系统融合方面，将传统弱电生产系统以硬件融合为主、适度考虑软件融合的方式部署在边缘云节点上；在保障系统可用性、安全性的前提下，验证弱电生产系统业务功能、软件架构、数据流是否能完美适应云边协同的新型架构。

第二步，云平台架构方面，按四层架构重新组织和搭建企业级智慧城轨云平台，逐步发展和完善大数据平台等 PaaS 层功能。在云边端的业务体系架构下，逐步完善智能运维体系、智能客服体系、智能运行业务体系、智慧管理业务体系的建设。各智慧业务体系架构与智慧城轨云平台四层架构紧密吻合，充分发挥中台方法论、微服务、容器等新技术的优势。

弱电系统融合方面，全面实现数据融合，彻底替代和取消脚本嵌入、坐席管理系统等界面融合手段；根据技术生态发展，逐步向算法融合、平台融合发展，简化系统复杂度，并全面实现中心云与边缘云的全域资源调度。引入边缘控制器打造车站底座，实现端的融合。

6.4.2 已建集中云平台下的试点方案

1. 边缘云试点方案

针对部分城市已经按照双中心集中云平台 + 车站降级云节点的架构建成了一定规模的云平台，本书建议在已建的集中云平台中，选取 2～3 座试点车站，开展两步走中第一步的工作，验证传统弱电生产系统与云边计算模型的适应性、可用性和经济性，以支撑从集中云计算模型向云边计算模型的过渡。

试点车站可将已有的车站降级云节点，重新配置为边缘云节点，改变云平台的计算模型，所承载的弱电系统 ISCS、CCTV、PIS、AFC 可参考本书 3.4 节提出的云边部署方案和图 3-27 智慧城轨云平台架构图进行部署，如将车站智能视频分析算法承载在车站边缘节点。

将中央级综合监控系统和中央级信号系统的冗余热备软件平台部署在试点线路的车辆段边缘云节点，可满足全自动运行下线路对后备控制中心的调度指挥业务灾备需求。

建议选取至少两座试点车站，每座车站部署单套边缘云节点，以虚拟化/容器的方式承载本站点的各车站级弱电系统的主平台，以及另外一座站点各车站级弱电系统的备平台。对于自身没有冗余热备机制的弱电系统，如车站级 CCTV、PIS 等系统，则可考虑利用边缘云平台的虚拟机热迁移功能，可缩短其 MTTR（平均修复时间）。

本架构可实现在中心集中云平台离线时的试点线路自治和试点站的车站自治，即在中心云平台和线网骨干网故障工况下，线路级和车站级的关键生产业务可以正常运作。集中云平台的异地灾备中心可不再部署试点站的备用应用软件，以及中心级的备用应用软件，可仅做数据级灾备。

针对弱电系统业务厂商，其传统应用软件的层级组成、数据流、冗余机制与云边协同的云平台架构方式相吻合，无须过多额外的定制开发工作，初步判断选取车站试点边缘云的工作费用较低且技术风险可控。

2. 弱电融合试点方案

弱电系统融合方面，首先考虑在试点车站的边缘计算节点上，将硬件融合、算法融合、平台融合相结合，形成适度的边缘云融合方案，将包含智慧车站业务、智慧维保业务、智慧票务系统、智慧安检、智慧安防系统、综合监控系统、AFC、通信系统（CCTV、PIS、PA），以虚拟化/容器的方式部署在车站边缘云节点上；逐步将智慧车站业务，智慧维保的在线监测业务，安防集成平台业务等集成在综合监控系统平台中，并可考虑采用微服务的架构开发部署；发挥中台理念，在车站边缘云节点提供可复用的视频分析软件、人脸识别软件、人员定位软件后台，供各类上层应用的调用。如图 6-19 所示。

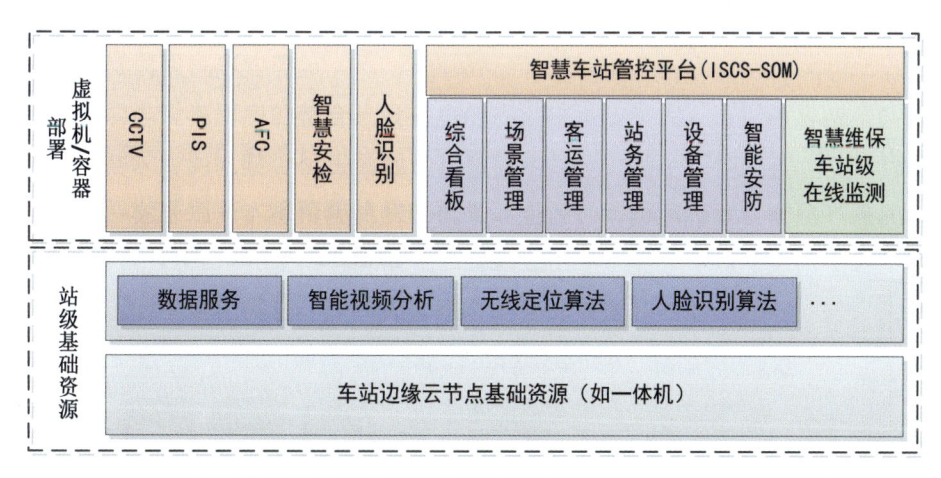

图 6-19　虚拟化 + 算法融合 + 平台融合的车站弱电融合节点架构示意图

6.4.3　中远期城轨云及弱电系统融合实施方案

1. 城轨云平台中远期实施方案

城轨云平台的建设不是一蹴而就，也可以适时对总体架构进行优化调整，随着城市轨道交通线网不断扩充，可考虑在中远期建设过程中开展分步实施总体策略中的第二步阶段的工作。在云平台架构方面，重新组织和搭建为四层架构的智慧城轨云平台，逐步实现中心云与边缘云的全域资源调度，按照中台方法论逐步发展和完善大数据平台等 PaaS 层功能。如前文所述，中台作为企业战略性的基础设施，也需要一个漫长的分阶段进行的建设周期。

中远期建设过程中应逐步完善智能运维体系、智能客服体系、智能运行业务体系、智慧管理业务体系的建设。各智慧业务体系架构与智慧城轨云平台四层架构紧密吻合，充分发挥中台方法论、微服务、容器等新技术的优势。

以智慧客服体系一体化平台举例：智慧票务系统、智慧安检系统、智能客服平台、综合信息发布、客运服务管理系统可为乘车全场景出行路径提供全景式服务。同时，这些系统也能沉淀出数据平台和 AI 能力平台。数据平台包括检人数据、检物数据、高温防疫数据、客流数据、票务数据、人像数据、视频数据、从业人员数据等。AI 能力平台包括人脸识别能力、智能识图能力、带包漏检识别能力、隔栏递物识别能力、疲劳检测识别能力、重点人员识别能力、人群过密识别能力、客流分析预测能力等。智慧乘客服务一体化平台架构如图 6-20 所示。

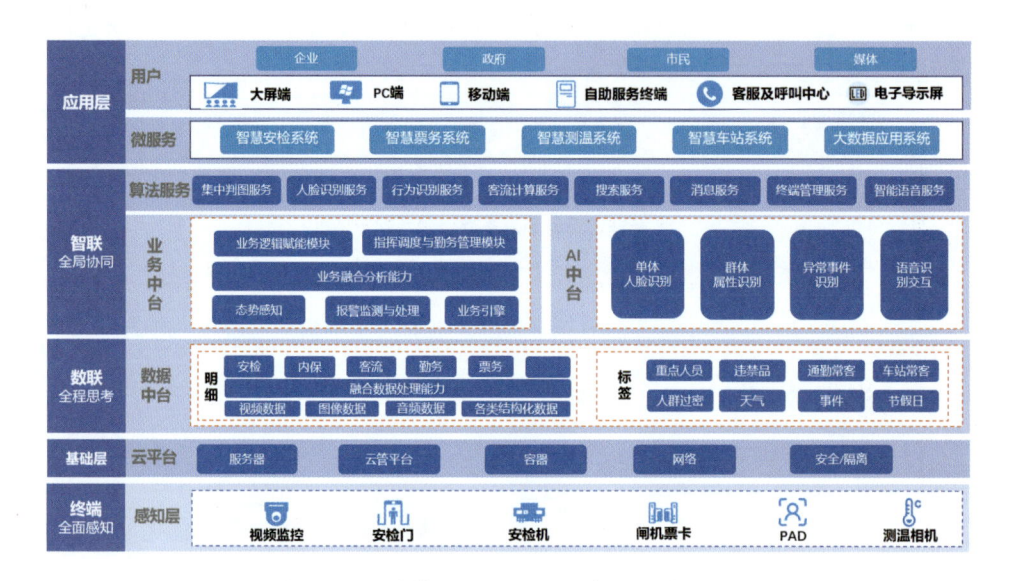

图 6-20　基于新型城轨云平台的智慧客服一体化平台架构图

从图中可以看出，线网智慧客服一体化平台，同样遵循城轨云平台的四层架构，由边缘层（感知）、基础层（云平台）、中台层、应用层构成。也就是说，智慧客服一体化平台是融合在智慧城轨云平台中一个纵向的组成部分。

2. 弱电系统融合中远期实施方案

弱电系统融合方面，线网建设中远期应全面完成相关弱电系统的数据融合，根据技术生态发展，逐步向算法融合、平台融合发展，彻底替代传统的坐席管理系统等界面融合的手段，简化系统复杂度。

从更好地满足全自动运行、智慧城轨发展需求角度出发，以软件平台融合为手段，我们建议在城轨建设的中远期，将传统综合监控 ISCS、智慧车站平台

ISCS-SOM、信号 ATS、车辆监控系统 TCMS、乘客信息系统 PIS、广播系统 PA、视频监视系统 CCTV、安防系统、自动售检票 AFC 的软件平台深度集成，全面形成满足行车、客服、设备运管等运营运作需求的，融合统一的智慧城轨综合运管平台，并可考虑采用微服务的架构开发部署。

智慧城轨综合运管平台车站级应用软件，部署在车站边缘云节点上。中央级应用软件则部署在中心云平台上。

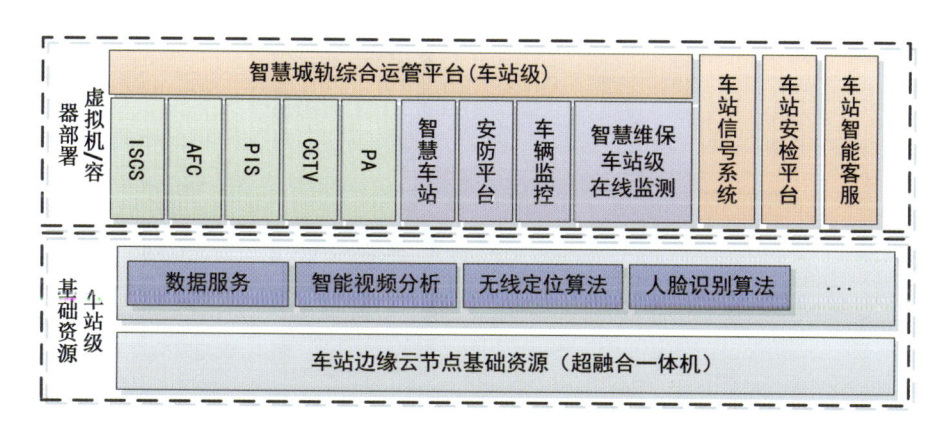

图 6-21　中远期智慧城轨综合运管平台边缘云部署

其中，车站智能票亭（智能自助终端）与线网客服中心属于线网-端的两层扁平化业务架构，不需考虑车站级和中心级软件融合；安检系统属于特种行业，初期可不纳入融合范围，持续跟踪行业和法规政策发展，远期考虑融合。门禁系统由现场终端、车站级监控功能、中心级授权平台组成，车站级门禁已经集成在 ISCS 上，中心级授权平台由于其行业非常成熟、专业性强、成本透明，运营使用部门单一，与其他系统无协同联动需求，因此建议维持独立建设。

各业务体系的线网级应用平台也应考虑软件平台融合，如前文所述的线网客服中心与线网编播中心宜融合建设，并可考虑纳入线网应急指挥中心（NCC）平台，与 NCC 既有的线网供电、行车、机电设备监察功能，线网视频监控功能，以及与线网能源管理平台，线网安防平台等，以微服务的架构同平台建设。中远期弱电系统融合如图 6-22 所示。

· 169 ·

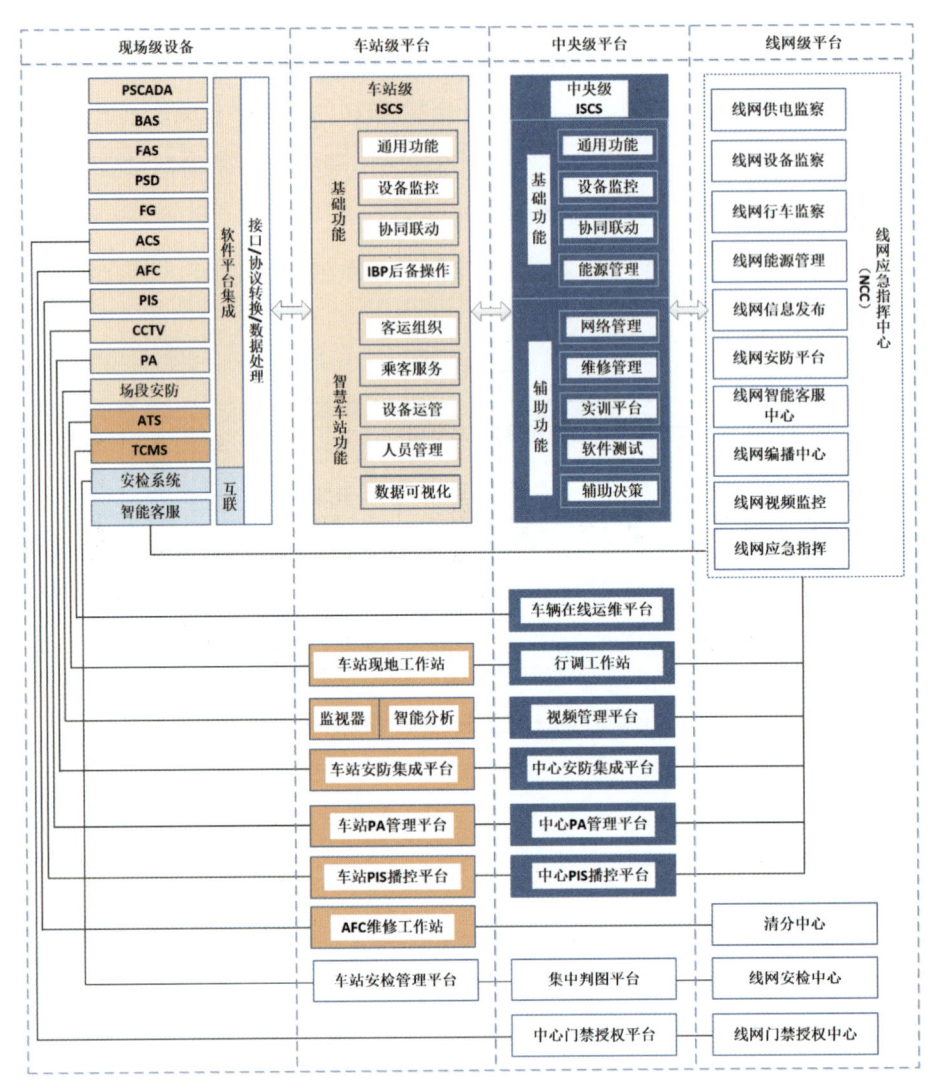

图 6-22 中远期弱电系统融合整体方案

6.4.4 换乘站弱电融合实施方案

城市轨道交通通常是按线建设、按线运营，上节提出的弱电系统融合方案也是以线路为单位。而对于换乘车站，尤其是两线或多线共用公共区的枢纽站，有特殊的协同管控的业务需求。与单线车站和一般的换乘站相比，城市轨道交通枢纽往往具有更大的规模、更复杂的结构。这既包括换乘站或枢纽站的站台、出入口、换乘通道等土建设施，也包括自动扶梯、AFC、防火卷帘门、通风空调系统等机电设备。因此，我们要从系统整合的层面，对轨道交通枢纽进行高效、有序、可靠、安全的管理。可以说，换乘站是网络化运营的典型缩影。

很多城市轨道交通线路在换乘车站存在两套独立的弱电系统，以及两组站务人员。由于两条线路之间的人员管理和监控系统之间没有实现人力共享、数据共享和统一的运营组织管理，因此在日常运营和应急场景下统一的协调和联动机制难以形成。所以本研究以实现城轨换乘车站运营管理的业务融合为目标，提出科学支撑运营一体化管理的弱电系统融合方案。

换乘站的弱电系统融合，同样可采用坐席管理等手段的界面融合，可将两条线路的 ISCS、CCTV、ATS 等画面源通过一屏多画的方式集中向站务人员展示。下面重点讨论更进一步的数据融合方案。

1. 换乘站弱电系统的数据融合方案

近期还未建成全面形成满足行车、客服、设备运管等业务融合统一的智慧城轨综合运管平台之前，综合监控系统与通信系统仍需分别考虑。

（1）换乘站通信系统数据融合。

通信专业各子系统包括乘客信息系统、视频监控系统、广播系统、无线通信系统、公务电话系统、专用电话系统、传输系统、时钟系统等。

针对共用站厅的 T 型/L 型/十字型的换乘车站，广播系统、乘客信息系统、视频监控系统宜合建，由先建线负责本站全部区域（站厅、站台、设备区及出入口等）扬声器、摄像头、显示屏等终端及所有后端设备的设置。先建线路的 PA、PIS、CCTV 系统设备预留与后建线路的接口，后建线路实施时完成接入，实现后建线在控制中心及车站对本站换乘区域的监视功能。

对于已经建成的车站，若 PA、PIS、CCTV 系统未考虑后续线路，导致两线的上述系统独立建设，则有两种方案实现车站一体化管理。方案一是将两线 PA、PIS、CCTV 系统分别互联互通。方案二是将两线 ISCS 系统互联互通，也就是上节所述方案。从工程实施难度和应用效果来看，方案二推荐采用以实现 PA、PIS、CCTV 系统两线分设情况下的统一管理。

传输系统、无线通信系统、公务电话系统、专用电话系统、时钟系统，与车站统一管理的目的关联性较低，可维持分线独立建设。

（2）换乘站综合监控系统数据融合。

在综合监控系统集成了多个机电专业，考虑将换乘站不同线路间的综合监控系统的数据打通实现数据融合。如成都地铁换乘站人民北路站为1号线、6号线换乘站，两线综合监控系统分设，通过设立通信接口实现数据互联互通，并在6号线ISCS软件平台中融合1号线的全部监控数据。运营管理模式方面，随着1、6号线综合监控平台功能的融合，由原来两套管理班组优化为1套班组，站务人员可在1个车控室对整个车站进行统一管控，在应急场景下形成统一的协调和联动机制。

在建设时序相近的换乘站，两线共用一套车站级的综合监控上位软件平台，支撑换乘站多线路"一个平台，统一管理"的能力，促进换乘站不同线路间的岗位职能合并，消除管控壁垒，降本增效。

2. 不同建设时序换乘站的实施方案

截至2022年年底，我国大陆地区共有55个城市开通城市轨道交通运营线路308条，运营线路总长度10 287.45 km。拥有4条及以上运营线路且换乘站3座及以上的城市26个，可见既有线路是一个规模相当大的存量。根据既有线与新建线路不同的情况，换乘站内线路间弱电系统融合方案会有所不同。此外，并不是所有换乘型式的车站均需要实施不同线路间的弱电系统融合，比如通道换乘下的两座车站在运营组织和管理上并无融合的必要。

（1）新建线与既有线路换乘车站的融合方案。

新建线路与既有线的换乘站，可由新建线路ISCS通过数据接口采集既有线ISCS全部数据，由新建线路ISCS实现换乘站所辖全部集成互联子系统的上位监控功能，IBP盘可仍按两线分设。对换乘站既有线ISCS的接口改造工作和相关费用需纳入新线ISCS招标范围。

（2）同期建设换乘车站的融合方案。

同期建设的换乘站除实现ISCS、通信系统的联通和融合外，可进一步地实现两线硬件融合，包括共用一台车站级边缘云节点机，并可考虑建设车站级中台，将基础数据服务、视频分析算法、无线定位算法复用。边缘云节点可由先期实施的线路负责提供。同期建设的换乘车站应合设车控室，以支持两线共享一套站务班组的管理模式。

（3）远期规划换乘车站的融合方案。

在建线路 ISCS 与远期线路的换乘站，预留平台扩容能力和预留数据接口应考虑，弱电系统融合工作由后续线负责实施。

6.4.4 既有线路改造

既有线路开通运行达到一定年限，弱电系统的电子类硬件设备如服务器、存储等需要进行大修更新，此时是将既有线迁移至云平台的最佳时机。而采用基于云边协同的城轨云平台架构下，在站段部署边缘云节点的方式，非常有利于既有线路在云平台迁移期间降低对运营的负面影响。一是由于云边协同架构不改变既有线路传统弱电系统的软件架构，原来部署在车站服务器上的车站级软件，改造后部署在车站边缘云节点上；二则原来部署在中心服务器上的中央级软件，改造后部署在中心云平台上，大大降低了调试和工程实施难度。

换乘站系统融合方面，前文中已提到新建线与既有线路换乘车站做数据融合时，由新线 ISCS（或智慧城轨综合运管平台）的车站级应用实现换乘站所辖全部线路的上位监控功能。对于既有换乘站，在其中一条线进行大修改造迁移入云时，可按新建线与既有线路换乘站融合方案实施。

6.5 弱电系统融合及边缘云的建设模式研究

建设模式（包括招标、实施、验收等）对于系统工程项目在实施全过程能否有序、协调、保质保量地顺利推进起到重要的作用。传统的弱电系统相对独立，多为各自招标，各自建设。实施了城轨云平台的工程，如果仅仅应用到云平台 IaaS 层，各弱电系统的应用软件架构、功能业务以及运营调度指挥模式并未有根本的变化，因此各弱电系统将云化资源剔除后，其建设模式也基本沿用了传统模式。

我国近年城轨线路多采用全自动运行模式建设，产生了运营调度指挥、行车组织等方面的新业务，运营业务需求侧的变化对信号、综合监控为主的弱电系统的功能和业务关系产生了实质性影响。通过调研归纳近年来全自动运行项目的弱电系统招标案例，信号系统与综合监控系统是否整合为一个标段，一般与本条线全自动运行线路的系统集成互联方案有关。对信号系统与综合监控系统有深度集成要求的线路，如北京的燕房线以及后续线路，多采用统一招标的模式。也就是说，当弱电系统的关系高度相关后，应同步考虑其建设招标模式以适应系统的实施、运维特点。

本书上节推荐了一种中远期的弱电系统融合方案，形成智慧城轨综合运管平台，此平台的线网级与线路中央级纳入中心云平台，车站级部署在车站边缘云节点，同时提出一种车站边缘云节点实施方案，是将硬件融合、算法融合、平台融合相结合，形成适度的边缘云融合方案。

在多个弱电系统融合为智慧城轨综合运管平台后，自然地，需作为一个整体采购实施。边缘云节点机（超融合一体机）建议与线路级和车站级的智慧城轨综合运管平台统一打包，按线采购，按线实施。线网级智慧城轨综合运管平台随各地的规划发展情况，以搭积木的方式分步分阶段实施。以上招标均需要考虑中心云平台的配套扩容工作。

边缘云节点的 PaaS 层算法（视频分析软件、人脸识别软件、人员定位算法软件），若条件允许，建议与中心云的 PaaS 层大数据平台统一采购，或同一建设周期的多条线路统一采购，并视实施效果确定其在线网的使用范围。从市场竞争的角度，全线网可采购两家以上的中台 PaaS 层算法，通过产品成效的比较达到彼此促进的目的。

6.6 本章小结

本章结合国内城市轨道交通的建设、规划和发展等普遍情况，提出云边协同的新型城轨云平台的建设和弱电系统融合这两项工作的两步走总体策略。

第一步，在建和既有线路的车站内开展云边计算模型的试点，将传统弱电生产系统以硬件融合为主、适度考虑软件融合的方式部署在边缘云节点上，验证弱电生产系统业务功能、软件架构、数据流是否能完美适应云边协同的新型架构。

第二步，中远期可适时按四层架构重新组织和搭建云边协同的新型城轨云平台，逐步发展和完善大数据平台等 PaaS 层功能，如图 6-23 所示。弱电系统在中心级和车站级全面完成数据融合，逐步向算法融合、平台融合发展。引入边缘控制器打造车站底座，实现端的自动化系统的融合。完善智慧城轨四大业务体系。

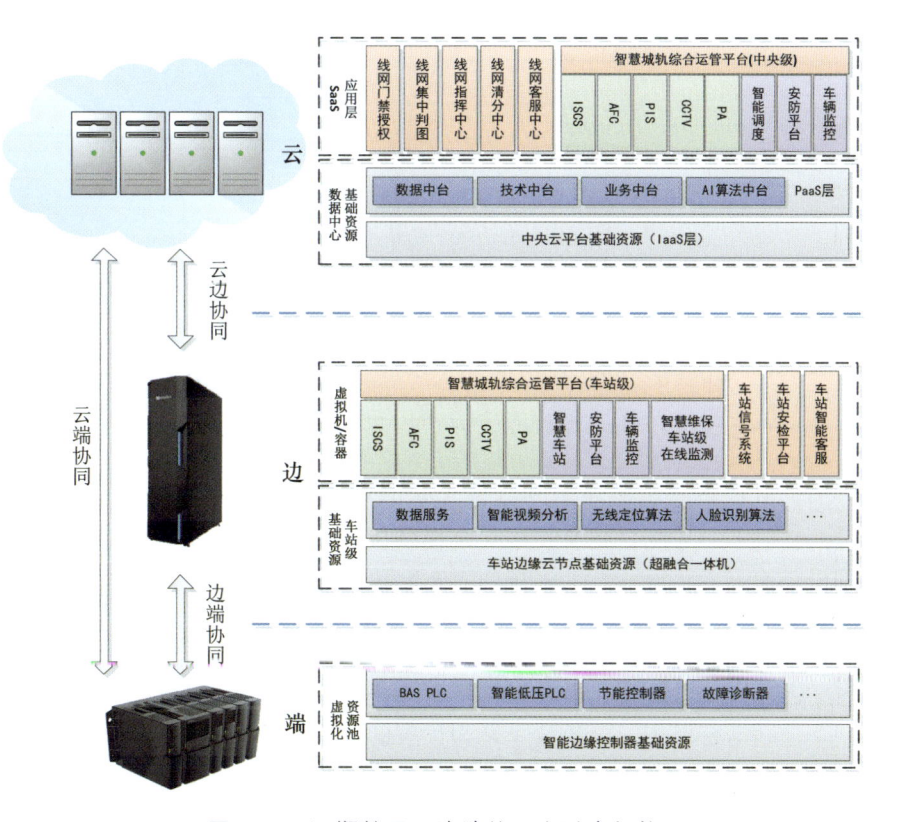

图 6-23 远期基于云边端的弱电融合架构

本研究推荐采用超融合一体机作为边缘云计算平台的硬件选型。超融合一体机的资源调优、简易交付、高效运维、安全可靠等优势是向企业业务云化和云边协同演进的较优路径。超融合一体机产品类型和配置较多，适用于不同行业和场景，在实际实施过程中可结合城轨业务的需求特征明确选型。

边缘云计算平台需考虑内生安全，与中心云在网络安全方面亦要形成合力，各弱电系统所提供的应用也需考虑安全自保策略。

中心云与边缘云在资源管理方面的理想关系是同属于一片云。在边缘计算产业快速发展的大背景下，云行业也正在向资源的全域调度与异构资源协同的目标发展。通过近期云厂家、工控行业厂家、标准化组织与开源社区等业界各方的努力探索和共同推动，已形成了较为丰富的云边协同资源管理技术体系，但技术成熟度仍需演进。因此各地在城轨云下阶段的建设中需紧密跟踪技术和生态发展。

7 弱电融合下的车站节能方案研究

弱电系统的融合会对车站和数据中心的建筑设计以及电力配套等带来直接且积极的影响：一方面是建筑布局和规模的优化，另一方面是基于云边协同下智能化应用对各专业的提升。本章进一步发掘硬、软两方面的潜力，获得城轨云平台和弱电融合方案的附加效益，如降低工程造价和降低运营能耗。

需要说明的是，除了弱电系统融合会影响地铁车站建筑布局和配套机电设备系统，全自动运行模式、以智慧车站为代表的智慧化业务的不断创新也会带来巨大的变化。通过调研其他城市的相关研究，如广州地铁正在开展《粤港澳大湾区车站建筑功能布局优化及标准化研究》中发现，在多网融合、全自动运行、智慧地铁发展背景下，建筑平面布局流线、设备设施集成、换乘及安检方式、客运组织和乘客服务模式的变化会体现在公共区、设备区、地面附属、导向标识等众多方面的建筑设计问题。限于本研究范围和篇幅，本章仅针对弱电融合直接导致的弱电系统设备用房和管理用房的布局优化和通风空调、低压配电专业的配套方案。

7.1 车站建筑布局优化

弱电系统的融合后，多个传统生产系统共用边缘云节点机，会直接减小车站弱电设备用房的面积。另一方面，共用硬件设备后，运营维保模式随之发生调整，则车站运营管理用房的布局也需进行优化整合。

弱电系统融合下车站建筑布局优化的主要思路是，将弱电系统的设备机房、管理用房整合，以促进和适应运营管理模式和组织架构的调整。进一步地实现基于功能区分类的模块化布局设计，使设备区紧凑、高效、集约，减小车站规模。

7.1.1　我国既有线路典型车站建筑方案

目前国内已开通的城市轨道交通线路采用 6 节编组 A 型车，或 6 节编组 B 型车居多，其中 6A 型车的车站建筑规模较大。图 7-1～图 7-2 所示为 6A 型车标准车站的建筑平面。

图 7-1　6A 典型车站站厅层平面图

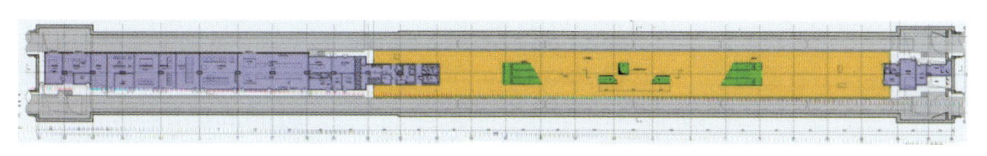

图 7-2　6A 典型车站站台层平面图

以西安地铁三期建设规划线路为例，采用的 6A 型车线路的地下车站建筑公共区：站台宽度≤12 m 时采用公共区无柱形式；≥13 m 采用公共区有柱形式，柱跨间距 10 m 以上。公共区楼扶梯布局采取每组楼扶梯对应两节车厢，中部垂直楼扶梯方向进站，两端平行楼扶梯方向出站，非付费区宽度至少相跨 20 m 以上，电梯组合 T 型楼梯居中设置，两端双扶一楼或三扶对称布置。公共区居中设置 1 处具有乘客自助终端的智能客服中心，两端非付费区设置非嵌入式自助售票机。自助售货机与售票机分离设置在进站闸机前端楼扶梯处，每站不低于 6 台。安检采用既有的站厅两侧安检。站台主要设备房一端设置公共卫生间、第三卫生间、母婴室。

设备区：设置各系统设备及管理用房，其中专用通信设备室、AFC 设备室和综合监控设备室整合为弱电综合设备室和弱电综合电源室。信号系统独立设置信号设备室和信号电源室。各专业均设置独立的工班用房和材料间。车控室采用一体化设计，换乘车站考虑合设车控室。车站弱电系统设备用房的房间要素表如表 7-1 所示。

· 177 ·

表 7-1 西安地铁三期线路弱电系统车站用房要素表

No.	用房名称	用房类型	单间面积（m²）	地板荷载（≥kg/m²）	防静电地（≥mm）	布局要求
一、弱电综合用房（ISCS、AFC、通信）						
1	弱电综合设备室	设备用房	70	800	400	紧邻或邻近车控室，与信号设备房尽量分设在车站轨行区上方，方便区间电缆引入
2	弱电综合电源室	设备用房	40	1 000	400	和弱电综合设备室紧邻
二、综合监控（含 FAS、BAS、ACS）用房						
1	车站控制室（单线）	管理用房	42	1 000	400	房间短边不小于6 m，42 m²为最小净面积。车控室与站长室无需设置通道门
2	车站控制室（双线）	管理用房	70	1 000	400	房间短边不小于6 m，70 m²为最小净面积
3	自动化维修工班	管理用房	20	600	300	平均每4站设置一处，宜布置在站厅，靠近弱电综合设备室
三、通信系统用房						
1	民用通信设备室	设备用房	50	800	400	靠近通信用房
2	通号电缆引入间	辅助用房	15	600	—	靠近室外人井，方便通信线缆的引入引出
3	弱电井	辅助用房	10	600	—	
4	公安通信设备室	设备用房	30	800	400	靠近警务室，换乘站仅设置一处
5	公安警务室	管理用房	20	600	—	靠近公共区，换乘站仅设置一处
6	通信工区	管理用房	30	600	—	
7	通信备品间	辅助用房	25	600	—	
8	通信值班室	管理用房	30	600	—	
四、信号系统用房						
1	设备集中站信号设备室	设备用房	60~80	800	400	靠近车站控制室，并远离环控机房、变电所等可能对信号设备运转造成干扰的区域

续表

No.	用房名称	用房类型	单间面积（m²）	地板荷载（≥kg/m²）	防静电地（≥mm）	布局要求
2	设备集中站信号电源室	设备用房	50	1 000	400	与信号设备室临近，并远离环控机房、变电所等可能对信号设备运转造成干扰的区域
3	非设备集中站信号设备室	设备用房	35	800	400	靠近车站控制室，并远离环控机房、变电所等可能对信号设备运转造成干扰的区域
4	非设备集中站信号电源室	设备用房	45	1 000	400	与信号设备室临近，并远离环控机房、变电所等可能对信号设备运转造成干扰的区域
5	信号正线工区	办公用房	25	600	—	与信号设备室临近
6	信号材料间	办公用房	20	600	—	与信号设备室临近
7	信号值班室	办公用房	15	600	—	与信号设备室、车控室临近
8	电缆引入室	—	12×2	—	—	与信号设备室临近，与通信专业合用
9	多职能值班室	办公用房	20	600	—	临近站台轨行区，替代原司机值班室
五、自动售检票用房							
1	票务管理室（一般站）	管理用房	20	600	—	靠近弱电设备室布置。票务管理室由于存放有现金，需安装防火防盗门。票务管理室室内与室外走道装修完成面平齐
2	票务管理室（换乘站）	管理用房	25	600	—	
3	AFC维修室（一般站）	管理用房	10	600	—	
4	AFC维修室（维修工区）	管理用房	15	600	—	平均每4站设置一处
六、安检用房							
1	安检人员休息室（每站）	管理用房	15	600	—	
2	集中判图室（中心站）	管理用房	25	600	—	平均每8站设置一处

7.1.2 设备区功能模块划分方案

基于弱电融合方案和未来智慧车站、智慧运维、智能客服、智慧安检、全自动运行的建设和应用，车站运营管理逐渐由"单站管理"向"区域化管理"发展，最终实现车站少人化乃至"无人值守"的去车站化运营管理模式。设备区可向模块化、标准化变革，本次研究提出按功能分区的模块化用房布局方案，形成办公区、系统区、机电区三大功能模块，如图 7-3 所示。

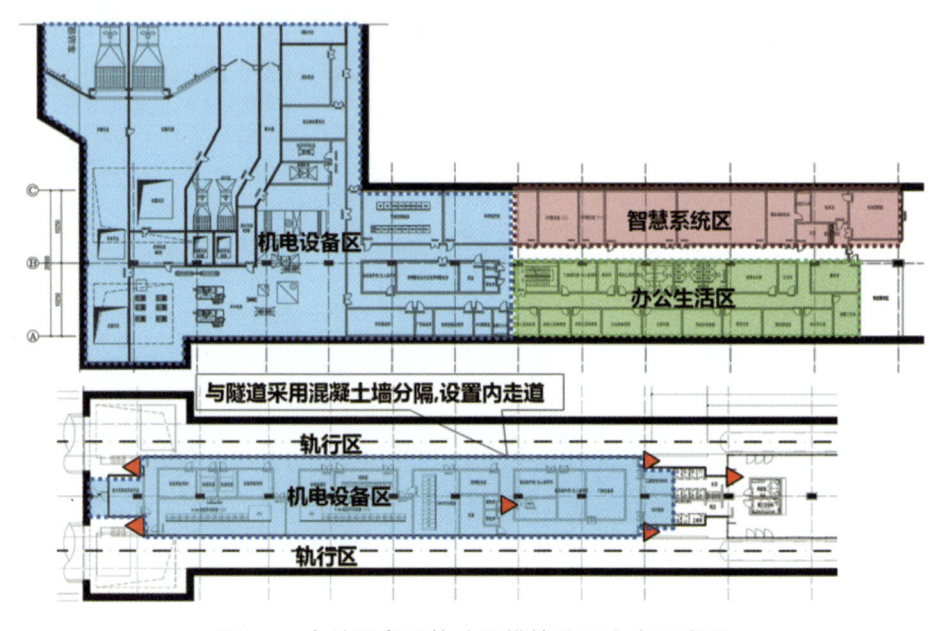

图 7-3 车站设备区按功能模块分区方案示意图

（1）办公区：集中布置有人房间，站务人员、警务人员、安检人员、维修工班人员和临时施工和委外维保人员等办公及生活用房。

（2）系统区：集中布置车控室、自动化、通信、信号、AFC、公安通信、民用通信等弱电类用房。

（3）机电区：集中布置低压配电、通风空调、给排水、门梯、供电等机电设备房，备品备件类用房。

每个功能区预留 1~2 间备用间，按照有人和无人划分，预备后续扩充的条件。考虑全自动运行的隧道安全保障，站台设备区与轨行区分隔，优先设门与站台公共区直接连通，无条件时设楼梯与站厅连通。

下面分别对系统区、机电区、办公区的内部房间设计提出优化思路，供地铁公司新线建设和运营管理和组织架构参考。

7.1.3 系统区用房优化方案

1. 系统区用房的布局要求（见图 7-4）

（1）系统区各设备用房应相邻布置在设备区内走道一侧，弱电设备室与车站控制室同一侧并紧邻，减少管线横穿走道。

（2）电缆引入间与弱电设备房同一侧时，宜与弱电房合设，另一侧电缆引入间设于机电设备区。

（3）空调设计均为 27 ℃（24 h）。

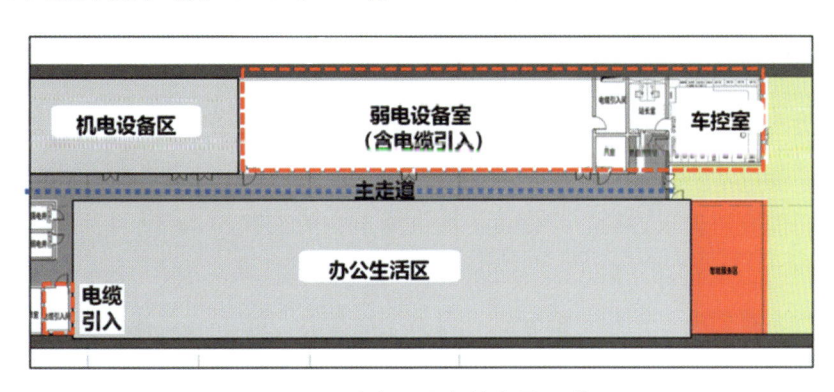

图 7-4 系统区用房的布局要求

2. 系统区设备用房整合方案

部分城市已考虑将综合监控、AFC、通信设备室整合，但信号设备室、公安通信设备室、民用通信设备室多采用独立设置方式，设备用房分设方案，主要存在以下问题：

（1）设备室分散，房间利用率不高，造成空间的浪费；

（2）相关接口专业设备分散于各个机房，相互之间走线困难；

（3）设备室分散导致机房智能监控系统造价高，且难以实现统一的机房监管；

（4）既有的分散机房方案已不能适应轨道交通智能平台下系统融合的新形态。

鉴于以上问题，城轨车站方案设计，建议推动弱电设备室更大范围的整合，提升车站空间利用率，优化车站布局；同时，在系统设备用房整合之后，推动各类机房监测管理相关的智慧地铁及新技术应用，提升机房整体品质。

一方面，对弱电设备用房开展整合设计，需要兼顾既有运营管理的大框架模式及地方特征，引导弱电运营管理模式调整，整合后可形成空间资源的高效利用。

另一方面对管理用房进行广义上的整体整合方案设计，突破原有的运营管理模式，引导运营模式整合重组及优化，整合后可形成大量的空间资源高价值利用。管理用房的整合在下一小节办公区用房优化方案中讨论。

本书提出将包括 ISCS、AFC、通信、ATS 的弱电系统以及民用通信的设备室、电源室均整合为一处设备室的方案一。方案二为进一步将公安通信设备室也纳入整合范围内的完全整合方案。

方案一：弱电（除公安）整合。

本方案将除公安设备室外的弱电设备用房及民用通信设备室整合，这种整合模式除了涉及运营内部以专业划分的管理模式的调整，由于民用通信由运营商建设维护，需要协调双方的管理职责，此方案节省的面积约 40 m²。

方案二：全整合方案。

本方案将弱电、民用、公安所有设备用房整合，除了前文提到的运营、民用运营商等所需协调解决的问题外，由于公安通信设备室涉及公安系统，在管理模式、信息安全等方面都有专门的需求，需要统筹考虑，此方案节省的面积最多（约 60 m²）。整合后的设备室示意如图 7-5 所示（以信号集中站为例）。

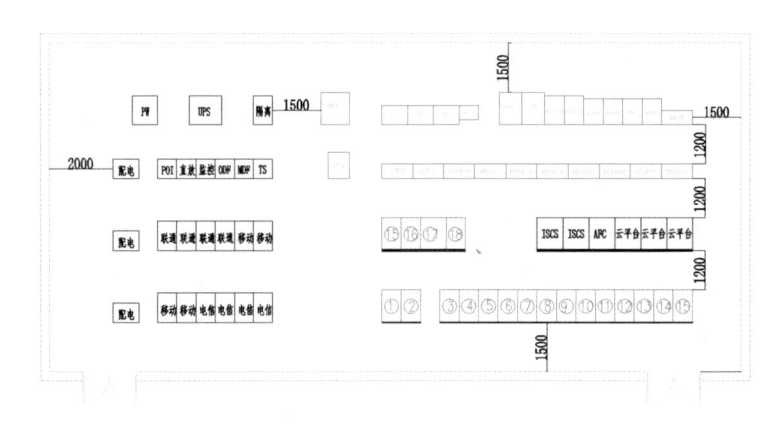

图 7-5 系统机房全整合用房平面布置图

3. 设备房新技术应用

弱电设备用房的新技术的应用主要立足于优化机房环境，提升机房管理水平，主要新技术应用可从以下几个方面考虑。

（1）微模块机房构建。

随着弱电设备用房的整合，设备房的规模进一步扩大，可以考虑按照整合专业的不同需求对弱电整合机房场地进行微模块划分，每个区域规模、功率负载、配置等统一标准划分，将传统机房的机架、空调、消防、布线、配电、监控、照明等进行统一设计，实现机房标准化建设，如图7-6所示。

图7-6 微模块机房场景图

（2）构建统一的机房监测管理系统。

设置机房环境监测系统对机房电源工作运行状况及机房环境进行监控，包括对机房温度、湿度、烟雾、水浸等进行监控所需的传感器以及对电源、蓄电池组、机房空调工况进行监控所需的采集模块和协议转换设备。

推进智能分析技术在弱电机房的应用，智能分析的场景可包括入侵报警、火灾/烟雾探测、积水探测、设备状态指示自动分析等。

由于智慧车站综合运管平台上已经有了上述各类传感器信息，以及智能视频分析功能，因此机房监测管理系统可考虑以功能模块的方式融合在智慧车站综合运管平台上集成实现。

（3）机房巡检机器人的应用。

弱电设备用房的整合，解决了以往设备室分散的问题，可考虑在弱电整合设备室设置智能巡检机器人，通过远程对机房进行巡检监控，减轻运营维护管理的工作量，提升管理效率，如图 7-7 所示。目前智能巡检机器人的造价仍非常高，投资回报率不佳，可进一步跟踪市场价格。

图 7-7 机房巡检机器人

4. 系统设备用房上走线方案

据广州、苏州、郑州等地经验，取消弱电系统房间与走道地坪面的高差，原下进线走线方式改为上进线方式（见图 7-8），取消静电地板改为静电地砖，一方面提升了房间净空，空间舒适感提升，另一方面也减少了日常对静电地板的拆装维护。

图 7-8 机房上走线实际工程案例照片

弱电综合机房在机柜上方设置两层走线架和一条光纤走线槽。上层敷设电源线和地线，下层敷设数据线、信号线。两层走线架间距不小于 150 mm，下层走线架与机柜顶部间距不小于 200 mm。

机房采用上走线方案后，取消防静电地板，改为防静电地砖或者环氧自流平防静电地面。

7.1.4 办公区用房优化方案

原各专业独立的工班用房根据功能模块整合为弱电综合工班（含 AFC、自动化、通信、信号）、机电综合工班（含门梯、风水电、供电）、工务综合工班（含工建、车辆、接触网），可结合中心站的规划每 4～5 站设 1 间，如表 7-2 所示。

表 7-2 办公区用房优化方案表　　　　　　　　　　　单位：m²

序号	既有线管理用房		整合后办公区用房		
	房间	面积	类别	房间	面积
1	司机派班室及轮值值班室	30	站务类	多职能值班室	30
2	乘务换乘室	25		乘务换乘室	25
3	乘务更衣室	20		乘务更衣室	20
4	安检休息室	15		安检休息室	15
4	AFC 票务管理室	20	维保类-弱电	AFC 票务管理室	20
5	AFC 维修室	15		弱电综合维修工区	60
6	综合监控维修工班	20			
7	通信工区	30			
8	通信备品间	25			
9	通信值班室	30			
10	信号正线工区	25			
11	信号材料间	20			
12	信号值班室	15		弱电系统备品间	30
13	站台门维修工区	25	维保类-机电	机电综合工班	40
14	供电值班室	15			
15	机电维修工区	20			
16	工建维修工班	25	维保类-工务	公务综合工班	25

为实现功能区模块化布置的设计思想，同类房间宜集中设置，有人值守的维修工区、值班室、休息室空调设计为 27 ℃（24 h），其余有人房间空调设计为 27 ℃（运营时间），便于管线敷设。

票务室需靠近车控室设置，因此紧邻安全类用房。

生活间、会议室、卫生间、淋浴间设置于办公生活区的中部，便于各方使用。保洁间、保洁工具间靠近卫生间。

站务更衣室、休息室、安检休息室、维保人员休息室、工班用房集中布置。

7.1.5 机电区用房优化方案

机电区用房包括环控机房、通风空调电控室、照明配电室兼应急电源室、供电专业的开关柜室、变压器室等。为实现功能区模块化布置的设计思想，此类房间宜集中设置。

通风空调系统的设备机房、控制机柜、各类风井、风道是机电区的占地面积大户。对于通风空调系统的配电与控制，传统设计大多采取集中通风空调电控室，占用面积较大。随着通风空调专业的发展，在国家倡导节能减排的大环境下，各地方轨道交通系统均在大力推动实施空调系统节能的相关研究，福州地铁通风空调节能控制技术研究项目已经结束施工进入系统调试阶段，深圳地铁高效空调机组的改造项目也进入了施工改造，成都轨道交通也在紧锣密鼓推进既有线车站通风空调系统节能研究和示范工程项目，第四批次新线也在积极推行风水联动的节能空调系统。因此，通风空调系统优化风井、风道、配电和控制的优化方案的是机电区优化方案的重点。

经调研，国内近年有地下车站工程取消了通风空调电控室，以优化机电专业的用房和设备区布局。如洛阳地铁1号线、2号线工程，将环控设备（风机、风阀）的配电控制柜分散设置在环控机房，靠近被控设备的区域，并且取消了传统方式下风机、风阀的就地控制箱，仍具备智能低压MCC系统和与BAS的通信接口，其远程控制模式和原则不变，如图7-9所示。

此做法的优点在于可以大大节约了机房空间，减少了一个配电层级，降低设备调试难度。缺点在于按区域对风机风阀进行配电控制后，管理上相对更分散，相对原集中方案而言略有不便。但在未来智能运维平台的逐步完善，运营管理模式向扁平化和多职能的方向优化的发展下，此方式则更便于设备设施的修改、维护。因此可考虑先取消地下车站小端的环控电控室，此区域风机风阀数量较少，待系统设计和管理成熟后再进行推广至全站。

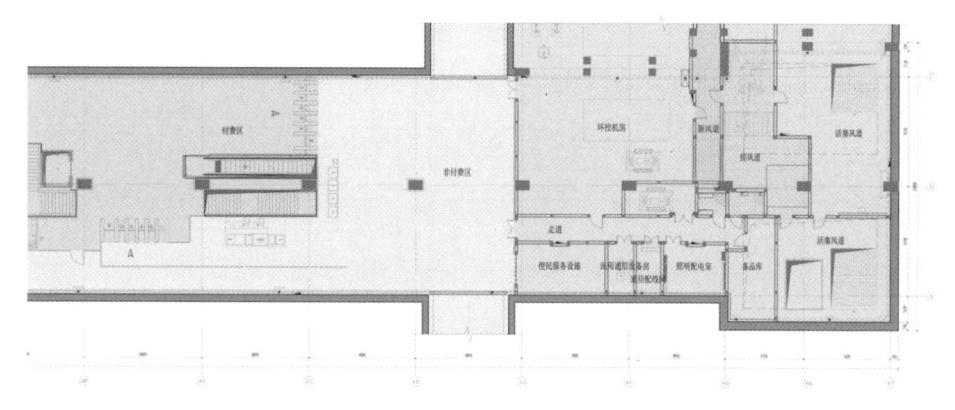

图 7-9　洛阳地铁 2 号线典型站小端设备区平面图（取消环控电控室）

7.2　环境及通风空调系统优化

7.2.1　随建筑功能区布局的管路优化

车站建筑布局按功能分区的原则进行优化后的收益，可进一步在通风空调专业中体现：

（1）简化风路。优化后弱电房间、人员房间均集中布置，可以减少风管支管横穿走道，减少管道压头从而减小送风损耗，有利于保障设备区走道净高。

（2）利于节能。无人设备区与有人管理区的区域独立，界面清晰，易于将两者空调系统独立设计，利于节能。

（3）环境舒适，提升管理人员办公环境。

优化前后通风空调管线布置如图 7-10～图 7-11 所示。

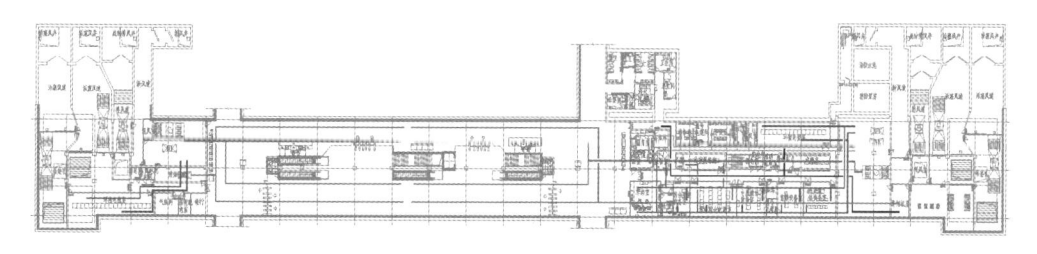

图 7-10　优化前通风空调管线布置

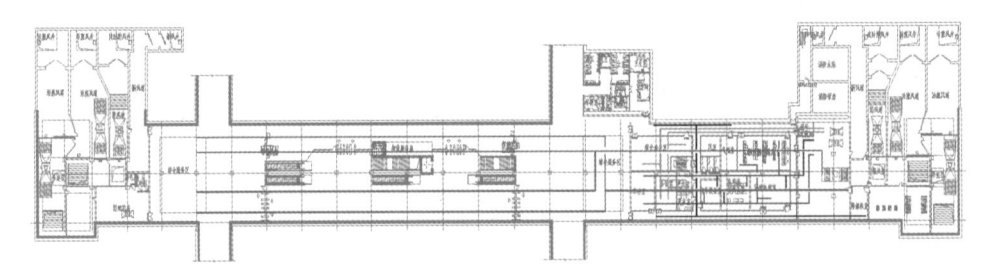

图 7-11 优化后通风空调管线布置

另一方面，气体灭火系统管网仅在系统区内部即可覆盖绝大部分的防护区单元，避免气体灭火管道与其他专业管线在设备区走道交错碰撞，减少管道综合排布的难度，同时也确保了设备区走道的净高，如图 7-12～图 7-13 所示。

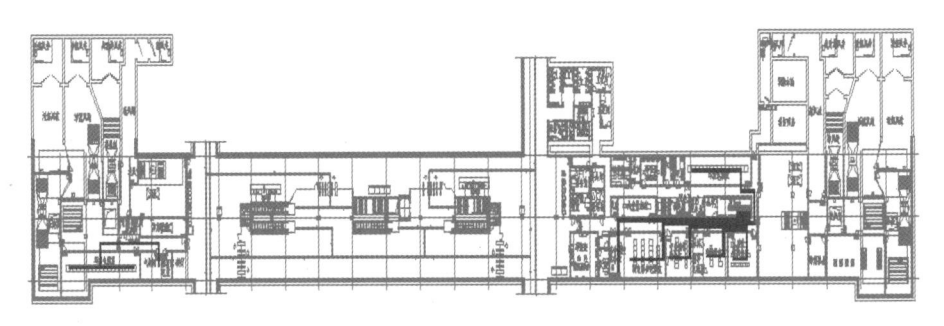

图 7-12 优化前气体灭火管线布置示意图

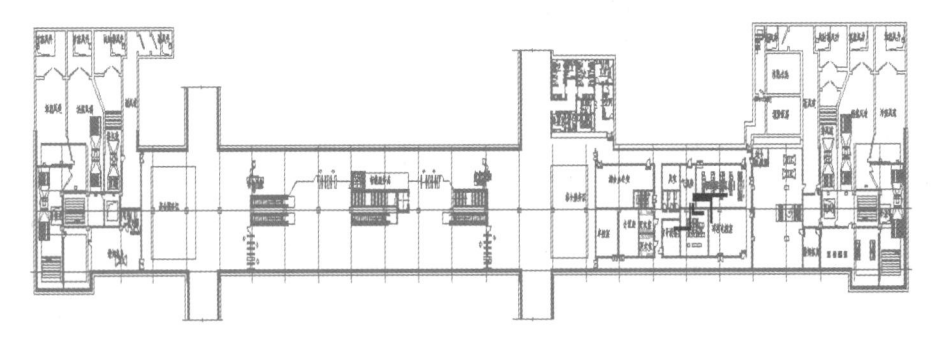

图 7-13 优化后气体灭火管线布置示意图

7.2.2 基于云边协同的控制及管理优化

本书 3.3.7 节提出了基于云边协同的通风空调节能控制策略优化的场景，利用这个思路，利用中心云的大数据分析和算法模型训练的不停迭代，并配合线网智能运维一体化平台，可持续提升调节和节能运行控制策略，挑选精细化的能耗管理、智能故障诊断和预防性维护。

既有车站冷源系统能效水平 COP 值（制冷量/耗电量）约为 2.5 左右。较低 COP 值直接导致的结果是冷源系统设备选型和配电功率的偏大，间接导致整个环控机房面积的偏大，从而使得通风空调系统车站土建面积较大。若通风空调优化控制策略的实施效果立项，就能为优化环控机房面积、提高环控机房空间利用率提供支撑，可减小空调系统冷源设备选型、减小空调系统配电功率，从而达到优化环控机房空间的目的。

7.2.3 通风空调发热量精细化设计

通风空调系统设计容量偏大于实际运营冷量的根本原因，是设计阶段各用冷专业所提发热量都较保守，各专业均按最大值提资，造成设计总发热量远远高于实际值。因此既有线路应进行数据统计和分析，促进新建线路通风空调设计的精细化。统计分析建成线路设备用房实际发热量作为系统设计选型的依据，从源头减小整个冷源系统的配置。

尤其是车站小系统的装机容量虽然小于大系统，但能耗所占比例较大；随着建设任务的不断推进，各机电系统提环控设备发热量越来越大，且各线差别较大，需要对设备发热量进行精准的测量和提资，减小环控系统容量，以优化车站空间。以广州地铁相关专题中所述常规地下车站为例，通风空调各子系统装机容量和能耗占比如表 7-3 所示。

表 7-3 广州地铁标准车站通风空调系统装机容量和能耗占比

标准站各系统装机容量					
系统	隧道通风系统	车站隧道排风系统	水系统	大系统	小系统
装机容量占比/%	37	9	36	12	7
标准站各系统能耗占比					
系统	隧道通风系统	车站隧道排风系统	水系统	大系统	小系统
能耗占比/%	—	7	47	14	32

广州地铁十三五新线系统设备发热量已依据上述相关科研成果提资给通风空调专业开展施工图设计。我们建议各地铁公司开展类似的设备发热量相关专题研究，减少小系统设备装机容量和运行能耗。

7.2.3 提高环控机房利用面积其他措施

弱电系统融合后算力集约化，弱电设备用房整合，初步估算车站总冷负荷可降低约10%，另外还可通过其他措施进一步减少部分环控机房面积。

近年来各地采用BIM建模结合装配式技术，以提高环控机房利用面积。原冷水机房设计施工均采用二维平面设计，机房管道采用现场切割焊接的形式，施工现场脏乱。采用BIM建模结合装配式技术后，通过模型拆解及构建工厂制作可以在土建施工的同时完成管件的预制加工，土建施工完成后可快速完成管件安装工序，极大地提高了安装效率，同时避免了现场管件切割焊接、油漆喷涂产生有害气体。

装配式冷水机房根据设备空间安装要求，依托BIM技术平台，开展三维建模设计、三维仿真，在满足设备安装检修空间的基础上最大限度地压缩机房面积，同时对设备进行参数优化、对系统模块拆解，通过工厂预制，现场拼装而实现设计、安装、调试、运营的统一性和一致性。

在冷水机房冷冻水泵、冷却水泵的选型上，将卧式泵改为立式泵，冷水机房面积可压缩15%~20%，如图7-14所示。

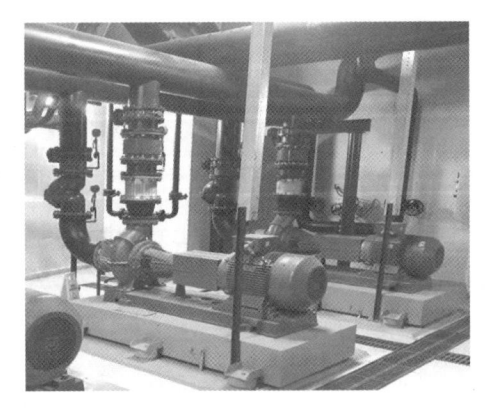

图7-14 冷水机房卧式水泵（左）与立式水泵（右）现场照片

7.3 不间断电源系统优化

7.3.1 弱电系统 UPS 整合方案

在建设城轨云后，包括综合监控、AFC、通信等弱电系统已在线网云平台上统一承载，上述系统在车站、车辆段、控制中心的设备用房建议整合设置为弱电综合设备室、弱电综合电源室。鉴于此，上述弱电系统的 UPS 可共用设置。鉴于信号系统的特殊性，若信号专业独立设置用房和运营运维架构，可不考虑共用 UPS 问题。线网云平台在控制中心独立设置 UPS，不考虑共用问题。线网云平台在车站/车辆段弱电综合设备室设置的站段边缘云节点，存在共用的可行性。

综上，建设城轨云和弱电系统融合后有以下三个 UPS 整合方案（见表 7-4）。

表 7-4 弱电系统 UPS 整合的 3 种方案表

序号	专业	用电容量需求	方案1 大整合方案	方案2 中整合方案	方案3 分设方案
1	专用通信	车站设 40 kV·A UPS、场段设 60 kV·A UPS（含安防）；后备 2 小时	专用通信、综控和门禁、AFC 的非云化设备整合为 1 套 60 kV·A UPS。根据各专业后备时间需求，分时下电	（1）专用通信单独设置 1 套 40 kV·A UPS（场段 60 kV·A）；（2）综控&门禁&AFC 共合设一套 15 kV·A UPS，由综合监控专业实施。在车辆段整合 BAS	各专业独立分设 UPS
2	综合监控&门禁	车站、场段 10 kV·A，后备 1 h
3	AFC	车站 5 kV·A UPS，后备 0.5 h

方案 1：站段级综合监控（含门禁）设备、站段级 AFC 设备、站段级通信设备工作所需的交流不间断（UPS）电源、交流配电屏、蓄电池等设备合设使用，简称为"大规模 UPS 整合"方案。

方案 2：站段级综合监控（含门禁）设备、站段级 AFC 设备工作所需的交流不间断电源、交流配电屏、蓄电池等设备合设使用。站段级通信设备用电维持原传统方案，简称为"中规模 UPS 整合"方案。

方案 3：站段级综合监控（含门禁）设备、站段级 AFC 设备、站段级通信设备工作所需的交流不间断（UPS）电源、交流配电屏、蓄电池等设备分别单独设置，简称为"分设 UPS"方案。

其他弱电系统包括公安通信系统、信号专业、中央 OPS 大屏幕 UPS 由于行业特殊性和安全性、独立性的因素，暂不纳入整合范围。

大整合方案须在车站设置容量 60 kV·A 的 UPS，超过 60 kV·A UPS 且多专业综合供电，根据工程项目经验，当容量超过 60 kV·A 时，多地为避免 UPS 单点故障造成的巨大影响，而采用设置 1+1 并机冗余方案，需额外增加 UPS 费用，系统复杂度较高，运维难度提升。

综合考虑到系统实施难度、UPS 运维范围等问题，在运营管理模式仍未传统界面划分的条件下，采用方案 2 "中规模 UPS 整合"方案。在中远期线路的弱电系统进一步实现软件、业务融合，运营管理实现多职能队伍和岗位融合的条件下，逐步实现弱电系统"大整合方案"，将专用通信、综合监控、ACS、AFC、场段 BAS 共用 UPS。控制中心弱电 UPS 设置原则可与站段级一致。

7.3.2　基于物联网的智能照明控制系统

利用具备"云-边-端"三层业务体系的新型城轨云架构，可将物联网技术应用在轨道交通智能低压配电系统领域。智能照明控制系统是物联网技术典型的应用。照明控制系统连接的外部电气设备存在数量多、分布区域零散等特点，采用传统的通信方式需要敷设大量的通信线，存在敷设线管数量繁多、敷设难度大、传输距离及连接设备数量受通信协议限制、控制方式简单随意，运维管理难度大等问题，如图 7-15 所示。

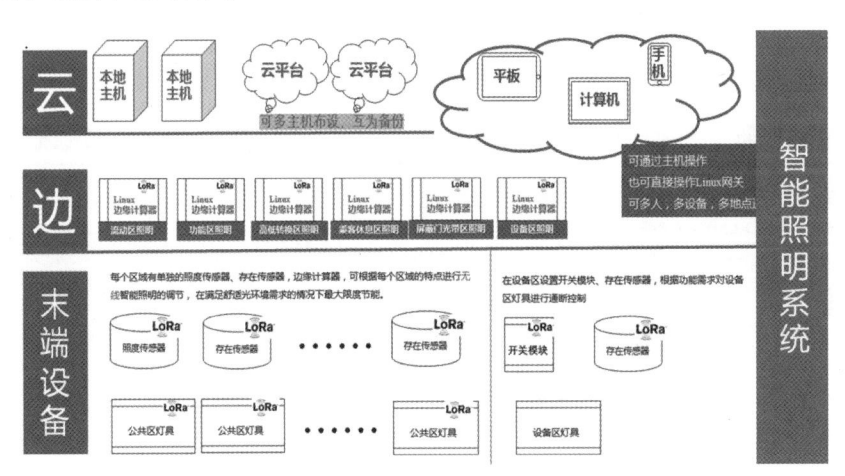

图 7-15　基于物联网技术的智能照明控制系统

基于物联网技术和城轨云的智能照明控制系统由部署在中心云的照明设备统计分析和管理系统，部署在边缘云的车站智能照明控制系统，以及现场带有智能传感器的灯具，在现场的每个照明区域设置照度传感器，存在传感器，由边缘云节点或边缘控制器针对每个区域的需求进行可变光调节和通断控制。

基于物联网技术的智能照明控制系统可实现系统与系统、系统与电气设备之间的无线传输及数据共享。同时物联网无线通信电气设备连接数量、传输距离远超传统通信方式，极大地提高传输及控制效率。同时物联网具有很大的兼容性，可实现其他系统的后续接入。

在智能照明控制系统中，可进一步关注和研究 NB-Iot 与 Lora 等无线通信技术在地铁智能照明控制等系统中的应用场景适用性，射频识别（RFID）、红外感应器、存在传感器等感知层技术，以及边缘控制器在包括物联网无线通信模块等泛在连接需求下的产品发展。

采用物联网智能照明系统，集中控制器设于车控室，将配电设备分散至设备区就近布置，可大幅度减少照明配电室面积。

7.4 本章小结

云边协同的新型城轨云架构以及弱电系统融合可促使车站建筑和配套机电专业的优化。"硬件"方面最直接的表现是减小车站规模。按照系统设备、机电设备、办公管理三个功能区排布用房布局，进而简化通风空调、给排水、气灭管网的管路；通风空调机房可通过 BIM 技术、装配式技术和选用立式水泵以进一步减小规模；弱电系统 UPS 整合可降低建设和运营成本。在"软件"方面，基于云边协同下智能化应用可提升各专业的效能，包括通风空调系统的节能控制及管理策略，设备发热量精细化设计，利用物联网技术的车站智能照明控制系统。

8 运营组织架构优化研究

弱电生产系统架构是企业的组织架构在 IT/OT 上的投影。城市轨道交通传统烟囱式的弱电系统，即是城轨运营传统组织架构的投影。如弱电系统的中央级应用为中心调度服务，中心调度指挥的工作职责分为行车调度、电力调度、环境调度、信息调度、维修调度；弱电系统的车站级应用为车站站务人员服务，车站控制室运作的工作职责包括值班站长、行车岗、票务岗等。

在智慧城轨云平台、智慧化业务体系、弱电系统融合、边缘云超融合一体机等业务、软件、硬件的全面升级迭代的背景下，运营组织架构、管理模式也要进行改革和调整，最终达到减员、降本、增效的可持续发展目标。由弱电系统融合引起的相关运营模式优化调整的内容主要包括运营维修模式和客运管理模式。

（1）运营维修方面，向扁平化管理、区域维修组织方向发展。传统分立专业的硬件更新为中心云平台、车站边缘超融合一体机、整合的 UPS，弱电系统软件也会向深度集成和平台融合发展，原本按专业划分的运维工班，需重新划分组织架构，组建多职能队伍实现车站巡、检、维的分离，并制定适配的运营修程修制。

（2）客运管理方面，探索"去车站化"模式：在全自动运行、智慧车站、无人票亭等车站设备高度集中建设、智能化程度高度发展的基础上，城市轨道交通车站的业主逐步仅承担面向旅客的服务功能，简化和退出作为维修和站务管理的节点，从而高效利用人力资源，实现降本增效的目的。

通过前几章的研究，提出了云-边协同架构下新型城轨云平台架构以及弱电融合方案，改变了多个传统弱电生产系统的模型架构和相互联系，加之人工智能、大数据等新技术下所创新出的各项智能化、智慧化应用，都会对运营的调度指挥、客运组织、维保模式产生较大影响。平台和应用是辅助运营的工具，需要搭配适合的管理模式相辅相成，才能发挥最大的效益。本章重点研究和讨论运营组织架构优化方案。第 1 节讨论既有线路运营管理的现状的面临的问题；第 2 节分析新型云平台架构、系统融合和各智慧应用等对运营管理带来的影响和变化；第 3 节和第 4 节提出为响应上述影响和变化，分别从运营维护维修和车站客运管理两个方面，提出具体优化方案和发展思路。

8.1 运营公司既有组织架构及运维模式

8.1.1 运营公司组织架构现状

城市轨道交通运营公司的总体架构基本采用职能部门 + 生产中心相结合的方式。职能部门设置原则主要是按职责分工，代表分公司行使职能管理、监督、服务以及问题协调；生产中心设置原则主要是运营生产运作、乘客服务、设备维护检修，以及生产经营必须的物资保障、后勤保障、技术技能保障等。以西安市地下铁道有限责任公司运营分公司为例，截至 2022 年年底，运营分公司下设共 18 个部门，包括 9 个职能管理部门和 9 个生产中心，分为职能管理、生产管理以及生产保障三大管理板块，如图 8-1 所示。

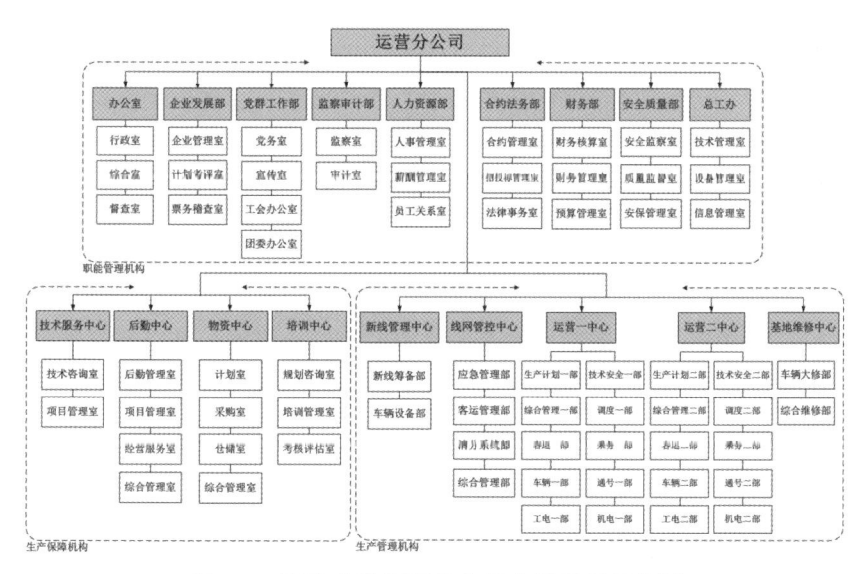

图 8-1 西安地铁运营分公司中期组织架构图

（1）职能管理机构。

职能管理机构（9个），包括办公室、党群工作部、人力资源部、监察审计部、企业发展部、合约法务部、财务部、安全质量部、总工办，主要负责运营分公司管理机制、制度标准制定、职能监督和企业运作保障工作。

（2）生产保障机构。

生产保障机构（4个），包括后勤中心、物资中心、培训中心、技术服务中心。为运营线网生产提供后勤服务、物资供应、人员能力保障等生产支持工作，以及拓展运营业务，积累经验，创建品牌，为运营未来发展提供新的支持。

（3）生产管理机构。

生产管理机构（5个），包括运营一中心、运营二中心、线网管控中心、基地维修中心、新线管理中心。其中运营一、二中心负责所辖线路的运营服务、行车组织、设备维修维护、运作管理等工作，即将成立运营三中心以负责三期线路的运营；线网管控中心负责线网的运输策划、应急协调指挥、服务监督、票务清分、资源开发接口等生产和管理协调工作；新线管理中心负责新线部分系统设备的建设及运营筹备总体协调工作；基地维修中心负责车辆大架修、设备深度维修、计量检测等工作。

西安地铁公司在基于新一轮线网规划下的《2021年版西安地铁线网资源共享专题》成果中提出，西安地铁处于平稳的建设发展阶段，线网整体规模适中。专题认为现阶段宜沿用目前的运营架构，即每3～4条线设置1个运营分中心。按照运维一体化的管理模式设置的运营分中心，未来随线网规模培育至成熟阶段，可结合发展情况考虑将运营分中心提升为运营分公司，直接下属西安地铁集团公司，并根据多运营主体的模式研究运维分离的专业化维修模式。

8.1.2 维修与运作分离的运营管理

既有运营管理模式为维修与运作相分离的模式，即车站负责客运组织、乘客服务及人员管理等，站内设备由专业化设备团队进行维护。其中车站运作实行四班两运转，车站岗位设置为站长、值班站长、行车值班员、客运值班员、站台岗和票亭岗。站内设备根据专业部门设置机电部、通号部等，并在部分车站下设工班，各维修人员根据制订的检修计划落实检修，并根据所负责区域进行故障情况下的处置工作。既有线车站维修与运作划分如表8-1所示：

表 8-1 既有线车站维修与运作划分

序号	业务模块	岗位设置	岗位职责
一		车站运作	
1	客运服务、行车组织、票务管理、人员培训、施工管理等	值班站长	统筹负责车站行车组织、票务管理、培训、客运服务等工作
2		行车值班员	当班期间车站行车组织、施工管理等，控制车站广播，密切关注监视屏，报修并记录设备故障。
3		客运值班员	负责车站客运服务工作，巡视车站站台、站厅、出入口等位置
4		站台岗	接发列车、维护站台秩序
5		票亭岗	负责车站票务工作，处理与乘客相关的票务事宜
二		设备维护（弱电专业）	
1	弱电专业设备巡视、设备检修、故障处理	信号维修工	负责所辖车站相应设备的巡视检修、故障处理等
2		通信维修工	
3		机电综合维修工	

8.1.3 垂直分立的弱电运维专业设置

既有线弱电生产系统主要包含综合监控系统 ISCS（含 FAS、BAS、ACS 系统）、电力监控系统（PSCADA）、信号系统 ATS、自动售检票系统 AFC、通信系统等。各专业设置相对独立，基础设施分散，每个车站、场段内均设置有各弱电系统独立的站段级服务器、FEP、网络设备和操作终端等。由于各弱电生产系统按专业独立的"烟囱式"方式设计、建设和运维，各弱电生产系统的车站级软硬件设备部署情况、机房设置情况和硬件选型如表 8-2 所示。

表 8-2 既有线弱电生产系统车站级软硬件部署情况

序号	系统及设备名称	设备配置	实现功能	设备位置
一		综合监控系统 ISCS		
1	车站服务器	2 台/站	完成实时数据的采集与处理，从 OCC 向分布在各站点的被集成系统发送模式、程控或点控等控制命令	综合监控设备房

续表

序号	系统及设备名称	设备配置	实现功能	设备位置
一			综合监控系统 ISCS	
2	车站交换机	2台/站	连接网络设备,并通过数据交换的方式来进行数据传输	综合监控设备房
3	FEP交换机	2台/站	完成接口和协议的转换	综合监控设备房
4	综合监控工作站	2台/站	为车站值班员与专业设备维护人员提供设备运行状态信息	车控室
5	IBP盘及附属设备	1套/站	应急情况下设备的紧急操作	车控室
6	BAS(PLC控制器、远程R/O控制柜)	2套/站	可编程逻辑控制器,主要功能实现对车辆段、停车场内通风空调、给排水、动力照明等设备的监控	环控电控室
7	门禁控制器及其附属设备	2套/站	实现门禁就地设备的监视与控制	综合监控设备房及设备区
二			信号系统 ATS	
1	车站分机	2台/联锁站	负责处理所辖线路范围内的现场信号设备状态数据和列车状态数据,接收现地控制工作站的控制指令,进行相应处理。向值班员显示本集中站所辖线路范围内的站场状态和列车运行信息。	信号设备房
2	接口单元	1台/站		信号设备房
3	车站交换机	2台/站		信号设备房
4	车站工作站	2台/设备集中站、1台/一般站		车控室
三			通信系统	
1	CCTV视频管理服务器	1台/站	本站视频信息的管理	通信设备房
2	PIS子系统车站服务器	2台/站	本站PIS屏内容显示	通信设备房
3	PA子系统交换机	1台/站	广播信息传输	通信设备房
4	CCTV子系统网络交换机	1台/站	视频信息的传输	通信设备房
5	CCTV子系统光交换机	1台/站	视频信息的传输	通信设备房
6	OA车站以太网交换机	1台/站	办公网络的连接	通信设备房
7	PIS接入交换机	1台/站	视频信息的传输	通信设备房
8	PIS车站交换机	1台/站	PIS屏内容的传输	通信设备房

续表

序号	系统及设备名称	设备配置	实现功能	设备位置
四	自动售检票系统AFC			
1	车站服务器	1台/站	车站服务器以及三层交换机构成了车站计算机系统，主要管理车站设备交易数据的储存、转发以及票务管理等工作，同时通过车站计算机工作站及票管工作站对车站计算机系统进行访问、对车站设备的控制以及票务数据的核对、统计工作。	AFC设备房
2	三层交换机	1台/站	^	AFC设备房
3	车站计算机系统工作站	1台/站	^	车站控制室
4	票务管理工作站	1台/站	^	票务管理室

由各专业设置可以看出，既有线弱电系统在后期运维方面存在的问题如下。

（1）基础设施分散，每个车站均设置独立的各业务系统车站级服务器、终端，对车站的机房空间、电力、环控、消防等资源占用大，且服务器及终端的分散设置方式存在运用风险、运维不便等问题，同时地下车站的机房环境较差，受地铁运行振动影响存在致使设备故障率较高等弊端。

（2）传统弱电生产系统专业设置垂直分立，体系架构陈旧，信息孤岛严重。各系统平台自成体系，功能开发依靠系统集成商按前期需求进行定制开发，后期的升级改造和运维对既有厂商依赖性强，较难适应运营不同时期的需求变化。

8.1.4 以计划修为主的修程修制

既有的设备检修均采用计划修为主的检修体系，综合监控系统、信号系统、通信系统、自动售检票系统，各自有独立的《设备设施检修规程》《检修作业指导书》，包含的修程有日检、双日检、周检、半月检、月检、季检、半年检、年检等。

8.2 智慧城轨发展及弱电系统融合对运营管理模式的影响

8.2.1 组织架构由纵向分立转为横纵结合

弱电系统融合是未来轨道交通发展的必然趋势，未来技术生态必然朝着各专业间由界面融合逐步向数据融合、平台融合方向发展，更要向着简化系统复杂度，全面打造设备体系横向结构，消除专业间的"信息孤岛"，并全面实现中心云与边缘云的全域资源调度方向发展。因此，也使得城轨运营企业管理者也需从纵向和横向两个角度深入思考运营生产组织架构和运营管理模式的优化方向。

以运营分中心在全自动运行模式下的岗位横向融合为例，全自动运行线路在初期采取列车工作人员头端驾驶操作台值守的方式，可考虑将原乘务一部合并至车辆一部，共同承担列车应急处置、车辆设施设备的巡护与巡检等工作；将原通号一部、供电一部、机电一部合并为维保一部，保留必备岗位人员与自动化设施设备一起承担中心管辖线路的维保工作；随着后期全自动线路运营管理趋于成熟，可逐步采用列车工作人员客室值守，最终过渡到无人值守的方式，再适时考虑将乘务一部与客运一部融合，共同承担客运组织与管理等工作。

8.2.2 智慧化应用促进计划修转向状态修、机会修

所谓状态修、机会修，是设备检修作业的其中一类，设备检修是定期或不定期对设备进行检查，然后根据检查结果决定检修项目和编制检修计划，是以预防为主、计划性较强的一种维修制度；定期搞好设备检修，始终坚持"安全第一、预防为主"的方针，是提高设备健康水平，也是长期确保生产安全、经济、稳定运行的重要环节。

本书在前文云边协同和边缘智能控制器的应用场景中，提到了边缘智能控制器可网关，对现场感知层传感器进行高频数据采集，包括能源管理电表、水表、各类有线、无线传感器的泛在连接；由边缘或中心云平台提供 AI 算力，配合云端的大数据分析算法，可实现电扶梯、站台门、风机等人工智能诊断，实现预防性维修；减少日常的巡视、巡检工作量，提高效率的同时提高运营安全。

8.2.3 城轨云平台对运维模式和能力的新要求

随着云计算平台的引入，运维团队的技术能力无法满足云平台的运维需求。城轨云的建设，打破传统的运维模式，对 IT 服务管理的要求也越来越高，如何梳理、优化和长远规划城市轨道交通集团城轨云的 IT 服务管理体系，提升城轨公司的 IT 服务管理能力，从而支撑其实现战略规划发展目标，成为城轨云建设的核心需求之一。

梳理国内其他地铁线路云平台的运营模式主要有三种形式，如表 8-3 所示。

表 8-3 国内其他城市城轨云运维模式调研情况

序号	企业名称	云平台状态	运维模式	备注
1	北京	在建	成立维护团队+原厂服务	
2	呼和浩特	开通	原厂运维+成立合资公司	
3	昆明	开通	委托第三方	PPP
4	太原	工程验收	方式待定	
5	武汉	实施	方式待定	

（1）自运维。由轨道公司培养技术人员组建运维团队，完成运维工作。优势在于具有最高的控制力；能最大限度地发展（或发挥）业主在云计算、大数据、网络安全等领域的技术专业能力。劣势为需要组建和深入管理相当规模的技术服务团队，提供 IT 行业有竞争力的薪酬待遇和工作文化氛围；对于非 IT 主业的企业而言，在员工成本、企业文化冲突等方面会有劣势；团队成熟的时间较长。

（2）第三方运维。第一种方式为外包给第三方专业团队，完成运维工作。优势在于合理选择第三方，则具有很高的控制力；能确保云平台架构开放性，增强业主在长期运维过程中的供应商选择权；适合非 IT 为主业的企业。劣势为要求云平台产品和方案确实如厂家承诺的具有开放性和标准性。对于私有封闭的部件，仍然需要寻求原厂帮助；要求第三方运维服务企业值得信任，与业主利益关系高于与原厂家利益关系。第二种方式为与第三方或原厂合资创建运维团队，地铁公司与第三方或原厂建立合资公司，负责运维工作。优势在于具有较高的控制力；能较大限度地发展（或发挥）业主在云计算、大数据、网络安全等领域的技术专业能力；后续可从事 IT 行业专项运维工作，拓展企业业务面。劣势为控制权降低，决策点不宜融合；受监管部门较多。

（3）原厂运维。在质保期后，继续购买原厂运维服务。优势在于原厂商具有最好的产品专业知识，是系统缺陷的最佳甚至唯一的解决者；能充分发挥厂商专有技术方案的优势；综合考虑其潜在的锁定性和高成本，一般适合于对价格不敏感或无其他选择的场景。劣势为厂家话语权非常高，业主基本上只能接受，或寻求替换方案；原厂服务往往价格高昂，对于绝大部分的常规运维工作而言，是不必要的高成本；开放性、定制化难度高。

综上所述，运营公司需结合云平台、大数据项目建设及厂商合作情况，适时组建运营专业维护机构，配备一定数量的专业维护及管理人员，同步介入项目前期建设，初期可采用委托第三方运维方式，逐步建立运营公司自己的专业运维团队，实现迭代更新，着力打造运营公司自己的设备维保技术队伍，保障其技术能力满足运维需求。

8.3 运营维护维修模式的优化方案

8.3.1 组建数智中心机构

智慧城轨建设不仅要求在技术理念上进行变革，更要求城轨企业在运营管理体制、生产组织模式上与之相适应。

深圳地铁公司为适应包括智能巡视、数据分析和云技术等智慧运维时代，深圳地铁积极开展运营生产管理架构改革，进一步厘清技术与管理界面，为降本增效、可持续发展完善组织保障。通过管理架构改革，深圳地铁成立了数智中心，下设综合管理室、网络安全室、生产云应用室、生产云运维室、数字化发展室，以集中管理各业务专业的数据存储以及分析业务。

北京轨道交通路网管理有限公司挂牌设立了北京城市轨道交通大数据中心，主要负责轨道交通运营数据归集、治理、分析挖掘和数据应用工具的自主研发，加快打造北京轨道交通智慧大脑，全力推进北京轨道交通运营管理数字化转型，打造引领轨道交通行业数字经济发展的数字化转型最佳示范。

西安地铁在第四期建设规划编制期间推荐在运营分公司下新设数智中心。数智中心是企业向数据驱动转型的重要责任部门，招纳数据人才，组建数据团队，一方面负责统筹管理线网云平台主备数据中心、云平台测试中心、大数据平台等运维管理工作；另一方面，聚集数据和业务专家负责研究分析大数据与运营业务的关系，从数据中发现业务价值，从业务中观察数据，最终实现企业数字化转型。

综上，结合城市轨道交通行业发展趋势及各地地铁企业自身发展战略，综合考虑线网云平台、大数据平台等规划需求，我们建议由运营分公司设置数智中心全面统筹数智规划建设、创新研发、云平台运维、智慧地铁、数字化发展以及网络安全等工作，助力城轨运营管理实现数智化转型和生产云运维体系的构建，实现城轨运营管理数智化，生产系统云化，运营智慧化。

数智中心可下设综合管理部、网络安全部、云平台运维部、数据应用部以及数字化发展部五大部门（见图8-2），各部门主要职责如下。

（1）网络安全部。

网络安全部主要负责生产云、办公网络和安全设备和互联网出口等管理工作，以及城轨运营网络安全及风险评估等工作。

（2）云平台运维部。

云平台运维部主要负责城轨运营管辖范围内云平台及相关设备的维护管理工作，以及云平台与各单位接口的沟通协调工作。

（3）数据应用部。

数据应用部主要负责制定、落实城轨运营数智化战略、规划，统筹相关单位开展智慧地铁建设工作。

（4）数字化发展部。

数字化发展部主要负责城轨运营生产办公数字化软、硬件的运维管理工作。

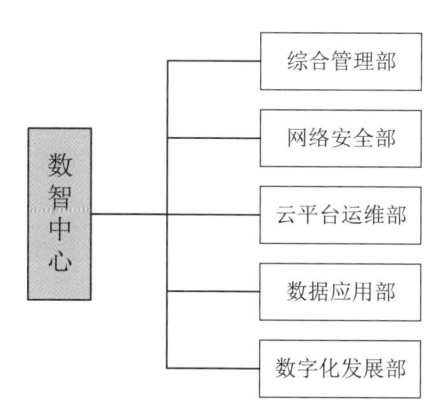

图8-2 运营公司数智中心组织架构

数智中心团队人才的来源，通常有自建和委外两个渠道。与之相关联的是线网云平台、大数据平台和顶层应用系统是自研（或自主采购）还是通过建设公司外部采购。

自建团队让地铁公司对平台和数据拥有绝对的控制力和自主权,但成本高,建设周期长且成效具有不确定性。委外模式让部门轻量化,但可能发生部门对数据失去掌握力甚至被集成商"绑架"。因此一些公司采用混合模式,项目中的关键角色如业务分析师和基础运维来自内公司内部员工,大量的开发、测试人员由外部供应商补充。地铁公司宜将混合模式作为数据团队的长期战略,在公司内部着手重点培养业务分析人员,并逐步建立企业的数据文化。

8.3.2 以"两化融合"为思想的线网运维体系的建设

城轨智能运维是两化融合的典型业务,运维业务同时包含了生产要素和管理要素,其体系涵盖设备台账管理、在线实时监测和故障诊断、设备预警策略、设备维护检修作业管理、设备备品备件管理、统计分析和评估一系列的功能。本书提出城轨智慧运维体系的建设总体思路为"基于智慧城轨云平台架构,横向规划建设统一的信息化管理平台,纵向定制开发专业的智能诊断应用。"

管理层面,要开展顶层设计,建设体系化,信息化,标准化的统一设备维护管理平台;智能诊断层面,要按不同设备特性,不同专业特点,分门别类,逐项开发智能诊断应用。管理应用和生产应用可共享 PaaS 层上的数据、技术和算法服务。

智能诊断层面,坚持专业的纵向性发展。地铁运维对象涵盖的专业较多,涵盖车辆、通信、信号、供电、结构、轨道、机电、票务八个主要专业。只有本专业的生产厂商、运维人员、技术人员最了解各核心业务痛点。专家诊断、健康度诊断的算法需要从本专业的工艺、经验中获取和提炼,没有一个万能的算法和公式可以套用所有的专业。因此,不同专业的智能运维应用应由专业的团队去开发、实施和使用。

运维体系的两化融合,指的是生产系统的纵向和信息化平台横向的密切关联。云计算和大数据技术为运营全系统信息集成提供可能,云存储将聚合运营各专业系统数据,通过大数据分析深挖数据价值,最基本地使用云平台的 IaaS 层提供的计算资源。进一步地智能运维系统作为上层应用,使用云平台 PaaS 层提供的中台资源,如数据中台提供的大数据分析能力,包括数据大数据接入、大数据清洗、存储、治理、分析、数据可视化等数据服务,也可以要求云平台提供多个专业的顶层应用可以复用的技术中台，比如人员权限管理、GIS 技术平台、BIM 技术平台等。通过能力复用和分发机制，横向的资源实现共享。

此外，运维业务还要加强与其他智慧化业务的融合。智慧运维不仅是面向维修人员和各类设备，其最终目标是实现设备生产过程及全生命周期数字化监控和智慧管理，促进设备智能化、运维智慧化升级变革，最终与智慧车站、智慧出行、智慧经营等智慧应用协同发展，共同构建智慧地铁。因此，智慧运维的设计过程中应注重与其他智慧化业务（即包括生产业务也包括管理业务）的协同与融合。

8.3.3 维修体系组织架构的集中化、扁平化发展

随着线网规模的进一步扩大，可逐步将各运营分中心通号、车辆、供电、工务等的维修业务和机构上升至线网级综合维修基地内，资源整合，专业分工，维修体系向业务扁平化发展；中远期在各运营分中心将通过建设多职能队伍，最终实现巡—检—修分离，进一步影响线网维修模式。

维修体系的集中化、扁平化发展可以采取两步走的整体战略。

第一步，在目前运维一体化运营分中心 + 基地维修中心的组织框架下，逐步优化基地维修中心和运营分中心关于维修职责的分工。基地维修中心利用智能诊断和大数据分析实现关键设备的预防性维护，将中修、大修提炼和上升到线网来集中化维修，共享维修资源。将巡视、巡检、更换备件等简单作业，保留在运营分中心的维修工班，并可跨专业组成综合维护工班和多职能队伍，降本增效。

第二步，基于智慧城轨下的运营组织架构的远期发展，地铁公司可围绕线网智能运维平台的建成、迭代和不断成熟，将智慧城轨生产组织总体架构由近期运营分中心运维一体化的模式，调整为"一平台三中心"架构。

一个平台：即线网智能运维平台。

构建三个中心：线网管控数据中心、线网维护运作中心、综合维修支持中心。

线网管控数据中心，集线网调度、应急指挥、设备管理、客运组织、数据共享、人工智能、数据挖掘、数据赋能职能为一体，实现线网核心指挥管理，实现线网资源统一调配和使用。

线网生产运作中心，基于区域化、全线网的维修和应急抢险、客运服务、安保为一体，实现线网区域化集约生产运作和抢险。

综合维修支持中心，负责线网专业化、区域化深度维修、高修程生产支撑，实现线网后台支持、分级生产运作和线网统一资源调配。

生产组织模式在"实现一个平台、构建三个中心"的思路下，未来需进一步深入研究分析三个中心职能下各业务体系的相互关系和流程，包括智慧设备维修生产组织体系、基地维修生产支撑体系、智慧车站客运运作体系、智慧指挥监测调度生产组织体系，从而使得智能运维与生产组织相匹配实现最大效能。

8.3.4 运营分中心的专业和岗位融合

随着全自动运行线路的普及智慧车站的大力推广，传统的维修与运作分离的运营管理模式已不能适应新形势。因为全自动运行带来了新的人机配合理念，需要将行车组织、客运组织与设备维保深度整合，结合全自动运行特点融合相关岗位，实现区域化、一体化管理。在智慧化前提下，车站客运服务及车站相关维修组织也必须研究如何由专业化向多职能、区域化、精简化融合，实现提升客运生产组织效率和降低管理成本的目标，实现客运组织运作由人工化、专业化向智慧化、信息化转变。设备专业与运营服务专业的"深度融合"是智慧城轨发展的必然趋势。

在此优化思路下，运营分公司便可将原本独立划分的维修人员进行岗位合并，在维保部下设弱电车间，负责信号、通信、综合监控、AFC专业等被融合的弱电系统和设备的维护检修、应急抢修、故障处理等工作；承担所辖设备设施的规章制度、技术文本的拟定及发布，编制本专业年度维修生产计划等，保证所辖设备设施正常运行，确保轨道交通运营安全。

随着弱电系统的融合，运营原自动化维修工班（负责 ISCS、BAS、FAS、ACS 等运维）、通号维修工班（负责 PIS、PA、CCTV、无线、传输、时钟等运维）、票务维修工班（负责 AFC 运维）融合为车站级弱电维修工班（车间）；考虑信号设备的安全可靠性，信号专业暂时单独设置工班。

运营分中心远期组织架构的推荐框图如图 8-3 所示。除维保部外，此图还表现出了将原乘务一部合并至客运一部，共同承担客运组织与管理、设施设备的巡护与巡检等工作；并将客运部的岗位进行优化调整，详见下一节车站客运管理模式优化方案。

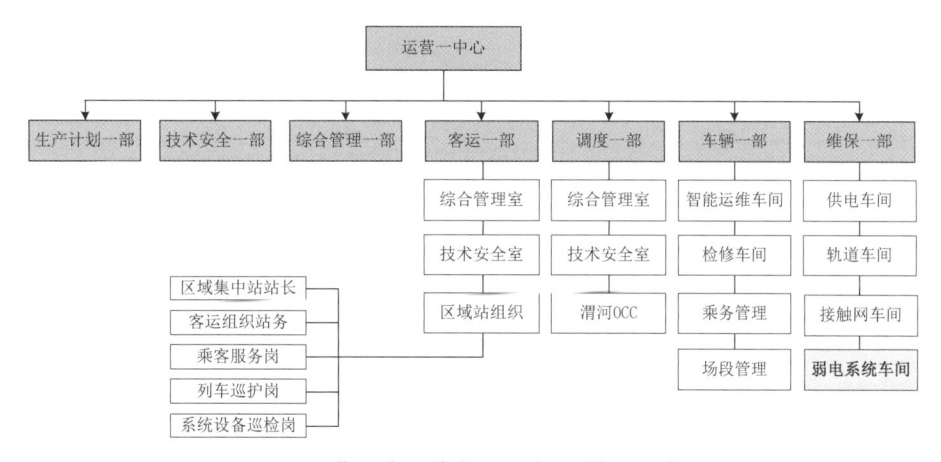

图 8-3 运营分中心内组织架构的横向融合方案

8.4 车站客运管理模式优化方案

随着智慧城轨的高速发展，客运组织运作正在由人工化、专业化向智慧化、信息化转变。大数据推送、智慧化服务和集约化管理是智慧客运的主要特征，通过智慧城轨APP，为乘客提供出行咨询、生活服务、客流动态、疏导信息、拥挤度、服务设施位置，提升乘客服务；通过智慧车站，实现车站全场景动态信息、全息感知、自动 运行、全景监控、应急处置、环境动态调控；通过将传统客运生产组织由专业化向多职能、区域化、精简化融合，打破车站客运、安保、机电维修专业壁垒，实现提升客运生产组织效率和降低管理成本的目标，实现客运组织运作由人工化、专业化向智慧化、信息化转变，实现提升客运生产组织效率和降低管理成本的目标。

智慧城轨条件下的区域化管理组织架构，应该是以车站为中心，将客运专业、设备专业、乘务专业融为一体，使其成为车站的重要组成部分，再将各车站按照区域进行划分，形成区域化车站管理组织架构。考虑确保智慧城轨条件下车站工作量以及应急处置效率，按照响应的时间要求成立区域站，一个区域站包含若干自然站，进行统筹管理和运作。

8.4.1 近期：智慧车站下的站务岗位融合

客运组织与服务智能化是智慧车站的运作特征。如综合看板的自动巡检模式场景，客运人员在车控室内可自动前进后退来巡查当前地铁站的场景。该场景可实现与电子巡更功能相融合，从而改变了传统车站客运人员关站时需要人工巡站的运作方式。智慧安检中的集中判图，可以在低峰期实现单个判图点对多个车站安检进行集中判图的功能，从而改变了安防人员运作的方式。目前人力成本是城市轨道交通企业成本支出的主要部分，占企业成本支出的 50%~60%。智慧车站功能下客运生产组织、运作、规则如何匹配，人员效能如何发挥，提升服务的前提下进一步压缩人员需要研究。如图 8-4 所示。

智慧车站的综合运管平台具备以实现全自动车站为目标的场景联动功能，包括不限于车站唤醒、车站休眠、高峰大客流、乘客服务等场景功能。同时包括智能客服中心、客流分析系统、智慧安检安防的工作内容和流程。智慧车站场景下，车站运作依旧实行四班两运转，车站岗位设置调整为站长、值班站长、行车值班员、客运值班员、站台岗和厅巡岗，厅巡岗取代了原有的票亭岗，厅巡岗负责协助处理智能客服中心的特殊乘客事务。

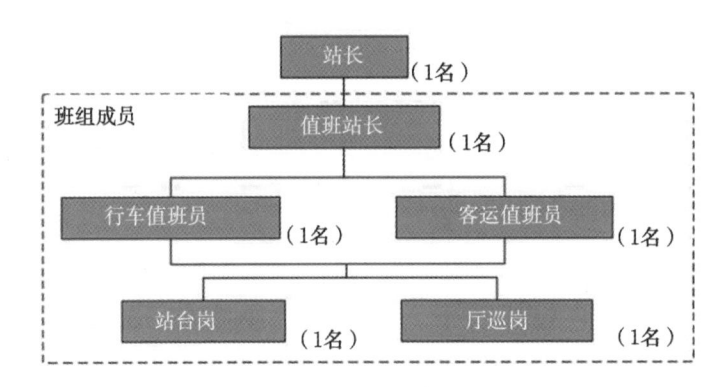

图 8-4 运营分中心客运部岗位融合初步架构图

8.4.2 中期：区域化中心化运作管理

区域中心化管理的初衷是想通过对城市轨道交通多个车站设备、业务、服务的改进、重构、升级，实现多个车站站务工作的集中化、一体化联动管理，提升车站管理效能、节省人力资源。

区域中心化管理打破既有单站管理模式"定时、定点、定岗"的固化壁垒，不再将车站工作内容按岗位进行固定划分，而是按业务模块划分为设备监控、行车组织、客运组织、应急响应、交通衔接、数据应用等模块。各模块间通过信息化技术实现功能智慧联动、数据多元共用，从而将模块管理广度拓宽至一个区域的多个车站，摆脱旧有单站模式在人力调配、运营成本、管辖广度方面的限制，最终实现节省人力资源、提升运营服务质效的管理目标。

区域中心化管理并非完全取消目前车站管理的相关业务内容，而是通过业务板块整合，基于智能化、信息化技术手段对其进行凝练和优化，在减少一线车站运营和管理工作负荷的同时提升管控效率。因此，专题研究分析了既有单站管理层级，对该模式下城市轨道交通车站的主要工作内容进行全面梳理，并分析各个模块之间的关系，并在此基础上分析区域中心化管理层级，明确其内在的管理逻辑和业务逻辑。

根据区域中心化管理的实施程度，总结以下三种基本形式，分别对应低、中、高程度的区域中心化管理。具体包括少人值守形式；区域值守形式；无人值守形式。

区域中心化管理框架如下（见图8-5）。

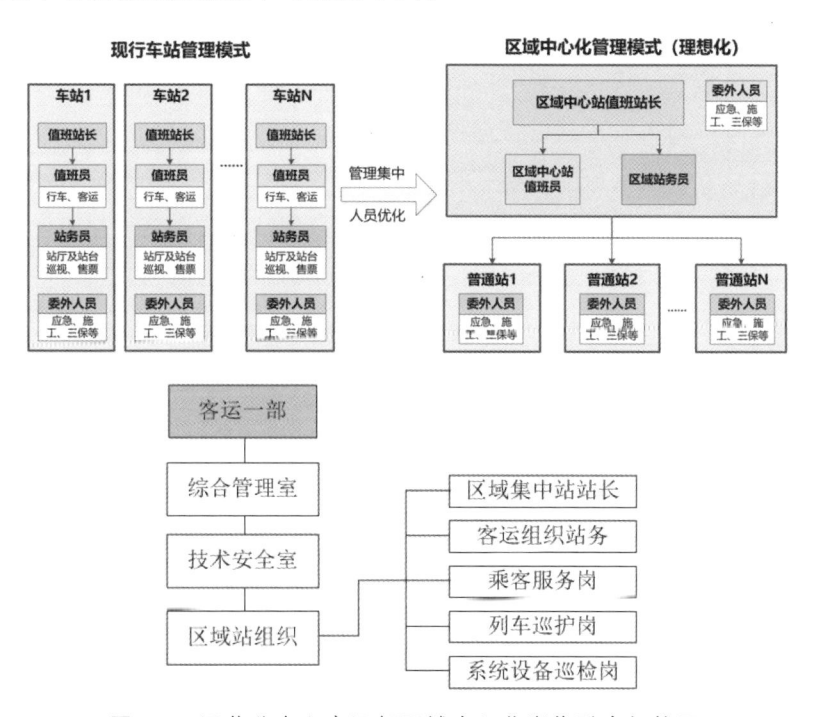

图8-5 运营分中心客运部区域中心化岗位融合架构图

（1）车站之间的管理层级。

区域中心化管理模式将一定区域内多个车站运营集中化管理，每个区域设立一个站点（一般是大客流站或换乘站）作为中心站，其余站点为普通站。按照"业务整合、专业融合"的思路，对原单站管理模式下值班站长、值班员、站务员岗位业务予以优化调整，仅针对区域中心站设置值班站长、值班员，新增区域站务员，对于普通站不再设置值班站长、值班员、站务员，相关值班值守业务由委外专业人员（如应急驻点人员、三保人员等）负责，其余车站业务由区域站务员负责，具体层级为：中心站值班站长→区域中心站值班员、区域站务员。相比传统车站管理模式，区域中心站实现由各站独立管理向多站集中管理转变，车站人员配置方案有较大优化空间。

（2）业务之间的管理逻辑。

区域中心化管理框架下，各类业务覆盖范围不再局限于单个车站，而是立足于一个区域的多个车站，通过智能化设备和智慧化手段实现绝大部分业务内容的信息实时交互和远程联动管理。区域中心化值守人员的业务架构：区域中心站值班站长负责管理所辖区域内的行车、客运、施工组织等综合事务统筹管理、员工调配以及应急响应工作，区域中心站值班员负责值守中心站，通过智能设备集中管理系统远程开展无人车站设备远程监控、一键开关车站、票卡异常处理等工作，委外人员负责在普通站值守消防控制室，并在中心站值班站长值班员的远程指导下协助做好所值守车站基础客运组织等事务。区域站务员则负责接受中心站值班站长或值班员指派，前往现场进行设备维护、乘客事务处理等现场事务。

8.4.3 远期：去车站化运作管理

去车站化是指在车站设备高度集中建设、智能化程度高度发展的基础上，城市轨道交通车站仅发挥面向旅客的服务、乘降功能，而不再作为站务管理的节点的管理运作模式。

去车站化运作模式以自动化、智能化、信息化设备设施逐步替代现场人工服务，乘客购取票、导引、进出站等"一站式"站务管理事宜均由智能化设备设施实现，仅设置少量站务人员在设备集中点位远程坐席客服处置设备设施监控和前往现场开展必要应急事务处置，从而进一步提高轨道交通车站管理的整体运作效率，实现人力资源高效利用，进而达到降本增效的目的，如图 8-6 所示。这种运作模式对于未来线网远郊延伸和无人化值守运作模式具有良好的适应性，但同时对科技水平、设备建设以及现场运作都提出了更高的要求。

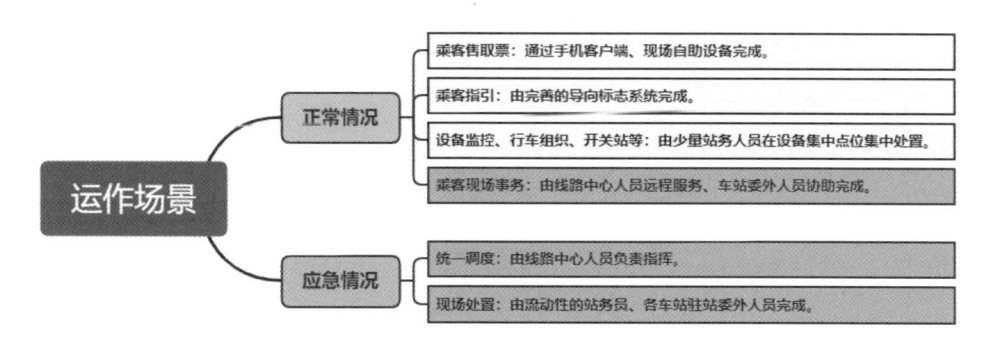

图 8-6 运营分中心去车站化运作场景工况

去车站化的适宜场景：由于去车站化模式在设备设施系统功能和设置标准上与既有线路巨大的差别，由既有线路向去车站化模式靠近涉及到大规模设备改造，改造过程复杂、改造成本巨大，同时还面临着改造期系统运营风险和改造后通勤客流对新系统的适应难度等多重挑战，综合比较来看，既有线路向去车站化模式改造的代价较大，性价比较低；对于后续增设的市区大客流主干新线，由于该类线路一般都有换乘站较多、客流较大的特点，与既有设备的互交互联通功能要求一定程度上提升了建设运维成本，同时乘客事务处理量和突发事件概率进一步增大，对去车站化模式下的现场服务、应急响应均提出了较高的要求，因此也不是最适宜去车站化的运营场景。

对比来看，在市郊区域建设的新线和市域铁路线客流强度小，换乘站少，能更好地适应智能服务、少人服务（以及远期的无人服务），同时建设期便于同步铺设智能设备，满足使用和远期升级需求，对于设备投用和运维都提供了极大的便利，适合采用去车站化模式。

8.5 本章小结

本章以西安地铁为例，通过对其既有组织架构及运维模式现状和影响分析，从运营维护维修体系和车站客运管理体系两个方面提出了优化调整方案。

运维体系方面，提出了两步走的集中化、扁平化发展。第一步是调整运营分中心与基地维修中心的分工，辅以岗位融合，做到巡视与检修的分离。第二步是将维修业务与车站运作业务完全专业化，形成一平台三中心的组织框架。另外，在集团公司或运营公司下增设的数智中心部门，负责云平台的统一运维并牵头企业数字化转型。

车站客运管理体系方面，提出初、近、远期的分阶段的运作管理优化方案，最终目标是实现少人化、无人化的车站管理。

综上，随着云平台、智慧运维、智慧车站、全自动运行在轨道交通行业的迅速落地，轨道交通运营生产运作的变革时代已经到来。只有智慧城轨与先进的生产组织相互配套，才能有效提升轨道交通运营的安全、效率、质量和服务。需要系统、科学、稳步推进智慧城轨条件下生产组织的优化工作。

9 投资估算、效益及风险分析

9.1 投资及经济效益分析

9.1.1 经济效益分析方法选择

本书在地铁集中式城轨云平台工程以及烟囱式建设的弱电系统的基础上进行优化研究，若将研究成果与传统建设模式做经济对比分析，毫无疑问是可行的，且需要与目前的集中式城轨云平台工程方案作对比分析的对象，才能体现出方案的经济可行性。

本章选取多用于改扩建项目经济分析方法："有无项目对比"法。项目有无对比法是通过对项目建成后有这个项目与假设没有这个项目两种情况的对比，来鉴别项目效益的一种分析方法。其特点是可以将项目原有效益，以及项目以外因素产生新增效益全部排除，合理地确定新项目产生的增量效益。

本章经济效益分析的思路：以西安地铁三期建设的集中式城轨云平台工程为例，首先梳理和鉴别本研究的推荐方案与现存云平台工程之间的增量，确定因新方案而产生了哪些效益或效果，最后计算出这些增量的经济效益之和。

9.1.2 经济效益增量分析

1. 数据中心资源增量分析

（1）原项目。

西安地铁三期在建云平台工程采用线网集中云架构，在长鸣路控制中心大楼内设置主数据中心，在机场线生产指挥中心大楼设置 1:1 完全同等规模的灾备数据中心，如图 9-1 所示。

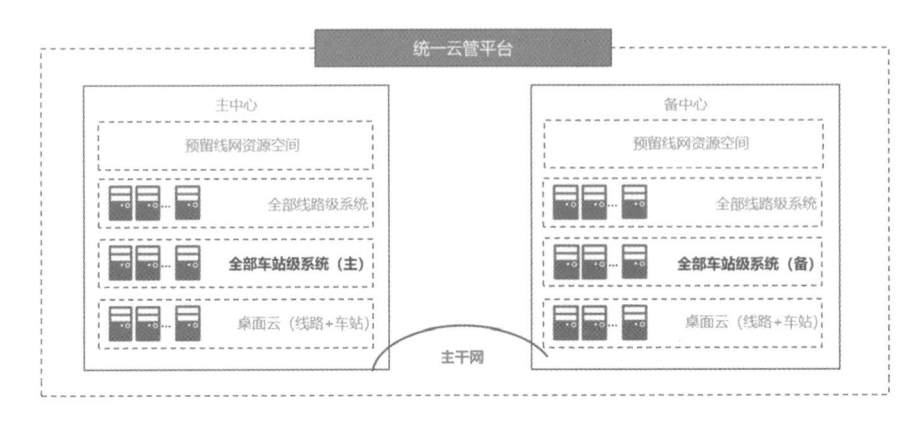

图 9-1 西安地铁三期集中城轨云的双数据中心部署示意图

西安地铁三期城轨云平台承载线路生产系统的中心级、车站级等所有的应用均在主中心运行，并在灾备中心部署冗余热备平台。

（2）新项目。

本书第 3 章提出的基于云边协同计算模型的智慧城轨云平台架构，将线路的应用灾备下沉至站段边缘云节点，则中心云平台仅做数据级灾备，如图 9-2 所示。进一步地，若在各线路边缘云节点完成历史数据的分布式存储和备份，则可以彻底取消云平台灾备中心。另外，主数据中心，不承载车站级的弱电系统平台。

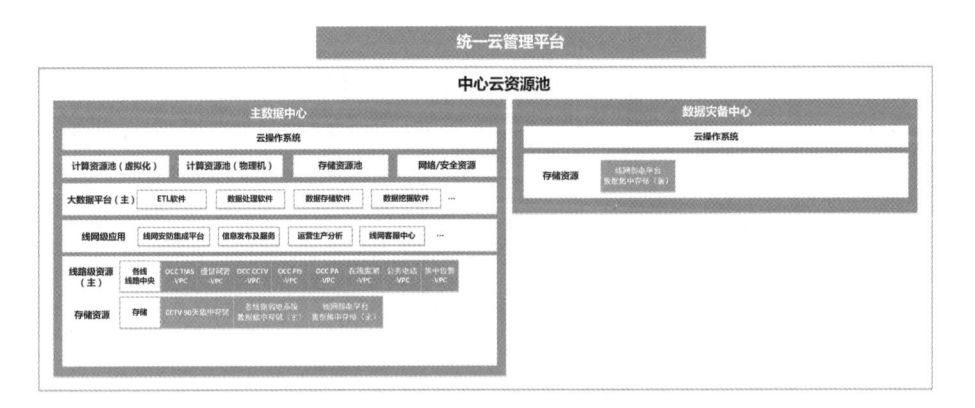

图 9-2 云边协同方案下数据中心部署示意图

（3）数据中心资源方面，两项目间增量如下。

① 新项目相比旧项目，减少了云平台主数据中心中各线路弱电生产系统的车站级计算资源。

② 新项目相比旧项目，减少了云平台灾备数据中心中各线路弱电生产系统的线路中心级、车站级计算资源。

③ 新项目相比旧项目，减少了主数据中心和灾备数据中心机房的面积，以及配套的用电、空调负荷。可按功率密度法估算。

根据西安地铁三期云平台工程招标用户需求书，入云的各弱电生产系统的车站级、中心级的计算资源需求如表9-1~表9-2所示。

表9-1 云化弱电生产系统车站级计算资源需求表

专业	设备名称	数量/站点	单台内核数	单台内存容量/G	单台存储容量/T
ISCS	车站实时服务器（含车辆段/停车场）	2	8	64	0.1
	虚拟FEP	2	8	8	0.1
	智慧业务应用服务器	1	8	128	0.1
	车站工作站（双屏）	>4/站点	4	16	1
	车辆段工作站（双屏）	>16/站点	4	16	1
	停车场工作站（双屏）	>4/站点	4	16	1
	智慧车站工作站	>2/站点	4	16	1
CCTV	智慧车站视频分析服务器	2	18	256	6
AFC	车站服务器	1	32	256	2
	监控工作站	1	4	16	1
	票务工作站	1	4	16	1
	维修工作站	1	4	16	1
PIS	车站服务器	1	8	16	1.2
	资源合计/车站		232	1 520	44.7

表 9-2 云化弱电生产系统中心级计算资源需求表

专业	设备名称	数量/线路	单台内核数	单台内存容量/G	单台存储容量/T
ISCS	中央实时服务器	2	16	256	0.5
	中央历史服务器	2	16	256	0.5
	中央网管工作站	1	8	64	0.1
	后备中心服务器	2	16	256	0.5
	NCC 接口服务器	1	8	64	0.5
	虚拟 FEP	2	8	8	0.1
	车辆段维护管理服务器	2	64	256	2
	培训管理服务器	1	8	64	0.1
	软件测试平台服务器	1	8	64	2
	调度员工作站	16	8	8	1
	中央网管工作站	1	8	8	0.1
	软件测试工作站	1	8	8	0.1
传输系统	网管工作站	1	8	16	1.2
公务电话系统	中心网络管理服务器	1	8	16	1.2
	中心软交换服务器	1	12	16	1
	计费服务器	1	8	16	1.2
	应用服务器	4	8	16	1.2
专用电话	中心网络管理服务器	1	8	16	1.2
视频监视系统	视频管理服务器	1	10	32	1.2
	视频巡检服务器	1	8	16	1.2
	视频网管服务器	1	8	16	1.2
	视频存储服务器	1	10	32	0
	视频管理终端	1	4	16	1
	接口服务器	1	8	16	1.2
广播系统	网管	1	8	16	1.2
时钟系统	网管	1	8	16	1.2
OA 系统	网管设备	1	8	16	1.2

续表

专业	设备名称	数量/线路	单台内核数	单台内存容量/G	单台存储容量/T
集中告警	服务器、网管	1	8	16	1.2
UPS 电源	网管	1	8	16	1.2
乘客服务系统	控制中心服务器	8	10	32	2.4
	控制中心工作站	7	4	16	1
	网管	1	8	16	1.2
	车载视频服务器	1	4	4	15
信号 ATS	应用服务器	2	8	32	1
	数据库服务器	2	8	32	1
	通信接口服务器	2	6	8	1
	时刻表/运行图编辑工作站	1	6	4	0.5
	线网运行图编辑工作站	1	6	4	0.5
	时刻表/运行图显示工作站	3	6	4	0.5
资源合计/线路			774	3 368	99.4

注：数据灾备中心与主中心的资源需求为 1∶1 等同。

根据西安地铁三期云平台工程设计方案以及招标用户需求书，入云的各弱电生产系统的车站级、中心级的计算资源折合为宿主机（云服务器主机）的原则如下。

（1）虚拟机及容器的宿主机数量＝MAX［单线路虚拟机 VCPU 资源总需求×线路数×冗余比例/（宿主机 CPU 路数×宿主机单个 CPU 核数×超线程比×损耗系数），单线路虚拟机内存资源总需求×线路数×冗余比例/（宿主机内存×损耗系数）］；

（2）其中冗余比例取 1，超线程比取 2，损耗系统取 0.9；

（3）单宿主机的使用率不宜超过 70%，需预留余量保证 HA 迁移的需求；

（4）专用计算资源池配置的物理服务器 CPU 利用率不宜高于 50%；

（5）共用计算资源池配置的物理服务器 CPU 利用率不宜高于 60%；

（6）云计算软件占用物理服务器 CPU 的资源占用率不宜高于 5%。

按此方法可折算出在主数据中心，新项目每座车站可减少云主机服务器9.89套，按占两面模块化机柜考虑；在灾备数据中心，除减少车站计算资源外，还可减少每条线路中心级的云主机服务器21.93套，按占6面模块化机柜考虑。

2. 站段资源增量分析

（1）原项目。

西安地铁三期云平台方案中在每座车站、车辆段、停车场内设置降级云节点，承载ISCS、PIS、AFC等车站级弱电系统站级后备应用，段场安全生产网接入车辆智能运维等系统，在中央云平台数据中心和灾备中心均发生异常，或本站脱离骨干网络等故障工况下，由站级降级云节点接管本站点的生产业务，实现车站的独立自主运营。三期云平台每站设置单套降级云节点。

（2）新项目。

本书第3章提出的基于云边协同计算模型的智慧城轨云平台架构，推荐在站段部署单套边缘云节点，虚拟化/容器承载不同两座站点的各车站级弱电系统的主平台和备平台；在车辆段DCC边缘云节点部署各弱电系统中央级的备平台用于满足全自动运行下线路后备控制中心的需求。

（3）站段资源方面，两项目间增量如下。

由原单套降级云节点，替代为边缘云节点。目前西安地铁三期云平台降级云节点招标后为单套云节点服务器，本书推荐车站部署单套边缘云节点机，并推荐采用超融合一体机。新项目站段资源的增量为超融合一体机与普通云节点服务器的差值。

3. 弱电融合方案增量分析

（1）原项目。

西安地铁三期云平台方案提供整个云平台的硬件资源，包括计算资源、存储资源、网络资源以及安全资源等，云平台实现对硬件资源的池化，各业务系统调度底层硬件资源池。目前使用云平台的IaaS层，其各业务系统应用仍为传统的架构。

（2）新项目。

本书第4章提出将硬件融合、算法融合、平台融合相结合，形成适度的弱电系统融合方案。由于城轨运管模式是车站、线路、线网分层级责任制，弱电生产系统是运营组织架构和管理模式在 IT/OT 上的投影，同样部署有车站级、线路中心级、线网级的平台，因此弱电系统的融合包括车站级的融合，中央级融合，个别系统还涉及线网级平台融合，如线网客服中心与线网编播中心的平台宜融合建设。

弱电融合方案中将综合监控系统，AFC 的 SC 系统，通信系统（CCTV、PIS、PA），智慧车站业务，智慧维保中涉及生产系统的业务（采集、监测、智能诊断等），以平台融合的方式与综合监控系统融合为车站级和中心级的智慧城轨综合运管平台。另外，发挥中台理念，在车站边缘云节点提供可复用的视频分析软件、人脸识别软件、人员定位软件后台，供各类上层应用的调用，在中心云平台部署上述算法的机器学习和训练模型持续优化和迭代，定期下发至边缘进行更新。

（3）弱电系统融合方面，两项目间增量如下。

① 新项目相比旧项目减少了被融合的弱电系统在车站级、中心级的上位管理软件的实施。

② 新项目相比旧项目增加了综合运管平台的开发工作，增加了算法中台的开发工作。

9.1.3 经济分析结论

通过上节对有无项目之间的增量分析和鉴别，代入西安地铁线网规划的规模参数，形成的新旧项目增量对比如表 9-3 所示。

表 9-3 有无项目对比增量投资分析表

序号	增量类型	增量项目	增量单位投资估算	增量总投资估算（全线网 24 条线路，600 座站点）
1	数据中心·资源	云平台主数据中心中各线路弱电生产系统的车站级计算资源	10 套云主机服务器，2 面机柜/每站点。单位减少投资 160 万/站	站点共计减少投资 9.6 亿
2		云平台灾备数据中心中各线路弱电生产系统的线路中心级、车站级计算资源	22 套云主机服务器，6 面机柜/每线（不含站点）。单位减少投资 360 万/线（不含站点）	线路共计减少投资 8 640 万

· 219 ·

续表

序号	增量类型	增量项目	增量单位投资估算	增量总投资估算（全线网24条线路，600座站点）
3	数据中心资源	主数据中心和灾备数据中心机房的面积，以及配套的用电、空调负荷	机柜占地指标1.3 m²/面，用能及制冷负荷4 kW/机柜	共计1 344面机柜，节省数据中心机房面积2 096 m²；年节约7 431万度电
4	站段资源	降级云节点替换为边缘云节点机	降级云服务器20万/站，超融合一体机100万/站。单位增加投资80万/站	站点共计增加投资4.8亿
5	弱电系统融合	被融合的弱电系统在车站级、中心级的上位管理软件的实施	受行业市场和生态发展影响，暂按两者相抵考虑	
6		综合运管融合平台的开发工作，算法中台的开发工作		

从上表可以看出，本书推荐方案在数据中心资源的增量一项中，在西安地铁全线网规划共24条线路，约600座站点（包括车站及场段）的规模下，其云平台工程的一次投资可节省约5.7个亿，每年可节省用电及制冷负荷共约7 431万度电，具有可观的经济效益。

9.2 社会效益分析

本书研究成果的社会效益可归类为以下两个方面。

（1）提高运营效率和乘客服务质量方面。

在新型城轨云架构下，为城轨业务提供了云边协同的能力，在本书第3.3节中详细列举了资源协同、数据协同、智能协同、业务协同的典型场景。资源协同在降低工程投资的基础上，保证生产系统的可靠性不降低。如视频分析算法的智能协同，可以提高视频分析算法的实时性和准确性，提高运营效率。以人脸识别过闸缩库场景为例的业务协同能力，可以显著提高乘客过闸的速度，提升乘客服务质量。

弱电系统的融合方案，可以提高生产系统的效能，系统的数据融合和平台融合，可以促进运营管理的业务融合，如通过弱电系统融合可实现换乘站"一个平台、统一管理"的目标，改变既有换乘站由 2 套管理班组分别管理 2 条线路的车站运营管理模式，随着系统的数据和平台的融合，车站管理人员可在 1 个车控室对整个车站进行统一管控，在应急场景下完成统一的协调和联动机制，提高运营调度指挥和应急响应能力，提高地铁的运营管理水平。

（2）从行业发展的贡献度角度来看。

基于云边协同的新型城轨云平台架构，可以充分拉动城市轨道交通下游产业的发展，不会被一家云厂商锁定，促进云平台管理的兼容性。通过本书第 6 章设备选型调研分析，众多国产厂商目前已经开始布局边缘云的技术产品线，推出多种超融合一体机产品，逐步形成一个完善的边缘云生态圈。同时，在本书编制期间获悉，中国城市轨道交通协会正在草拟团体标准《城市轨道交通边缘计算服务技术规范》，这说明本成果方向适应未来行业的发展，同时适应未来城市轨道交通发展的态势。本成果可向行业提供实际工程的平台，增强社会产业和行业的发展信心。

9.3 风险分析

工程项目在前期研究和决策阶段涉及的风险因素较多，包括经济风险、政策风险、经营风险、管理风险等。针对本研究成果，通过风险解析，主要涉及的风险因素主要有技术风险、组织管理风险。

（1）技术风险。

技术风险主要指由于技术的不断创新，新产品的不断出现，致使原有产品生命周期缩短。此外还存在技术生态风险，如技术的单打独斗以及商业推广的不足，使得无法生存，比如 RISC 架构（精简指令集）与 X86 架构在服务器和 PC 机市场的争夺过程，前者在技术优势的情况下被后者淘汰。边缘云与中台等方案会明显提高技术门槛，在项目的微观层面缩减市场规模和份额，提高竞争的激烈程度。

针对城轨行业，云边协同的新型云平台架构，尚没有已运营的成功案例，且尚无颁布的技术标准和建设标准。

以上技术风险，应在项目方案设计阶段，认真分析和明确设备选型和融合范围，充分认识方案的适用性和可靠性，应分阶段、分对象的分类别分析，选择合适的技术方案。

（2）组织管理风险。

管理风险主要指由于项目管理模式不合理，项目内部组织不当、管理混乱或者管理能力不足、人才缺陷等，导致工程质量、工期出现问题，投资远大于超过预算造成企业损失。

针对此风险，我们应提前筹划和设计合理的项目建设和管理模式、选择适当且有能力的管理者和加强团队建设。针对本书成果项目，有关部门应组织地铁公司建设部门、运营单位、各线路相关系统设计单位、技术厂商等多方参与方与利益相关者开展对接工作，使得各相关方对项目有一致的理解、态度和行动方向，并在实施阶段加强合作和沟通，并加强项目的合同管理，可以降低项目的组织管理风险。

10 主要结论及建议

10.1 结 论

将本书内容提纲挈领,其成果主要涉及以下三个方面。

一是针对城轨运营管理和生产系统的特征,选择适配的云计算模型,提出一种云边协同的新型城轨云平台架构。

二是基于新型云平台架构,分析各类弱电系统在"云-边-端"三层体系架构下的部署和协同方案。

三是研究弱电系统自身的融合方案,并讨论与微服务、中台、分布式云等技术的结合。

围绕上述成果,本书进一步提出配套土建及机电工程优化方案、运营组织架构和运营管理模式优化,结合国内地铁建设现状提出分步分阶段的实施策略,并进行效益分析。

10.1.1 云边协同的城轨云平台的新型架构

弱电系统是运营组织架构在IT/OT的投影。城轨运营调度指挥和管理模式是分层级负责制,大的层面划分为车站级、线路级、线网级。为匹配运营模式需求,本研究提出以云边协同为手段的新型智慧城轨云平台的计算模型,构成云-边-端的三层业务体系(见图10-1),网络架构由边缘层、基础层、平台层、应用层四层组成。

本书对城轨行业边缘计算的位置进行了定义:具有三级管理两级控制的弱电生产系统的站级子系统定义为"边",将靠近被控对象的自动化系统的控制器和网关定义为"端"。边缘计算在边、端的落地形态分别是边缘云服务节点,以及边缘智能控制器。利用边缘计算的特点，可实现车站自治，可提高城轨云的整体效益，促进智慧化业务发展等积极作用，因此面向城轨行业的相关应用研究是必要的。

需要强调的是，边缘计算不应是独立存在，需要与中心云相互配合。边缘云计算与中心云平台的关系，类似人类的"大脑"与遍布全身的"神经系统"的关系，相辅相成。

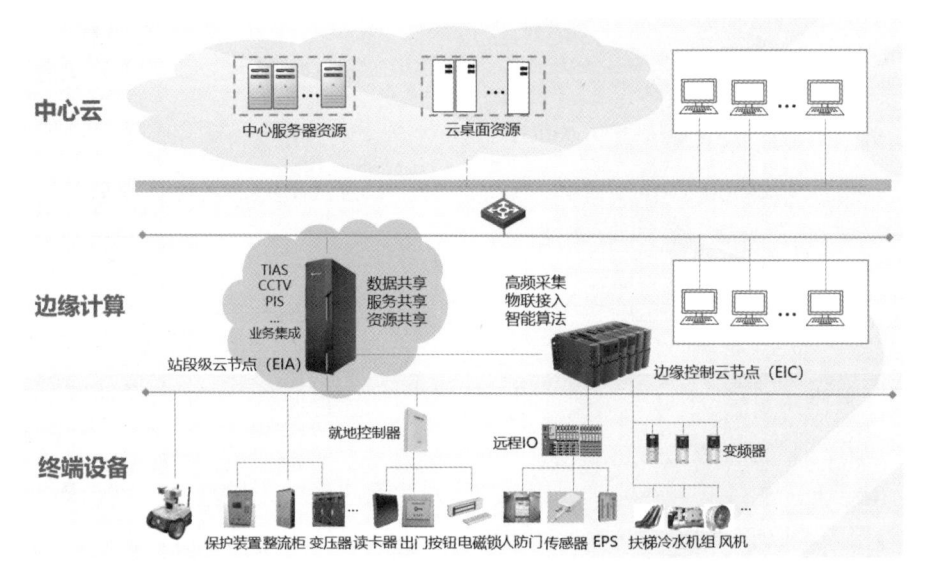

图 10-1 以弱电系统为视角的新型城轨云网络架构示意图

10.1.2 城轨业务的云边协同部署

云边协同的能力与内涵，涉及 IaaS、PaaS、SaaS 各层面的全面协同。本书总结出城轨行业云边协同的典型场景，包括

（1）资源协同；

（2）智能协同，如视频分析算法协同；

（3）数据协同，如预防性维护、通风空调节能控制；

（4）业务协同，如人脸识别过闸缩库、车站安检与中心集中判图。

资源协同方面，在站段部署单套边缘云节点，虚拟化/容器承载不同两座站点各车站级弱电系统的主平台和备平台；各线选取一处站点（如车辆段 DCC）的边缘云节点部署各弱电系统中央级热备平台，用于满足全自动运行下线路后备控制中心的需求。数据中心云平台承载各弱电系统的中央级主平台，线网级各类应用平台，PaaS 层的大数据平台等中台业务，以及企业信息化业务。此部署实现了车站自治和线路自治，在中心云平台离线时各线路的关键生产业务可以正常运作。因此数据中心云平台可不再做应用级灾备，仅做数据级灾备。进一步地，若在各线路的边缘云节点完成分布式数据存储和备份，则可以彻底取消集中云灾备中心。

本书按两个维度：传统弱电生产系统专业划分的维度，和智慧城轨四大业务体系的维度，逐个分析了各业务体系、各专业、各系统、各应用的属性、特征和关系，提出这些生产系统针对"云-边-端"的部署方案。

10.1.3　弱电生产系统的融合

在城轨云建设方兴未艾的同时，我们注意到纳入云平台综合承载的弱电系统的软件应用平台仍为"烟囱式"建设。随着城轨智慧化的进程，弱电系统的功能种类会越来越多，如智慧车站 ISCS-SOM、智能运维、智能调度、安防集成平台等。为避免系统分立和各自为政导致系统性能和运营效率的降低，本研究提出硬件融合、界面融合、数据融合、平台融合 4 种融合方式和技术路线，本研究认为应根据业务需求、适用场景、技术发展选择适宜的融合方式，且多种融合方式可结合和共存。

从更好地满足全自动运行、智慧城轨发展需求角度出发，以软件平台融合为手段，综合监控 ISCS、智慧车站平台 ISCS-SOM、信号系统 ATS、车辆监控系统 TCMS、乘客信息系统 PIS、广播系统 PA、视频监视系统 CCTV、安防系统、自动售检票 AFC 的软件平台的车站级、中央级可分别深度集成，形成全面满足行车、客服、设备运管等运营运作需求的融合统一的智慧城轨综合运管平台。

其中，车站智能票亭（智能自助终端）与线网客服中心属于线网-端的两层扁平化业务架构，不需考虑车站级和中心级软件融合；安检系统属于特种行业，初期可不纳入融合范围，持续跟踪行业和法规政策发展，远期考虑融合。门禁系统由现场终端、车站级监控功能、中心级授权平台组成，车站级门禁已经集成在 ISCS 上，中心级授权平台由于其行业非常成熟、专业性强、成本透明，运营使用部门单一，与其他系统无协同联动需求，因此建议维持独立建设。

各城轨业务体系中的线网级应用平台也应考虑软件平台融合，如线网客服中心与线网编播中心宜融合共建，并可纳入线网应急指挥中心（NCC）平台，与线网供电、行车、机电设备监察功能，线网视频监控功能，线网能源管理平台，线网安防平台等，以微服务的架构搭建。

智慧城轨综合运管平台的车站级，以及车站安检平台，车站客服平台以虚拟化/容器的方式部署在车站边缘云节点上。智慧城轨综合运管平台的线路中心级以及线网级的应用部署在中心云平台。利用大数据平台等技术，实现灵活有效的运输组织、全景管控的运营管理、高效协同的调度指挥和智能主动的智慧运维，以支撑智慧地铁体系的整体发展。

本书专就换乘车站提出弱电系统融合方案，支撑换乘站内多线路"一个平台，统一管理"的能力，促进换乘站岗位职能的共享，降本增效。

10.1.4 分阶段实施

结合西安地铁的建设、规划和发展等实际情况，提出新型城轨云平台的建设和弱电系统融合工作分两步走的总体策略。

第一步：

云平台架构方面，开展云边计算模型的试点，逐步从集中云计算模型向云边计算模型过渡，可将车站内设置的原降级云节点重新配置为边缘云节点。

弱电系统融合方面，将传统弱电生产系统以硬件融合为主、适度考虑软件平台融合的方式部署在边缘云节点上。在保障系统可用性、安全性的前提下，验证弱电生产系统业务功能、软件架构、数据流是否能完美适应云边协同的新型架构。

第二步：

云平台架构方面，按四层架构重新组织和搭建企业级智慧城轨云平台，逐步发展和完善大数据平台等 PaaS 层功能。在云边端的业务体系架构下，逐步完善智能运维体系、智能客服体系、智能运行业务体系、智慧管理业务体系的建设。各智慧业务体系架构与智慧城轨云平台四层架构紧密吻合，充分发挥中台方法论、微服务、容器等新技术的优势。

弱电系统融合方面，全面实现数据融合，彻底替代和取消脚本嵌入、坐席管理系统等界面融合手段。根据技术生态发展，逐步向算法融合、平台融合发展，简化系统复杂度，并全面实现中心云与边缘云的全域资源调度。引入边缘控制器打造车站底座，实现端的融合。

在两步走的期间，伴随有既有线的大修升级改造，则推荐在大修期间进行云平台的迁移工作的同事引入云边计算模型，结合当下阶段的弱电融合方案。如西安线网云平台一期工程拟在 2024 年投入运行，与西安地铁 1 号线、3 号线的弱电系统服务器设备大修更新基本同期（西安 2 号线已于 2021 年完成了弱电系统服务器更换）。则建议将西安地铁 1 号线、3 号线的 AFC、通信系统、综合监控系统采用基于云边协同的边缘云节点方案，在其大修期间进行云平台的迁移工作。

10.1.5 配套工程及运营组织

新型城轨云架构以及弱电系统融合带来配套工程的优化。"硬件"方面，通过按系统设备、机电设备、办公管理三个功能区重新排布用房布局，减小车站规模，进而简化通风空调、给排水、气灭管网的管路。通过 BIM 技术、装配式和选择立式水泵以进一步减小通风空调机房规模。通过 UPS 整合降低建设和运营成本。在"软件"方面，提出基于云边协同的智能化应用对各配套专业的提升，包括通风空调系统的节能控制及策略，发热量精细化设计，利用物联网技术的车站智能照明控制系统。

工具与人的配合才能达到预期的效果，本书从运营维护维修体系和车站客运管理体系两个方面提出优化方案。

运维体系方面，提出了两步走的集中化、扁平化发展。第一步是调整运营分中心与基地维修中心的分工，辅以岗位融合，做到巡视与检修的分离。第二步是将维修业务与车站运作业务完全专业化，形成一平台三中心的组织框架。组建数智中心部门，负责云平台的统一运维并牵头企业数字化转型。

车站客运管理体系方面，提出初、近、远期的分阶段的运作管理优化方案，最终目标是实现少人化、无人化的车站管理。

10.2 建 议

（1）中心云与边缘云在资源管理方面的理想关系是同属于一片云。在边缘计算产业快速发展的大背景下，云平台行业也正在向资源的全域调度与异构资源协同的目标发展。近期云厂家、工控行业厂家、标准化组织与开源社区等业界各方的努力探索和共同推动，已形成了较为丰富的云边协同资源管理技术体系，但技术成熟度仍需演进。因此各地在城轨云下阶段的建设中需紧密跟踪技术和生态发展。

（2）在工业互联网时代下自动化控制系统处在变革期。软件定义PLC和算网融合技术的出现，使得"边"与"端"的边界逐渐模糊。基于实时虚拟化和时间敏感性网络技术，通过应用程序来实现PLC逻辑控制的开放性工业控制平台，可以将传统BAS PLC、MCC PLC、智能照明控制器等自动化控制系统与综合监控或综合运管平台进行"端"与"边"的深度融合。因此除了持续关注云计算、大数据、中台等IT行业的技术发展，也要注意新型工业控制系统的发展。

（3）本书提出的可实现云边协同的新型城轨云平台架构和弱电系统融合方案是一次针对既有的、可见的计算模型和城轨弱电系统的优化，未提出创新的业务。从业者可结合本书成果，进一步开展专注需求侧的创新业务研究，开发出更多的智慧化业务。

参考文献

[1] 中国城市轨道交通协会深入学习贯彻习近平总书记城轨交通重要讲话精神[J]. 城市轨道交通，2019（10）：7-9.

[2] 施仲衡. 自主创新,实现城市轨道交通高质量发展[J]. 都市快轨交通，2020，33（01）：1-3+21.

[3] 王建文，赵文龙，黄国辉. 云边协同的新一代城市轨道交通生产系统融合平台研究[J]. 都市快轨交通，2022，35（05）：146-151.

[4] 施巍松，孙辉，曹杰，等. 边缘计算：万物互联时代新型计算模型[J]. 计算机研究与发展，2017，54（05）：907-924.

[5] ECC 发布《边缘计算与云计算协同白皮书 2.0》《5G 时代工业互联网边缘计算网络白皮书》《工业互联网边缘计算节点白皮书 1.0》三大白皮书[J]. 自动化博览，2021，38（02）：3.

[6] 中国城市轨道交通协会. 中国城市轨道交通智慧城轨发展纲要[R]. 北京，2020.

[7] 成都轨道交通集团有限公司. 基于云技术的轨道交通弱电系统融合研究项目[A]. 成都，2021.

[8] 西安轨道交通集团有限公司. 以实现智慧地铁为目标的规划建设应用研究[R]. 西安，2019.

[9] 西安轨道交通集团有限公司. 基于云平台架构的车站弱电融合及节能研究报告[R]. 西安，2023.

[10] 广州地铁设计研究院股份有限公司智慧地铁项目组. 基于工业互联网的智慧城市轨道交通平台研究[M]. 成都：西南交通大学出版社，2022.

[11] 西安轨道交通集团有限公司. 西安城市轨道交通智慧城轨发展纲要[R]. 西安，2021.

[12] 杨扬. 城市轨道交通综合业务云平台方案研究[J]. 工程建设与设计，2021（02）：141-143.

[13] 张宝山，庞韶敏."云管边端"协同的边缘计算安全防护解决方案[J]. 信息安全与通信保密，2020，No. 321（S1）：44-48.

[14] 沈晴霓. 边缘云计算安全相关技术研究进展[J]. 自动化博览，2021，38（08）：36-42.

[15] 吴正中，常海利. 基于智能控制一体机搭建车站云的优劣势分析[J]. 交通世界，2020，No. 550（28）：12-16.

[16] 张义鑫，林磊，张宁，等. 基于云平台和微服务架构的城市轨道交通 AFC 系统[J]. 都市快轨交通，2021，34（06）：131-139.

[17] 宋欣，张德明，徐伟，等. 基于云平台的 ATS 系统微服务架构方案研究[J]. 铁道通信信号，2022，58（06）：77-83.

[18] 贺嘉贝，黄铖，王朵. 微服务平台设计在轨道交通智能运维产品中的应用[J]. 控制与信息技术，2021，No. 473（05）：52-59.

[19] 任玲，陈修哲，侯超，等. 基于微服务的地铁互联网票务系统[J]. 自动化技术与应用，2020，39（07）：36-40+45.

[20] 熊国新，吴建辰. 5GMEC 部署研究与实践[J]. 现代信息科技，2020，4（13）：58-60.

[21] 吴学文，廖婧贤. 云边协同系统中基于博弈论的资源分配与任务卸载方案[J]. 系统仿真学报，2022，34（07）：1468-1481.

[22] 周萍. 智能物联网中云边协同下的任务调度与资源分配策略研究[D]. 华中科技大学，2021.

[23] 刘语馨. 面向智能铁路的云边端协同计算关键技术研究[D]. 北京交通大学，2021.

[24] 徐余明，黎家靖，张宁，等. 基于云—边—端架构的城市轨道交通智能运维系统[J]. 都市快轨交通，2022，35（06）：145-150+157.

[25] 吴昊. 北京"智慧地铁"创新发展的探索与实践[J]. 铁路通信信号工程技术，2020，17（03）：77-82.

[26] 王皓，杨承东. 城市轨道交通融合云平台探讨[J]. 都市快轨交通，2018，31（05）：50-53.

[27] 张辉，袁伟，胡波. 云计算技术在城市轨道交通运营指挥管理系统中的应用[J]. 城市轨道交通研究，2016，19（10）：5-9.

[28] 吕聪敏，周冠宇. 边云协同的总体能力内涵和各层面协同解决方案研究[C]//广东省通信学会.2019广东通信青年论坛优秀论文专刊.《移动通信》编辑部，2019：190-195.

[29] 张寻政. 基于工业互联网的新型边缘—云协同架构设计与实现[D]. 山东大学，2021.

[30] 姜昊，欧阳峰，汤新坤. 边缘云在广电行业内的应用研究[J]. 广播与电视技术，2020，47（10）：64-66.

[31] 耿立超. 大数据平台架构与原型实现：数据中台建设实战[M]. 北京：电子工业出版社，2021.

[32] 朱斌，林琳，王光全，等.5G边缘计算及切片网络一体化部署策略研究[J]. 邮电设计技术，2022（06）：1-7.

[33] 丁树奎. 智慧城轨 行稳致远《中国城市轨道交通智慧城轨纲要》发布两周年有感[J]. 城市轨道交通，2022（04）：27-28.

[34] 曹双胜，王婧旖. 智慧城轨下生产组织优化探讨[J]. 智慧轨道交通，2021，58（05）：39-42.

[35] 骆泳吉，张守帅，赖晴鹰，等. 城市轨道交通区域车站集中值守管理模式研究[J]. 铁道运输与经济，2022，44（7）：96-102.

[36] 董小君，石涛，唐蕊. 习近平关于"双碳"重要论述的理论渊源、核心要义与践行遵循[J]. 理论探索，2023（01）：90-97.

[37] 王建文，唐敏. 新一代城市轨道交通综合监控系统的发展趋势[J]. 城市轨道交通研究，2014，17（06）：23-26.

[38] 刘纯洁，张立东. 上海轨道交通智慧车站研究与实践[J]. 隧道与轨道交通，2019（S2）：1-4+26.

[39] 王建文，谢明华.地铁综合监控系统数据应用问题探讨[J].铁道通信信号，2018，54（11）：87-90.

[40] 王建文，钟锐楠，谢明华，等.城市轨道交通线网指挥中心建设方案的设计要点[J].城市轨道交通研究，2020，23（05）：10-14.